觉醒与突破：近代的国学自觉与文化新生研究

黄敦兵 著

国家图书馆出版社

图书在版编目（CIP）数据

觉醒与突破：近代的国学自觉与文化新生研究 / 黄敦兵著 . —
北京：国家图书馆出版社，2024.12
ISBN 978-7-5013-7861-6

Ⅰ . ①觉… Ⅱ . ①黄… Ⅲ . ①文化史—研究—中国—
近代 Ⅳ . ① K250.3

中国国家版本馆 CIP 数据核字（2023）第 150665 号

| 书　　　名 | 觉醒与突破：近代的国学自觉与文化新生研究 |
| 著　　　者 | 黄敦兵 |
| 责任编辑 | 程鲁洁　刘静怡 |
| 封面设计 | 程言工作室 |

| 出版发行 | 国家图书馆出版社（北京市西城区文津街 7 号　 100034） |
| | （原书目文献出版社　北京图书馆出版社） |
| | 010-66114536　63802249　nlcpress@nlc.cn（邮购） |
| 网　　　址 | http://www.nlcpress.com |
| 排　　　版 | 九章文化 |
| 印　　　装 | 北京科信印刷有限公司 |
| 版次印次 | 2024 年 12 月第 1 版　2024 年 12 月第 1 次印刷 |

| 开　　　本 | 710×1000　1/16 |
| 印　　　张 | 18.25 |
| 字　　　数 | 237 千字 |
| 书　　　号 | ISBN 978-7-5013-7861-6 |
| 定　　　价 | 68.00 元 |

# 目　录

# 第一章
# 导　论

近代以来，被中外文化所"化"的中国知识人[①]，面临着空前的文化困境，产生了前所未有的文化焦虑，他们迎接挑战，力创新局，经历了精神、文化生命的历练与新生。

从文化生成、演变的角度看，中国传统文化的研究格局也在不断调整，国学意识全面觉醒，文化开始新生，与政治、社会领域的改造——革命运动相呼应，共同谱写了"觉醒年代"知识人的文化图景，也展现了中国式现代化的独特面向。

## 第一节　缘起与问题意识

近代以来，几乎所有的国学讨论，"归根到底都是东西文化的交流，是在现代化的进程当中思考如何正确对待本国已有的文化传统，如何建设

---

[①] 陈寅恪在《王观堂先生挽词序》中说："凡一种文化值衰落之时，为此文化所化之人，必感苦痛，其表现此文化之程量愈宏，则其所受之苦痛亦愈甚；迨既达极深之度，殆非出于自杀无以求一己之心安而义尽也。"

具有本国、本民族特色的现代化国家"①。中国近现代，国学意识开始觉醒，从最初的自觉自识逐渐发展壮大，与政治、社会联动、呼应，推动中国社会转型，成为文化创新的新特色。

## 一、缘起

中国近代史，既是一部中国人民被侵略、贬抑的屈辱史，又是一部中华民族奋起自救、追求自新与自强的探索史。

中国近代史始于"觉醒年代"。1840 年以降，中国人经历了一场痛且深的精神历练。从"天朝上国"的文化自大心态，一下跌入文化自卑的低谷。顽固派重煽复古主义，他们不明白回不去的旧籍与文化原乡也不过是文化战略上的"龟缩"主义，结果故步自封、作茧自缚，走上闭目塞听之途，从而远离了真实的世界历史。

20 世纪 80 年代以来，随着改革开放进程加快推进，无论是政界、文化界还是普通民众，都觉得应该在传统领域"恢复记忆"②。中华民族开启了优秀文化传统重建的伟大工程。黑格尔说："这种传统并不是一尊不动的石像，而是生命洋溢的，有如一道洪流，离开它的源头愈远，它就膨胀得愈大。"③中华民族文化的传统是有生命的，并在传承中"守先"以"待后"，日新又新，创进不已。

然而，中国知识人应该如何运用优秀传统文化积极回应中国全面走向

---

① 楼宇烈：《国学百年争论的实质》，《光明日报》，2007 年 1 月 11 日。

② 刘梦溪：《大师与传统：中国文化与传统 40 小讲》，北京：中国青年出版社，2007 年版，第 8 页。

③ ［德］黑格尔著，贺麟、王太庆译：《哲学史讲演录》第 1 卷，北京：商务印书馆，1959 年版，第 8 页。

现代化所遭遇的基本问题？传统文化如何才能与现代社会实现"无缝对接"？著名哲学史家萧萐父先生提出传统文化与现代化之间的"历史接合点"问题，主张超越中西殊途、体用割裂的思维模式，在文化的民族性差异与时代性差异的多重经纬关系中探究中华传统文化，"在特定条件下孕育出可以向近代转化的文化主体问题"，就像李大钊、鲁迅曾呼唤"青春中国"的民族魂那样，去确立文化主体，唤醒"青春中国"的民族魂，建立起"对庞杂的传统文化和外来文化进行选择、涵摄、消化的能动机制"。①

中国现代文化转型最近且最具有代表性的"接榫"处，在五四新文化运动时期。在那个古今中西交汇的时期，中西文化论战数次点燃，国学类讲习会成立，文化类刊物创办，一时间国学意识勃兴。而其所引发的问题、论题，在建构大国学视野、广义理解国学、深度推进国学建设的今天，也必将在议题集中、方法创新等方面给我们更多的启示与引导。

## 二、研究现状

首先，中国文化的现代新生，源于中国知识人对困境的自觉。

李泽厚以为，对待传统就应该像对待五四运动一样，要"继承"而不能"重复"或"停留"在五四运动及传统的水平上。当务之急，要对"集优劣于一身、合强弱为一体的传统本身加以多方面的解剖和了解，取得一种'清醒的自我觉识'"，以便能进行某种"转换性的创造"。②

---

① 萧萐父：《活水源头何处寻——关于传统文化与现代化之间历史接合点问题的思考》，载氏著《吹沙集》，成都：巴蜀书社，1999 年版（2007 年重印），第 101—102 页。

② 李泽厚：《启蒙与救亡的双重变奏》，载氏著《中国现代思想史论》，天津：天津社会科学院出版社，2003 年版，第 37 页。

其次，现代研究已经将文化新生固有凭借的重心放在国学意识的自觉上。

"国学"一词在清末始兴，到 20 世纪 40 年代仍"不知究竟是谁所创造"[①]。从语词的语义生成角度看，离不开章炳麟的"国学讲习会"、刘师培的"国学保存会"等组织，章氏与钱穆的《国学概论》[②] 等书名。一般认为，"国学"的范围广泛，可把"西学输入以前中国原有的全部学术"包括进去[③]。这样，国学便被看作是中国传统文化[④]，"国学"即"中国学术"的省称、"中国特有之学术系统"的简称。"国学"这个名词既是在"欧风美雨"下应激再显的，则"中国传统学术是与西方学术完全不同的知识体系"[⑤]。

近代国学兴起之后，在 20 世纪前半叶发生了三次论战，"这三次论战倒恰好象征性地在学术上反映了这条人生的道路和心灵的历程"[⑥]，也恰好包括了哲学（科玄）、历史（中国现代和古代社会性质）及文艺（民族形式）等人文学三大基本领域。刘梦溪认为，中国"现代学术"发端于 1898 年至 1905 年间，并于 20 世纪 30 到 40 年代达到繁荣期。[⑦] 在这个从传统

① 曹伯韩：《国学常识》，北京：生活·读书·新知三联书店，2002 年 12 月版，第 1 页。
② 钱穆：《〈国学概论〉弁言》，载钱宾四先生全集编委会整理：《钱宾四先生全集》，台北：联经出版事业公司，1998 年版，前附第 3 页。
③ 曹伯韩：《国学常识》，北京：生活·读书·新知三联书店，2002 年 12 月版，第 1 页。
④ 楼宇烈：《国学百年争论的实质》，《光明日报》，2007 年 1 月 11 日。
⑤ 刘毓庆：《国学概论》（第 2 版），北京：北京师范大学出版社，2015 年版，第 230 页。
⑥ 李泽厚：《记中国现代三次学术论战》，载氏著《中国现代思想史论》，天津：天津社会科学院出版社，2003 年版，第 81 页。李泽厚还说："与这三次学术论战大体平等或略先，中国的革命知识分子由二十年代寻找和建立唯物史观的'科学的人生观'，到三十年代明确以反帝反封建为任务，到四十年代与工农兵结合，人生观和人生道路是一步步地具体化和深化了。"
⑦ 刘梦溪：《大师与传统：中国文化与传统 40 小讲》，北京：中国青年出版社，2007 年版，第 65—66 页。

学术转进到现代学术的过程中，国学的民族性品格得到相当的重视。章太炎将"国学"看作"国家所以成立之源泉"①。这说明，国学不是一种单纯的学科知识。国学可分为常识、学术与技艺、道德价值与人生意义、民族精神或国魂与族魂等四个层面。②"国学"的价值，在于续接中国文化传统、回应中国现实问题、促进中华民族的伟大复兴并为人类文明作出更大的贡献，"兴我'国学'，即塑我'国魂'"③。

近三十年来，国学院、国学所等国学研究机构开始普遍设立，公益性的国学大讲堂开始涌现，互联时代的国学传播也出现多头并进而有功的局面。比如，中央电视台推出"开心学国学"栏目，清华大学国学研究院以"文存"形式分批编出的"清华国学书系"，王杰教授主持了"领导干部学国学"公众号，武汉阳明学研究中心、贵州孔学堂的相关活动等等，都取得了较好的社会反响。

总之，国学"融汇着这个国家数千年的思想学术、典籍制度、百行百艺、族群民俗，蕴涵着国魂、国脉、国宝、国本，是中国人的尊严所在、根本所在，以原创性的智慧与世界进行平等对话的源泉所在"④。"清华国学书系"《总序》指出："在中华文明正走向伟大复兴、正祈望再造辉煌的当下，这种对过往史料的重新整理，和对过往历程的从头叙述，都典型地展现了坚定向前的民族意志。"⑤重估国学的价值，再造国学的辉煌，不再仅

---

① "国学讲习会发起人"：《国学讲习会序》，载章太炎著，杨佩昌整理：《章太炎：国学的精要》，北京：中国画报出版社，2010 年版，第 192 页。

② 郭齐勇：《国学的核心价值与人格养成》，《中国德育》，2012 年第 21 期。

③ 陶斯咏：《多元文化时代的"国学"与"汉学"》，《中国文化报》，2007 年 4 月 26 日。

④ 中央电视台《开心辞典》栏目组、国学网编：《开心学国学：不可不知的 1000 个国学知识点》，北京：国家图书馆出版社，2009 年版。

⑤ 参清华大学国学研究院主编、马强才选编：《罗根泽文存》（清华国学书系），南京：江苏人民出版社，2012 年版，《总序》第 1 页。

是号召，而变成了卓有成效的行动。

当前，从政界到学界和大众传媒都普遍开始认为，中国近代以后便开始了"觉醒年代"。比如，习近平在庆祝中国共产党成立 100 周年大会上的讲话中指出，1840 年鸦片战争以后，国家蒙辱、人民蒙难、文明蒙尘，中华民族遭受了前所未有的劫难……为了拯救民族危亡，中国人民奋起反抗，探索救国方案，呼唤新思想的引领，开启了"伟大觉醒"；《探索与争鸣》2021 年第 6 期设立的《学术中的中国——庆祝中国共产党成立 100 周年》专刊，以时代为经，以学术为纬，将百年中国学术史分为觉醒年代、革命年代、建设年代、改革年代和新时代五个阶段①；与此相应，2021 年，国产电视剧《觉醒年代》热播。从时间跨度上看，该剧讲述了一百多年前从新文化运动到中国共产党建立的辉煌历史，展现了中国"觉醒年代"的救国史诗。

## 第二节　议题与思路

如果文化发展有其主脉的话，那么这一主脉一定是在有根源、有土壤的基础上，不断吸收新的营养，接受新的刺激，从而发展壮大的。近代中国文化的新生与国学意识的勃兴密不可分。②近代国学自觉意识的突出表现，就在于它日益突出了民族性的特质，构成"觉醒年代"的重要文化成果。简言之，近代中国文化在新生中蕴成了在危机中"觉醒"的主观自觉

---

① 按，将第一阶段命名为"觉醒年代"，较好地领会了百年建党精神，准确定位了近代早期中华民族上下求索的精神演变史。

② 详情请参黄敦兵著：《变局与自觉：国学意识的近代勃兴研究》，新北：花木兰文化事业有限公司，2022 年 3 月版。

性以及在困局中"突破"的客观实践性等特点，并日益挺立了有红色基因的民族魂。

## 一、"改造"与"革命"

李泽厚以为，五四运动具有双重性质，它既是一场新文化运动，又是一次学生爱国反帝运动。五四运动之后，中国社会上演着救亡与启蒙的双重变奏曲，除了接受马克思主义参加救亡——革命外，另外就是一条继续从事教育、科学、文化等的启蒙道路。[①] 总体来看，是政治救亡压倒了思想启蒙，国家独立富强、人民吃饱穿暖、不再受外国的侵略和压迫便成为"头号主旋律"。从康有为、严复、孙中山等人的言论中可推知，"救亡的局势、国家的利益、人民的饥饿痛苦，压倒了一切，压倒了知识者或知识群对自由、平等、民主、民权和各种美妙理想的追求和需要，压倒了对个体尊严、个人权利的注视和尊重"[②]。如果回溯中国现代革命思想史的重要契机，那么我们可将五四运动后期陈独秀、蔡和森提出建立共产党高扬救亡行动于思想启蒙之上看作第一个重要契机，而将 20 世纪 30 年代明确社会性质、革命任务的思想论战看作"纳启蒙于救亡轨道的现代思想史的第二个里程"[③]。20 世纪前半叶发生的三次论战，恰好包括了哲学（科玄）、历史（中国现代和古代社会性质）及文艺（民族形式）等人文学三大基本领域。"与这三次学术论战大体平等或略先，中国的革命知识分子由二十

---

① 李泽厚：《启蒙与救亡的双重变奏》，载氏著《中国现代思想史论》，天津：天津社会科学院出版社，2003 年版，第 34 页。

② 同①，第 27 页。

③ 李泽厚：《记中国现代三次学术论战》，载氏著《中国现代思想史论》，天津：天津社会科学院出版社，2003 年版，第 67 页。

年代寻找和建立唯物史观的'科学的人生观'，到三十年代明确以反帝反封建为任务，到四十年代与工农兵结合，人生观和人生道路是一步步地具体化和深化了。这三次论战倒恰好象征性地在学术上反映了这条人生的道路和心灵的历程。"①

从中国文化心理结构上看，中国文化转型有儒学的基础与国学的根基。李泽厚说："中国儒家的实用理性能不怀情感偏执，乐于也易于接受外来的甚至异己的事物。也正因为如此，五四时代才有上述那种在其他民族文化里所没有出现过的全盘性的反传统的思想、情感、态度和精神。也正因为如此，中国现代知识分子可以毫无困难地把马克思摆在孔夫子之上。所以包括五四时期那种全盘性反传统的心态倒又恰恰是中国实用理性传统的展现。从积极方面说，这是为了救国，为了启蒙，为了唤醒大众。当时先进的中国知识分子认为必须激烈地彻底地抨击孔孟、舍弃传统，才有出路。这不是为个体超越或来生幸福的迷狂信仰，它是经过理智思考过的有意识的选择，所以这仍然是积极入世以求社会、国家的生存发展的实用理性、儒学精神的表现。从消极方面说，它没有那种非理性的宗教情感的阻挡、干扰和抵制，也是因为实用理性并非宗教信仰的缘故。"②

近代知识人关切国族命运，将改造中国与改造世界相结合。他们的制度改造、社会改造设想与文化改造理念相纠缠；亦有综合推进，或将进行文学革命与改造国民性相渗透的。

陈天华便将革命分为民族主义的和政治问题的两种，以为政治革命可达救国的目的，主张"重政治而轻民族"。他主张"排满"，亦是政治革命

---

① 李泽厚：《记中国现代三次学术论战》，载氏著《中国现代思想史论》，天津：天津社会科学院出版社，2003年版，第81页。

② 李泽厚：《漫说"西体中用"》，载氏著《中国现代思想史论》，天津：天津社会科学院出版社，2003年版，第319页。

的内容，并非简单的复仇论主张，"是其既认政治革命为可以达救国目的之手段，而复认种族革命为可以达政治革命目的之手段"①。梁启超认为，政治革命即是"革专制而成立宪"，种族革命即"民间以武力而颠覆异族的中央政府"，二者的关系复杂，可从事实与逻辑进行推知。②可以断言，人民以武力颠覆中央政府与共和立宪制之间，无一毫因果关系可言，种族革命不能达到政治革命的目的。③

梁启超曾总结洪秀全失败的原因是在于政治革命与宗教革命并行，就像逆风行舟张挂两帆。如果除了政治革命与社会并行外，再加上种族革命，那就是"三帆"了。④他明确反对"并张"种族革命、政治革命、社会革命"三帆"的主张。⑤

鲁迅以为，民国元年确是光明得多，后来渐渐坏下去。"最初的革命是排满，容易做到的，其次的改革是要国民改革自己的坏根性，于是就不肯了。所以此后最要紧的是改革国民性，否则，无论是专制，是共和，是什么什么，招牌虽换，货色照旧，全不行的。"⑥鲁迅愿以手中之笔写些唤醒民众的东西，"但我总还想对于根深蒂固的所谓旧文明，施行袭击，令其动摇，冀于将来有万一之希望"⑦。

回首一百多年以来的中国近代史历程，尤以基于国本文化资源的国学

① 梁启超：《开明专制论》，载梁启超著，汤志钧、汤仁泽编：《梁启超全集》第5集，北京：中国人民大学出版社，2018年版，第389页。
② 同①，第391页。
③ 同①，第402页。
④ 同①，第335页。
⑤ 同①，第350页。
⑥ 鲁迅：《致许广平》（1925年3月31日信），载王世家、止庵编：《鲁迅著译编年全集》第6卷，北京：人民出版社，2009年版，第145页。
⑦ 同⑥。

研究与创新的文化追求中所彰显的、前所未有的自觉与自识，并用以突破文化困境的努力，是重建家园最具代表性的资源。比如，梁启超的最大贡献，就是实现了中国传统学术、中国古典学术包括中国文化的"结构性转换"①。可以说，近代的国学自觉意识为新时期的文化创进工作发掘了内生型的动力源。

## 二、突破困境的三重改造论

本书拟从文化变迁与社会转型的视角，观察中国近代化过程的重要精神文化现象。也就是说，本书打算从精神演变史视角，探索中国近代以来突出民族性意识的国学观念的生成、扩展、转进的精神观念史，研讨近代中国文化遭遇的困境及中国知识人力图突破的三重努力进路。

具体而言，近代知识人自觉发起了三重意义的改造运动：

第一重，政治意义上的制度改造。不论是陈独秀等人欢迎的"德先生"，还是梁启超等人提议的"联省自治"，都是制度改造的设计方案。

第二重，改造国民性格、激发民心、提振民气的社会改造。当陈独秀反观中国，却发现"单独政治革命所以于吾之社会，不生若何变化，不收若何效果也"②，所以主张"革新盘踞于运用此政治者精神界之文学"③，着眼于"国民性质行为之改善"④。

---

① 王学典：《梁启超是开天辟地的人物 大师不是造就的》，搜狐网 https://www.sohu.com/a/143099715_567589。

② 陈独秀：《文学革命论》，载《独秀文存》卷1，上海：上海书店，1989年版，第135页。

③ 同②，第139页。

④ 陈独秀：《我之爱国主义》，载《独秀文存》卷1，上海：上海书店，1989年版，第87页。

　　第三重，实现中国传统学术、中国古典学术包括中国文化的"结构性转换"①，进行文化改造。不应忽视的是，红色文化不断成为显性文化、主流文化，意识形态上也出现一种从"尊孔"向"信马"衍变的倾向。文化的颜色"隐喻"意义开始成为一种文化符号、政治符号，现代政治人物强调的"红色基因"也逐渐生成了。

　　最后说一下章太炎，在他深奥的理论中似乎同时蕴含着三重革命论。第一重是种族革命，这是一种政治意义上可能带有暴力性的革命，力图保（汉）种，力主排满复汉。第二重是社会革命，力主保教（文明教化），开启民智，培养"国民"的独立人格，而非"臣民"的奴隶人格。第三重是深层的文化革命，意在保存国脉，弘扬国学，重新建构有根基、有核心的文化体系。即使这样的解读不十分契合章太炎本人，也是可以作为解读他的一种参照。不仅如此，如果我们把三重"革命"改为三重"改造"，似也可作为解读近代知识人传续神州慧命自觉意识的参照。

---

① 王学典：《梁启超是开天辟地的人物　大师不是造就的》，搜狐网 https://www.sohu.com/a/143099715_567589。

# 第二章

# "再造"文明

国学自觉，离不开文化民族性的发掘，它是在文明"再造"的过程中不断地展现其主题与特色的。但是"再造"文明从何而始？在"内忧外患侵凌扰攘"之际，"有志之士莫不以复兴民族为事，欲与东西疆邦相角逐"。[①]近代知识人从能直接依凭的国学资源出发，在诗、小说、文字等领域，力辨文言与白话、国学与国故等相关论题，希望引向深入，走出困境。

## 第一节　觉醒：近代中国民族主体性再建

民族文化意识的"自我觉识"，要求文化的"主体意识"觉醒。[②]近代知识人的觉醒是全面的。为了挽救社会、民族的乱亡之局，为了启蒙民众，他们自觉发起了文化改造运动，他们挺立起了民族主体性。

---

① 竺可桢：《〈科学的民族复兴〉序》，载《竺可桢全集》第2卷，上海：上海科技教育出版社，2004年版，第394页。

② 楼宇烈说："所谓文化的主体意识就是对本国文化的认同，包括对它的尊重、保护、继承、鉴别和发展等。在这个过程中，既不要盲目自尊自大，也不要妄自菲薄，只有坚持自己的主体性，才能有效地、有针对性地吸收外国文化的养料，来滋润本国的文化、发展本国的文化。"参楼宇烈：《国学百年争论的实质》，《光明日报》，2007年1月11日。

## 一、走出困境："迷梦"的破灭

西方列强"以动力横绝天下"。在西方军事、政治、文化等全面侵凌、强压下，近代中国知识人开始觉醒。他们的精神文化生命开始更新，逐渐分化出以林则徐、魏源为代表的早期抵抗派；以曾国藩、李鸿章为代表的洋务派；以郑观应、王韬为代表的早期维新派；以康、梁为代表的晚期维新派等等。

### （一）开眼看世界

早期抵抗派魏源，重视军事战备，以为"夷之长技"在战舰、火器及养兵、练兵之法方面，便主张"师夷长技以制夷"[①]，译夷书、知夷情，造边才、督边事，谋划"以海夷攻海夷之法"。

洋务派代表李鸿章，在任江苏巡抚时，曾致函总理衙门，认为"中国文武制度，事事远出西人之上，独火器乃不能及"，尚以为中国文武制仍有可观之处；同魏源一样，他看到外国利器之强，以为"中国欲自强，则莫如学习外国利器"。但他的新政之策，已不再局限于器物层面的利器，他主张"觅制器之器，师其法，而不必尽用其人"，实已转到对制器之法即技术层面了。

早期维新派郑观应，他看到"西人立国之本，体用兼备"，中国学习西方应该体用兼取，不能"遗其体而效其用"，只学习练兵、制器械、铁路、

---

① （清）魏源：《筹海篇三》，载《海国图志》卷 2，参魏源全集编辑委员会编校《魏源全集》第 4 册，长沙：岳麓书社，2004 年版，第 27 页。魏源指出，撰述《海国图志》，是"为以夷攻夷而作，为以夷款夷而作，为师夷长技以制夷而作"。同上，前附《海国图志原叙》第 1 页。

电线等事，不注重育才、政体方面，也是"难臻富强"的。所以必须"先明本末，更明所谓大本末而后可"①。中西各有其本末，当以"中本西末"，这同张之洞"中体西用"说是精神相通的。

如果着眼于外国优秀文明成果的吸纳，则体用分析的思路在钱玄同那里也可以找到一段带有总结性的话。钱玄同说："我的思想，认定'中华民国'的一切政治、教育、文艺、科学，都该完全学人家的好样子，断不可回顾七年前的'死帝国'不好的老样子，虽然行了数千年，也该毅然决然的扑灭他；合理的新法，虽然一天没有行，也该毅然决然的振兴他。'相斫书'上的老例，和旧戏里的'脸谱'一样，断断没有采用的价值。"②他还说："我所做的事是关于国语与国音的，我所研究的学问是'经学'与'小学'；我反对的是遗老、遗少、旧戏、读经、新旧各种'八股'，他们所谓'正体字'、辫子、小脚……二十年来如一日，即今后亦可预先断定，还是如此。"③他希望《新青年》的同人们能做新时代的"文明人"，"不做那清朝、唐朝、汉朝、周朝、五帝、三皇、无怀、葛天时代的野蛮人"。④

值得注意的是，"觉醒年代"的知识人已经认识到民族性资源的积极作用。张之洞《〈劝学篇〉序》云："窃惟古来世运之明晦、人才之盛衰，其表在政，其里在学。"⑤作为晚期维新派代表，梁启超说："同人确信中国

---

① 郑观应、汤震、邵作舟撰，邹振环整理：《危言三种》，上海：上海古籍出版社，2013年版，第29页。

② 钱玄同：《文学革新与青年救济》，载钱玄同著：《钱玄同文集》第1卷，北京：中国人民大学出版社，1999年版，第194页。

③ 钱玄同：《我对于周豫才君之追忆与略评》，载钱玄同著：《钱玄同文集》第2卷，北京：中国人民大学出版社，1999年版，第310页。

④ 钱玄同：《文学革新与青年救济》，载钱玄同著：《钱玄同文集》第1卷，北京：中国人民大学出版社，1999年版，第195页。

⑤ （清）张之洞：《〈劝学篇〉序》，载苑书义、孙华峰、李秉新主编：《张之洞全集》，石家庄：河北人民出版社，1998年版，第9704页。

民族之不振由于思想不进与制度不良，而不良制度尤为不良之思想所维持，故以为非先思想革命不能颠覆制度。"[1]他们将挽救晚清帝国颓势的希望放在"思想革命"与国魂重塑上来了。章太炎想借修《中国通史》以"推迹古近"而用以"臧往"，并"振厉士气，令人观感"。[2]梁启超更是主张发扬光大本国"学术思想之恩泽"，将本国所以能"立于天地"的"特质"进行"淬厉之而增长之"，以"唤起同胞之爱国心"。[3]不仅如此，由于 20 世纪是欧美代表的"泰西文明"与中华代表的"泰东文明"两个文明的"结婚时代"[4]，所以更应该将"博大而深赜"的中国学术思想与"灿烂而蓬勃"的外国学术思想，"一一撷其实，咀其华，融会而贯通焉"[5]。梁启超的最大贡献，就是实现了中国传统学术、中国古典学术包括中国文化的"结构性转换"。[6]

早期国粹论者亦认为当"世衰道微，欧化灌注"之时，"自宜挹彼菁英，补我阙乏"，达变之士正当论议"沟通释耶，合炉熔铸"的问题。[7]在他们看来，"国粹"与"欧化"两不相妨，创办《国粹学报》不过是"保种、爱国、存学"，不是专同西来学术搞对抗。

总之，上述几派中国近代知识人代表均持有"开放"的文化心态，他们中外兼取而不忘有我的合理取向，为打破西方的迷梦，奠定了文化根基。

---

[1]　梁启超：《〈改造〉发刊词》，载梁启超著，汤志钧、汤仁泽编：《梁启超全集》第 10 集，北京：中国人民大学出版社，2018 年版，第 196 页。

[2]　章太炎：《中国通史略例》，载上海人民出版社编，朱维铮点校：《章太炎全集·〈訄书〉初刻本、〈訄书〉重订本、检论》，上海：上海人民出版社，2014 年版，第 334 页。

[3]　梁启超：《论中国学术思想变迁之大势》，载梁启超著，汤志钧、汤仁泽编：《梁启超全集》第 3 集，北京：中国人民大学出版社，2018 年版，第 17 页。

[4]　同③，第 18 页。

[5]　同③，第 16 页。

[6]　王学典：《梁启超是开天辟地的人物　大师不是造就的》，搜狐网 https://www.sohu.com/a/143099715_567589。

[7]　李世由：《〈国粹学报〉三周年祝词》，《国粹学报》第 38 期，1907 年。

（二）科学迷梦的破灭

毛泽东说："帝国主义的侵略打破了中国人学西方的迷梦……中国人向西方学得很不少，但是行不通，理想总是不能实现。多次奋斗，包括辛亥革命那样全国规模的运动，都失败了。"[1] 这段话点出了"觉醒年代"中国人在屈辱中奋起的主题。

中国人对西方的"迷梦"，最重要的一个方面即是对西方近代科技的万能的迷信。胡适说："近三十年来，有一个名词在国内几乎做到了无上尊严的地位；无论懂与不懂的人，无论守旧和维新的人，都不敢公然对他表示轻视或戏侮的态度。那名词就是'科学'。这样几乎全国一致的崇信，究竟有无价值，那是另一问题。我们至少可以说，自从中国讲变法维新以来，没有一个自命为新人物的人敢公然毁谤'科学'的，直到民国八九年间梁任公先生发表他的《欧游心影录》，科学方才在中国文字里正式受了'破产'的宣言。"[2] 这是他为亚东图书馆主人汪孟邹编的《科学与人生观》作序时的回顾之言。

1920年梁启超旅欧回国后发表《欧游心影录》，1921年梁漱溟出版《东西文化及其哲学》，这两部书代表了20世纪前20年中国文化精英的西方文化观。尤其是梁启超，从西方"科学破产"的情景中最早看出中国人"迷梦"的打破。

梁启超在《欧游心影录》中指出，唯物派的哲学家崇尚科学，他们"托庇科学宇下建立一种纯物质的纯机械的人生观"，否认人类意志自由，

---

① 毛泽东著：《论人民民主专政》，载《毛泽东选集》第4卷，北京：人民出版社，1991年版（2008年重印），第1470页。

② 胡适：《〈科学与人生观〉序》，载胡适著、季羡林主编：《胡适全集》第2卷，合肥：安徽教育出版社，2003年版，第196页。

人便不必负善恶的责任，这就造成"现今思想界最大的危机"。宗教和哲学"被科学打得个旗靡帜乱"，科学欲树立新权威而不能，"全社会人心，都陷入怀疑沉闷畏惧之中"，导致"乐利主义和强权主义越发得势"，弱肉强食，军阀、财阀你争我夺，"一战"爆发，给人类带来灾难。科学虽然全面成功，然而，"我们人类不惟没有得着幸福，倒反带来许多灾难"，曾经科学昌明的"欧洲人做了一场科学万能的大梦，到如今却叫起科学破产来"①。总体看来，这个"科学的破产"，也是建立在科学基础上的人生观的破产，并且进一步引发了思想界的危机。据胡适的观察，"梁先生要说的是欧洲'科学破产'的喊声，而他举出的却是科学家的人生观的罪状；梁先生撷拾了一些玄学家诬蔑科学人生观的话头，却便加上了'科学破产'的恶名。"②而结合后来梁启超加的自注，即"读者切勿误会，因此菲薄科学，我绝不承认科学破产，不过也不承认科学万能罢了"，胡适以为梁氏该著起到了"替反科学的势力助长不少威风"的作用。胡适说："梁先生的声望，梁先生那枝'笔锋常带情感'的健笔，都能使他的读者容易感受他的言论的影响。何况国中还有张君劢先生一流人，打着柏格森、倭铿、欧立克……的旗号，继续起来替梁先生推波助澜呢？"③

在胡适看来，中国当时"正苦科学的提倡不够，正苦科学的教育不发达，正苦科学的势力还不能扫除那迷漫全国的乌烟瘴气"，所以，中国既然还未到受科学影响乃至带来的"灾难"的程度，人生观教育尚不发达，

---

① 梁启超：《欧游心影录》，载梁启超著，汤志钧、汤仁泽编：《梁启超全集》第10集，北京：中国人民大学出版社，2018年版，第64页。
② 胡适：《〈科学与人生观〉序》，载胡适著、季羡林主编：《胡适全集》第2卷，合肥：安徽教育出版社，2003年版，第198页。
③ 同②，第199页。

便不能跟随欧洲的哲学家高唱"科学破产"论调。他说："中国此时还不曾享着科学的赐福,更谈不到科学带来的'灾难'。我们试睁开眼看看:这遍地的乩坛道院,这遍地的仙方鬼照相,这样不发达的交通,这样不发达的实业——我们哪里配排斥科学? 至于'人生观',我们只有做官发财的人生观,只有靠天吃饭的人生观,只有求神问卜的人生观,只有《安士全书》的人生观,只有《太上感应篇》的人生观——中国人的人生观还不曾和科学行见面礼呢!"① 所以,科学离"破产"尚远,那种"把欧洲文化破产的罪名归到科学身上,出来菲薄科学,历数科学家的人生观的罪状,不要科学在人生观上发生影响"的做法,实属不宜;信仰科学的人,自然应该挺身而出,为科学辩护。

鲁迅指出,"现在有一班好讲鬼话的人,最恨科学,因为科学能教道理明白,能教人思路清楚,不许鬼混,所以自然而然的成了讲鬼话的人的对头。于是讲鬼话的人,便须想一个方法排除他"②。像灵学派捣鬼,大肆攻击科学,像《灵学杂志》中俞复答吴稚晖信中即有"鬼神之说不张,国家之命遂促"之言,此类活动,造成了思想的混乱。"其实中国自所谓维新以来,何尝真有科学。现在儒道诸公,却径把历史上一味捣鬼不治人事的恶果,都移到科学身上,也不问什么叫道德,怎样是科学,只是信口开河,造谣生事;使国人格外惑乱,社会上罩满了妖气。"③

对于科学在世界的命运,用梁启超自己的话讲是他"绝对不承认科学破产,不过也不承认科学万能",他终其一生都在试图拥抱这位"赛先生"。

---

① 胡适:《〈科学与人生观〉序》,载胡适著、季羡林主编:《胡适全集》第2卷,合肥:安徽教育出版社,2003年版,第199页。

② 鲁迅:《随感录三十三》,载王世家、止庵编:《鲁迅著译编年全集》第3卷,北京:人民出版社,2009年版,第76页。

③ 同②,第79页。

他希望能弘扬科学精神，用科学方法整理国故。他的朋友徐佛苏说："先生四十年之中，脑中固绝未忘一'国'字，且平昔眼中无书，手中无笔之日亦绝少，故生平之著述之总额人皆谓有'二千余万字'之多，占古今中外著作家之第一位。"①

## 二、"吸收民主性的精华"

近代知识人除了破除对"赛先生"的迷梦，还能真切感受认清"德先生"作用的必要性，最后在中西双向互动上返归"国学"，终于迎来新综合方法大盛的新思维。

陈独秀说："中国学术不发达之最大原因，莫如学者自身不知学术独立之神圣。"②就本国学术而论，亟须改进之处正多。在胡适看来，"国学"即"国故学"，其中有精华，亦有糟粕。为了追求学术独立，思想自由，他们在为现代学术转型定基调的方向上同行共进。梁启超说："凡真学者之态度，皆当为学问而治学问。夫用之云者，以所用为目的，学问则为达此目的之一手段也。为学问而治学问者，学问即目的，故更无有用无用之可言……就纯粹的学者之见地论之，只当问成为学或不成为学，不必问有用与无用。非如此则学问不能独立，不能发达。"③王国维说："学术之发达，存于其独立而已。"④陈寅恪说："独立之精神，自由之思想。""思想而不自

① 丁文江、赵丰田编：《梁启超年谱长编》，上海：上海人民出版社，1983年版，第1204页。
② 陈独秀：《学术独立》，载《独秀文存》卷2，上海：上海书店，1989年版，第58页。
③ 梁启超：《清代学术概论》，载梁启超著，汤志钧、汤仁泽编：《梁启超全集》第10集，北京：中国人民大学出版社，2018年版，第249页。
④ 王国维：《论近年之学术界》，原载《教育世界》第1期（总第93号），1905年1月。

由，毋宁死耳。"① 萧公权说："我们必须把学术自身看成一个目的，而不把它看成一个工具。国家、社会应当有此认识，治学、求学者的本人应当有此认识。所谓学术独立，其基本意义不过就是：尊重学术，认学术具有本身的价值，不准滥用它以为达到其它目的之工具罢了。"② 朱光潜说："学术原来有实用，以前人研究学术也大半因为它实用，但人类思想逐渐发达，新机逐渐事露，好奇心也一天强似一天，科学哲学都超过实用的目标，向求真理的路途走去了。真理固然有用，但纵使无用，科学家哲学家也决不会因此袖手吃闲饭。我们倘要对学术有所贡献，我们要趁早培养爱真理的精神，把实用主义放在第二层上。"③ 陈寅恪1953年写《论再生缘》提出"无自由之思想，则无优美之文学"，1954年再撰《柳如是别传》，已经将"独立之精神，自由之思想"的学术主张"升华到吾民族精神元质的高度"。④

1940年，毛泽东在《新民主主义论》中主张辩证对待中国古代文化，否定"全盘西化"，在批判中接收、创新。"中国文化应有自己的形式，这就是民族形式。"⑤ "中国的长期封建社会中，创造了灿烂的古代文化。清理古代文化的发展过程，剔除其封建性的糟粕，吸收其民主性的精华，是发展民族新文化提高民族自信心的必要条件；但是决不能无批判地兼收并

① 陈寅恪：《清华大学王观堂先生纪念碑铭》，《金明馆丛稿二编》，北京：生活·读书·新知三联书店，2001年版，第248页。

② 萧公权：《学术独立的真谛》，载张允起编《中国近代思想家文库·萧公权卷》，北京：中国人民大学出版社，2014年版，第374页。

③ 转引自刘梦溪著：《大师与传统：中国文化与传统40小讲》，北京：中国青年出版社，2007年版，第68—69页。

④ 同③，第69页。

⑤ 毛泽东著：《新民主主义论》，载《毛泽东选集》第2卷，北京：人民出版社，1991年版（2008年重印），第707页。

蓄。"① "中国现时的新政治新经济是从古代的旧政治旧经济发展而来的，中国现时的新文化也是从古代的旧文化发展而来，因此，我们必须尊重自己的历史，决不能割断历史。但是这种尊重，是给历史以一定的科学的地位，是尊重历史的辩证法的发展，而不是颂古非今，不是赞扬任何封建的毒素。对于人民群众和青年学生，主要地不是要引导他们向后看，而是要引导他们向前看。"② 对于外国文化，不能照搬。"所谓'全盘西化'的主张，乃是一种错误的观点。形式主义地吸收外国的东西，在中国过去是吃过大亏的。"③

1945 年，毛泽东在《论联合政府》中再次强调对待外国文化和中国古代文化的批判继承的正确态度。一方面，要清除一切"奴化的、封建主义的和法西斯主义的文化和教育"；另一方面，"对于外国文化，排外主义的方针是错误的，应当尽量吸收进步的外国文化，以为发展中国新文化的借镜；盲目搬用的方针也是错误的，应当以中国人民的实际需要为基础，批判地吸收外国文化……对于中国古代文化，同样，既不是一概排斥，也不是盲目搬用，而是批判地接收它，以利于推进中国的新文化。"④

对待传统文化，既要有所批判，又要有所继承。有所继承，才能增强民族文化的自觉自识，增进自新、自强与自尊，才不至于丧失民族的自我主体意识和文化特色。对于历史文化成果，必须综合提炼，守成创新。传统既不是沉重的包袱，也不是纯然完美的珍宝。在接受与排拒之间，执于

---

① 毛泽东著：《新民主主义论》，载《毛泽东选集》第 2 卷，北京：人民出版社，1991 年版（2008 年重印），第 707—708 页。

② 毛泽东著：《新民主主义论》，载《毛泽东选集》第 2 卷，北京：人民出版社，1991 年版（2008 年重印），第 708 页。

③ 同②。

④ 毛泽东著：《论联合政府》，载《毛泽东选集》第 3 卷，北京：人民出版社，1991 年版（2008 年重印），第 1083 页。

一偏，过于强调某一方面，极有可能偏离正道，造成无可挽回的损失。从
20 世纪 50 年代开始，中国知识分子的现代转型过程中采用了一些过于急
进的做法，从暴风骤雨式的"思想改造"引发的一系列批判，如批判电影
《武训传》、梁漱溟、胡风、胡适、冯友兰的"抽象继承法""历史主义方
法"等；"文革"期间的破"四旧"（即破除"旧思想""旧观念""旧风俗"
"旧习惯"）、儒法问题之争、"狠批封资修""横扫一切牛鬼蛇神"、家家户
户批孔批儒，几乎都采用了一种类似全民运动的方式。结果如何，历史自
有公论。坚持马克思主义的历史分析法与阶级分析法，正是辩证分析，批
判继承，对历史虚无主义和全面西化进行了双观双遣。沿着这一理性方向，
一定会引向一种稳健、从容的文化心态，即：文化创新，"破"之有度，"立"
之有序，宜缓不宜急，宜从容不宜操切。

## 第二节 "国故"：性质与辨类

尽管"整理国故"运动一开始，便取代了原来"昌明国故"的守旧倾
向的旗帜，但"昌明国故"的旨趣与民族性取向却依然沿续下来了。

顾名思义，国故学缘起于对旧有知识的认知与整理。胡适说："'国故
学'的性质不外乎要懂得国故，这是人类求知的天性所要求的。若说是'应
时势之需'，便是古人'通经而致治平'的梦想了。"[①]当然，国故学研究的
推进，需要科学方法的自觉，它要求对国故性质进行深入辨识，对固有知
识谱系进行辨类分析。

---

① 胡适：《论国故学》，载胡适著、季羡林主编：《胡适全集》第 1 卷，合肥：安徽教育
出版社，2003 年版，第 417 页。

## 一、国故的性质："材料"与"主义"

面对旧学的式微，古学界出现"表面上的寂寞"，许多人发出"古学要沦亡了""古书不久要无人能读了"的悲观哀叹。胡适将此悲观呼声归结为四种表现：（一）将"古学沦亡"缘于西学的输入，从而抗拒之；（二）以为孔教可以完全代表古文化，从而梦想孔教的复兴，甚至妄图借基督教的制度以助之；（三）以为古文、古诗的保存就是古学的保存，从而压制语体文字的提倡与传播；（四）静坐扶乩，逃向迷信里寻找安慰。①

在胡适看来，孔教、古诗文、迷信等都不能代表古学，以上四种悲观的呼声恰成"旧式学者破产的铁证"②。从近三百年学术发展史来看，无疑是"古学发达史""古学昌明时代"③。三百年古学的成绩，主要表现在整理古书、发现古书、发现古物三方面。三百年古学的缺点，主要也有三层：（一）研究的范围太狭窄，"大家的眼光与心力注射的焦点，究竟只在儒家的几部经书"④，古韵、古词典、古书旧注、子书的研究都为经学服务，"一切古学都只是经学的丫头"⑤；（二）太注重功力而轻忽理解，不能在社会的生活思想上发生有效影响，结果是，"这三百年中，几乎只有经师，而无思想家；只有校史者，而无史家；只有校注，而无著作"⑥；（三）缺乏参考比较的材料，识见固陋，"他们只向那几部儒书里兜圈子，兜来兜去，始

---

① 胡适：《〈国学季刊〉发刊宣言》，载胡适著、季羡林主编：《胡适全集》第2卷，合肥：安徽教育出版社，2003年版，第1页。

② 同①，第2页。

③ 同①，第2页。

④ 同①，第3页。

⑤ 同①，第4页。

⑥ 同①，第5页。

终脱不了一个'陋'字[①]。三百年的古学研究的成绩不过如此，因此，要提倡古学的研究，必须相应地注意三点：（一）扩大研究范围；（二）注意系统的整理；（三）博采参考比较的资料。[②]更具体地说，是要满怀乐观，从三个方向勉力而为：（一）"用历史的眼光来扩大国学研究的范围"（二）"用系统的整理来部勒国学研究的材料"（三）"用比较的研究来帮助国学的材料的整理与解释"。[③]

对待国故，要出之以科学的求真态度，不应当先存一个狭隘的功利观念。胡适说："做学问的人当看自己性之所近，拣选所要做的学问，拣定之后，当存一个'为真理而真理'的态度。研究学术史的人更当用'为真理而真理'的标准去批评各家的学术。学问是平等的……况且现在整理国故的必要，实在很多。我们应该尽力指导'国故家'用科学的研究法去做国故的研究，不当先存一个'有用无用'的成见，致生出许多无谓的意见。"[④]他希望现在国故研究能有更多方法的自觉，在防弊中推进国故学研究。

胡适表扬清代考据学家在不自觉地运用科学方法中获得了较大的成绩。他说："清朝的'汉学家'所以能有国故学的大发明者，正因为他们用的方法无形中都暗合科学的方法。钱大昕的古音之研究、王引之的《经传释词》、俞樾的《古书疑义举例》都是科学方法的出产品。这还是'不自觉的'（Unconscious）科学方法，已能有这样的成绩了。我们若能用自觉

---

① 胡适：《〈国学季刊〉发刊宣言》，载胡适著、季羡林主编：《胡适全集》第2卷，合肥：安徽教育出版社，2003年版，第6—7页。

② 同①，第7页。

③ 同①，第17页。

④ 胡适：《论国故学》，载胡适著、季羡林主编：《胡适全集》第1卷，合肥：安徽教育出版社，2003年版，第418页。

的科学方法加上许多防弊的法子，用来研究国故，将来的成绩一定更大。"①
傅斯年认为，中华国故的整理的发明，可能会让世界的学问"生一小部分
新采色"。傅斯年还指出："国故的研究是学术上的事，不是文学上的事；
国故是材料，不是主义。若是本着大国故主义行下去，一切以古义为断，
在社会上有非常的危险。"②

关于国学研究对象，梁启超以为主要有"文献的学问"和"德性的学
问"，前者应该用客观的科学方法去研究，后者应该用内省的和躬行的方
法去研究。③在梁启超看来，德性学"可说是国学里头最重要的一部分，
人人应当领会的"④，必须"走通"了德性学的这一条路，才能"走上"文
献学的那一条路。

国故范围既然如此之广，"正统"的有色眼镜时刻在筛选、汰除，所
以有救国故于将亡佚的必要。胡适说："向来中国的学者对于小说戏曲大都
存鄙薄的态度，故校勘考据的工力只用于他们所谓'正经书'，而不用于
小说曲本；甚至于收藏之家，目录之学，皆视小说戏剧为不足道。藏书家
不收，故这类的书籍容易散失；目录不载，故年代久远之后，虽有人想收
集这类的作品，也无从下手了。"⑤这就要对戏曲展开抢救性的研究与史料
发掘工作。

国故学研究需要博学多闻。1952 年 12 月，胡适在台湾大学的讲演中

---

① 胡适：《论国故学》，载胡适著、季羡林主编：《胡适全集》第 1 卷，合肥：安徽教育
出版社，2003 年版，第 418 页。
② 傅斯年：《国故和科学的精神附识》，参陈崧编《五四前后东西文化问题论战文选》，
北京：中国社会科学出版社，1985 年版，第 130 页。
③ 梁启超：《治国学的两条大路》，载梁启超著，汤志钧、汤仁泽编：《梁启超全集》第
16 集，北京：中国人民大学出版社，2018 年版，第 45 页。
④ 同③，第 45 页。
⑤ 胡适：《〈曲海〉序》，载胡适著、季羡林主编：《胡适全集》第 3 卷，合肥：安徽教
育出版社，2003 年版，第 747 页。

夸赞傅斯年记忆力强时，说："他这个人，不但是国家的一个人，他是世界上很少见的一个多方面的天才，他的记忆力之强更是少有的。普通记忆力强的人往往不能思想；傅先生记忆力强，而且思考力非常敏锐，这种兼有记忆力与思考力的人，是世界上少见的。同时，能够做学问的人不见得能够办事……傅先生能够做学问而又富有伟大的办事能力。"[①]

据胡适自言，对于旧有的学术思想有"反对盲从""反对调和"和"主张整理国故"三种态度。然而，只有"整理国故"的主张才是积极的。他说："新思潮对于旧文化的态度，在消极一方面是反对盲从，是反对调和；在积极一方面，是用科学的方法来做整理的工夫。"[②] 但是，如何进行整理呢？他说："整理就是从乱七八糟里面寻出一个条理脉络来；从无头无脑里面寻出一个前因后果来；从胡说谬解里面寻出一个真意义来；从武断迷信里面寻出一个真价值来。"[③]

## 二、国故的辨类：从汉宋之分到文辞之别

中国学人历来重视典籍分类，以此清理学术源流。王国维说："凡学问之事，其可称科学以上者，必不可无系统。系统者何？立一系以分类是已。分类之法，以系统而异，有人种学上之分类，有地理学上之分类，有历史上之分类，三者画然不相谋已。"[④] 这个分类系统的传统，直接引发国故研

---

① 胡适：《治学方法》，载胡适著、季羡林主编：《胡适全集》第20卷，合肥：安徽教育出版社，2003年版，第651页。

② 胡适：《新思潮的意义》，载胡适著、季羡林主编：《胡适全集》第1卷，合肥：安徽教育出版社，2003年版，第699页。

③ 同②，第698页。

④ 王国维：《欧罗巴通史序》，载谢维扬、房鑫亮主编，胡逢祥分卷主编：《王国维全集》第14卷，杭州：浙江教育出版社，2009年版，第3—4页。

究走向了现代辨类，已经超越了中国古典学术论辩上的汉宋之分与文辞之别。

（一）超越汉宋之分

中国典籍的传统分类法，是《隋书·经籍志》正式确立而沿袭至《四库全书》的四部分类法。《四库全书》遵循的分类原则是："古来有是一家，即应立是一类。作者有是一体，即应备是一格。"[①]它将书籍分为经、史、子、集四部，其下再分四十四类，部、类之间有序录；个别类下另立子目，共六十六个。四库馆臣尤重经、史，以为"学者研理于经，可以正天下之是非；征事于史，可以明古今之成败；余皆杂学也"[②]。但太偏重于经、史两部，势必造成子、集部类的失衡，而且还不能涵纳绝大部分的自然科学著述。

南宋郑樵说："编次必谨类例，类例既分，学术自明。"[③]可见当时已从叙录解题式分类，自然走向以"类"明书进而明"学术"的典籍自觉。近代以降，知识人逐渐认识到，现代中国应像前儒消融佛学那样消融西学，用西方文化之长来补中国文化之短。比如 1919 年，时任北大史学系主任的朱希祖便提出用科学方法治学的主张。他说："我们现在讲学问就是用科学的方法来治学问。我们中国古书中属于历史的、哲学的、文学的，以及各项政治、法律、礼教、风俗，与夫建筑、制造等事，皆由今日以前的古书中抽寻出来，用科学的方法，立于客观地位整理整理，拿来与外国的学

---

① （清）纪昀总纂：《四库全书总目提要》，石家庄：河北人民出版社，2000 年版，第 46 页。

② 同 ①，第 2331—2332 页。

③ （南宋）郑樵：《校雠略·编次必谨类例六篇》，载郑樵撰：《通志二十略》下册，北京：中华书局，1995 年版，第 1806 页。

问比较比较，或供世人讲科学的材料。"①

还有部分知识人主张要读书识人，需要返求朱子之学。比如，钱穆先生就在《朱子学提纲》中说，朱子"集宋学理学之大成""集汉唐儒大成"②，"盖自有朱子，而后使理学重复回向经学而得相绾合。古今儒学大传统，得以复全，而理学精旨，亦因此更得洗发光昌，此惟朱子一人之功"③。钱先生认识到，"若欲求明朱子学之真相，则莫如返求之朱子之书"④，做到"于朱子原书，能悉心寻求，详加发明，先泯门户之见，而务以发现真相为主"⑤。钱穆先生强调，学术研究要摒弃门户之见。他多次强调，"学术不可以无宗主，但必不可有门户"，"朱子学范围广大，涵义精深，后人尠能兼涉而都通"⑥。对于朱子学研究而言，"门户之见，实为治朱学者一绝大之障蔽"⑦，而这就莫若"依朱子所以教人读书为学之方，以读朱子之书，求朱子之学"⑧。

章太炎看到，朱熹解经不从小学入手。朱熹释"格物"为"穷至事物之理"，实在是闹了辗转训诂的笑话。章太炎说："在朱文公原以'格'可训为'来'，'来'可训为'至'，'至'可训为'极'，'极'可训为'穷'，就把'格物'训'穷物'。可是训'格'为'来'是有理，辗转训'格'

---

① 朱希祖：《整理中国最古书籍之方法论》，原载《北京大学月刊》第 1 卷第 3 号，1919 年 3 月。

② 钱穆：《朱子学提纲》，载钱宾四先生全集编委会整理：《钱宾四先生全集》第 11 卷，台北：联经出版事业公司，1998 年版，第 30 页。

③ 同②，第 193 页。

④ 同②，第 254 页。

⑤ 同②，第 3 页。

⑥ 同②，《例言》第 14 页。

⑦ 同②，第 260 页。

⑧ 同②，第 253 页。

为'穷'，就是笑话了。"① 程子原以"主一无适"言"敬"，似把"适"训作"至"，便与古例"适"通"敌"（《淮南子》中有"无适"，即"无敌对"义）相违。他说："宋朱熹一生研究五经四子诸书，连寝食都不离，可是纠缠一世，仍弄不明白，实在他在小学没有工夫，所以如此。清代毛西河事事和朱子反对，但他也不从小学下手，所以反对的论调也都错了。可见通小学对于研究国学是极重要的一件事了。"② 虽然朱熹对《易经》进行的文本还原工作，即"《易经》本为十二篇，郑、王合'彖辞'于经，已非本来面目，朱氏分而之，是他底功"③；但是，"分《易》是还原，为功很小，增《河图洛书》是益迷信，过很大，可以说是功不掩过"④。

章太炎指出，宋人解经，比唐人更拘守家法。章太炎说："宋代典章制度，多仍唐时之旧，宋人拘守唐人底注疏，更甚于唐人，就是诗赋以经命名的，也不许抵触孔、贾底主张。"⑤ "宋儒治经以意推测的很多，南宋朱文公凭他底臆测酿成很多谬误。朱氏治经，有些地方原有功于经，但是过不能掩功。"⑥

《孝经》不仅为"门内之言"，亦言"门外之事"。但宋儒却不重《孝经》。章太炎说："宋儒不信《孝经》，谓其非孔子之书。《孝经》当然非孔子之书，乃出于曾子门徒之手，然不可以其不出孔子之手而薄之。宋儒于《论语》'孝弟也者其为仁之本与'一章，多致反驳，以为人之本只有仁，不有孝弟。其实仁之界说有广狭之别，'克己复礼'，狭义也，'仁者爱人'，

---

① 章太炎：《国学十讲》，载上海人民出版社编、章念驰编订：《章太炎全集·演讲集》，上海：上海人民出版社，2015 年版，第 312 页。

② 同①，第 311 页。

③ 同①，第 327 页。

④ 同①，第 327—328 页。

⑤ 同①，第 326 页。

⑥ 同①，第 327 页。

广义也。"① 孝弟为仁之本，此语古已有之，乃有子述管子之语，即"孝弟者，仁之祖也"（《管子·戒第二十六》）。"宋人因不愿讲《论语》此章，故遂轻《孝经》，不知汉人以《孝经》为六经总论，其重之且如此。"② 孔子之说，承《尧典》而来。

另外，宋儒还多误解《大学》。章太炎说："《大学》为宋人所误解者不少，不仅误解，且颠倒其本文。王阳明出，始复古本之旧，其精思卓识，实出宋人之上。今按《大学》之言，实无所不包，若一误解，适足为杀人之本。宋人将'在亲民'改作'在新民'，以'穷知事物之理'解释'格物'。后辈以为《康诰》有'作新民'之语，下文又有'苟日新''天命维新'诸语，故'在亲民'之'亲'，非改作'新'不可。不知《汤盘》之新，乃洁清身体发肤之谓，其命维新者，新其天命也，皆与'亲民'无关，不可据之以改经文。夫《书经》人所共读，孟子明言三代之学皆所以明人伦也，人伦明于上，小民亲于下。《尚书》'尧命契作司徒，敬敷五教'，其结果则百姓相亲。《大学》'亲民'之说，前与《尚书》相应，后与《孟子》相应，不知宋人何以改字也。格物之说，有七十二家之歧异，实则无一得当。试问物理学之说，与诚意、正心何关？故阳明辟之，不可谓之不是。然阳明所云'致良知以正物'，语虽可喜，然加一'良'字，且语句与原意颠倒。应说'致知而后物格'，不应说'物格而后致知也'。阳明之前，郑康成训'格'为'来'，谓'所知于善深，则来善物；所知于恶深，则来恶物'，颇合《论语》'我欲仁，斯仁至矣'之义，亦与阳明'知行合一'之说相符。但文义亦与原文不合。虽能言之成理，胜于晦庵，但均颠倒

---

① 章太炎：《国学之统宗》，载上海人民出版社编、章念驰编订：《章太炎全集·演讲集》，上海：上海人民出版社，2015年版，第480页。

② 同①，第481页。

原文，不足以服人之心。其余汉、宋大儒讲格物者，不计其数，而皆讲之不通。明人乃有不读书之灶丁王心斋，以为格物即'物有本末'，致知即'知所先后'，千载疑窦，一朝冰释，真天下快事。盖《大学》所讲，为格物、诚意、正心、修身、齐家、治国、平天下。诚意为正心、修身之本，此为知本，此为知之至也。上所云云，尤为根本之根本。"①《苍颉篇》："格，量度也。"王艮虽不知格字之义，但说"致知在于量度物之本末"而立"淮南格物论"，其义最通。刘宗周说阳明远不如王艮，由此可见其故。

章太炎说："阳明生时骂朱文公为'洪水猛兽'，阳明读书不多，未曾遍观宋人之说，故独骂朱子，实则伊川、象山均如此讲。朱子治学，亦未身能穷知事物之理，无可奈何，敷衍了事，而作此说。"②阳明后学才为理学带来一线光明。章太炎说："昔孟子讲'爱亲敬长，为人之良能'，其后阳明再传弟子罗近溪，谓'良知良能，只有爱亲敬长'。谓孔门弟子求学，求来求去，才知孝弟为仁之本。此语也，有明理学中之一线光明，吾侪不可等闲视之者也。"③

明儒王艮发明"格物"之义，也有其合理之处。章太炎说："殷周革命之际，周人称忠殷抗周之民曰'殷顽'，思有以化之，故《康诰》有作'新民'之言。所谓'新民'者，使殷民思想变换，移其忠于殷者，以忠于周室耳。'新民'云云，不啻'顺民'之谓已。此乃偶然之事，非天下之常经，不可据为典要。夫社会之变迁以渐，新学小生，不知斯义，舍其旧而新是谋，以为废旧从新便合'作新民'之旨，不知其非《大学》之意也。

---

① 章太炎：《国学之统宗》，载上海人民出版社编、章念驰编订：《章太炎全集·演讲集》，上海：上海人民出版社，2015年版，第482页。

② 同①，第483页。

③ 同①，第481页。

要之,《大学》之义,当以古本为准,格物之解,当以心斋为是,不当盲从朱子。"①

章太炎指出,《论语》与《儒行》有相合之处。章太炎说:"《论语》《儒行》,初无二致。宋人以'有过可微辨而不可面数也'一语,立意倔强,与子路'人告之以有过即喜'殊异,即加反对。不知骂《儒行》者,自身即坐此病。朱、陆为'无极''太极'之枝节问题,意见相反,书函往复,互相讥弹,几于绝交,不关过失,已使气如此,何况举其过失乎?有朱、陆之人格,尚犹如此,何况不如朱、陆者乎?"②

他还看到"国学不尚空言"。章太炎说:"国学不尚空言,要在坐而言者起而可行。十三经文繁义赜,然其总持则在《孝经》《大学》《儒行》《丧服》。《孝经》以培养天性,《大学》以综括学术,《儒行》以鼓励志行,《丧服》以辅成礼教。其经文不过万字,易读亦易记,经术之归宿,不外乎是矣。经术乃是为人之基本,若论运用之法,历史更为重要,处斯乱世,尤当斟酌古今,权衡轻重。"③

章太炎以为子与史相通。他说:"史与经本通,子与史亦相通。诸子最先为道家,老子本史官也,故《艺文志》称'道家者流,出于史官'。史官博览群籍,而熟知成败利钝,以为君人南面之术。他如法家,韩非之书称引当时史事甚多。纵横家论政治,自不能不关涉历史。名家与法家相近。惟农家之初,但知种植而已。要之九流之言,注重实行,在与历史有关。墨子、庄子皆有论政治之言,不似西洋哲学家之纯谈哲学也。"④ 他指

---

① 章太炎:《国学之统宗》,载上海人民出版社编、章念驰编订:《章太炎全集·演讲集》,上海:上海人民出版社,2015年版,第483页。

② 同①,第484页。

③ 同①,第488页。

④ 章太炎:《历史之重要》,载上海人民出版社编、章念驰编订:《章太炎全集·演讲集》,上海:上海人民出版社,2015年版,第492页。

出，道家本君人南面之术。章太炎说："在昔道家，本君人南面之术，善用其术，则可致治，汉人之重黄老，其效可见矣。一变而为晋人之清谈，即好为新奇之议论，于是社会遂有不安之状，然刘伶之徒，反对礼教，尚是少数。"① 无论是讲哲学，还是讲史学，都不能"好为新奇之议论"，应该"讲平易之道"，以期能收三十年后的成效。

章太炎发史学经国之论，开史学革命之先河。他说："夫人不读经书，则不知自处之道；不读史书，则无从爱其国家。即如吾人今日，欲知'中华民国'之疆域，东西南北究以何为界，便非读史不可。有史而不读，是国家之根本先拔矣。"② "昔人读史，注意一代之兴亡，今日情势有异，目光亦须变换，当注意全国之兴亡，此读史之要义也。经与史关系至深，章实斋云'六经皆史'，此言是也。"③ "今日学士大夫，治经者有之，治诸子者有之，而治史则寡，不知不讲历史，即无以维持其国家。历史即是帐簿、家谱之类，持家者亦不得不读也。"④ 所以，治经史当如古人，"于事理所必无者，辄不肯置信"⑤。讲学当循正途，遵事理。章太炎说："夫讲学而入于魔道，不如不讲。昔之讲阴阳五行，今乃有空谈之哲学，疑古之史学，皆魔道也。必须扫除此种魔道，而后可与言学。"⑥

宋明时期学统与政统互为表里，形成了君主专制下的传统治理体系的较严密形式。胡适说："自明以来，上流社会则受朱熹的理学的支配，中下社会则受朱元璋的'真命天子'的妖言的支配，二朱狼狈为奸，遂

---

① 章太炎：《历史之重要》，载上海人民出版社编、章念驰编订：《章太炎全集·演讲集》，上海：上海人民出版社，2015 年版，第 492 页。

② 同①，第 490 页。

③ 同①，第 490 页。

④ 同①，第 492 页。

⑤ 同①，第 493 页。

⑥ 同①，第 493 页。

造成一个最不近人情的专制社会。"①他对"理学"界定是:"理学挂着儒家的招牌,其实是禅宗、道家、道教、儒教的混合产品。其中有先天太极等等,是道教的分子;又谈心说性,是佛教留下的问题;也信灾异感应,是汉朝儒教的遗迹。但其中的主要观念却是古来道家的自然哲学里的天道观念,又叫做'天理'观念,故名为道学,又名为理学。"②理学的两条大路是程颐提出的"涵养须用敬,进学则在致知"。天资高明者选择简易直截的内心涵养的"主敬"一途;天资沉着者不喜欢蹈虚的捷径,更愿选择积铢累寸的格物工夫,走格物、穷理一途。然而两途各有其弊。

胡适把中国近世哲学分为理学与反理学两个时期。胡适说:"中国近世思想的趋势在于逐渐脱离中古的宗教,而走上格物致知的大路。但中古宗教的势力依然存在;'居敬''主静''无欲',都是中古宗教的变相。致知是纯粹理智的路,主敬是宗教的路。向来理学家说这两条路'如车之两轮,鸟之双翼',其实这两条路'分之则两全,合之则俱伤'。五百年的理学所以终于失败,正因为认路不清,名为脱离中古宗教,其实终不会跳出宗教的圈子。"③

理学中的程朱一系保留了中古宗教的排斥情欲的特色。"宋儒以来的理学挂着孔教的招牌,其实因袭了中古宗教的种种不近人情的教条。中古宗教的要点在于不要做人而想做菩萨神仙。这固是很坏,然而大多数的人究竟还想做人,而不想做神仙菩萨。故中古宗教的势力究竟还有个

① 胡适:《庐山游记》,载胡适著、季羡林主编:《胡适全集》第3卷,合肥:安徽教育出版社,2003年版,第168页。
② 胡适:《几个反理学的思想家》,载胡适著、季羡林主编:《胡适全集》第3卷,合肥:安徽教育出版社,2003年版,第74页。
③ 同②,第105页。

限度。到了理学家出来，他们把中古宗教做菩萨神仙之道搬运过来，认为做人之道，这就更坏了。"① 他还说："主静去欲，本是出世之法，今被误认作入世之法，又傅会《伪尚书》'人心惟危，道心惟微'的话，于是一班士大夫便不知不觉地走上了顾炎武所谓'置四海困穷不言，而讲危微精一'。"②

俞樾高徒黄以周与其父黄式三，并以学问精博著称于世，为清代后期浙东学派殿军人物。

黄式三曾言："读经而不治心，犹将百万之兵而自乱之。"③ 这一说法，自然是上承了宋代儒学端本澄源的治心工夫。黄式三亦自言"朱子之所得大且多"④；他自己说经，是"不求苟异，不敢苟同，亦惟有所不同；而自恐私智穿凿，获罪圣经，每当中夜自思，怵为之不寐"⑤。这是一种自信其心、"实事求是"的近代科学实证精神。

黄以周承继家学，治学兼采汉、宋，不为门户之见，曾执掌江阴南菁书院长达 15 年，以"博文约礼、实事求是"为院训，崇尚实用，"专课古学、经学，以救时文之弊"⑥。他讲学著述，重视那些"深训诂、精考据、明义理之作"，而"凡文之不关经传子史者，黜不庸；论之不关世道人心者，黜

---

① 胡适：《几个反理学的思想家》，载胡适著、季羡林主编：《胡适全集》第 3 卷，合肥：安徽教育出版社，2003 年版，第 101 页。

② 同①，第 101—102 页。

③ （清）黄式三著：《畏轩记》，载黄式三著，程继红、张涅主编：《黄式三全集》第 5 册，上海：上海古籍出版社，2014 年版，第 467 页。

④ （清）黄式三著：《论语后案原叙》，载黄式三著，程继红、张涅主编：《黄式三全集》第 5 册，上海：上海古籍出版社，2014 年版，第 368 页。

⑤ （清）黄式三著：《论语后案弁言》，载黄式三著，程继红、张涅主编：《黄式三全集》第 2 册，上海：上海古籍出版社，2014 年版，第 704 页。

⑥ 《定海黄以周先生年谱稿》，载（清）黄以周著，詹亚园、韩伟表主编：《黄以周全集》第 10 册，上海：上海古籍出版社，2014 年版，第 706 页。

不庸；好以新奇之说、苛刻之见自炫，而有乖经史本文事实者，黜不庸"①，一切不敢"滥取"，实行德行道艺、礼乐诗书、训诂词章分斋教学。他座上写着"实事求是，莫作调人"八字。②他花十九年功夫撰成的百卷本《礼书通故》，阐述其学术主张。

梁启超谈自由时，主张不做古人的奴隶。即使是古代有大功德的圣贤、豪杰，应该爱而敬之，但也要明白"古人自古人，我自我。彼古人之所以能为圣贤、为豪杰者，岂不以其能自有我乎哉"？中国人"于人古人之言论行事，非惟辨难之辞不敢出于口，抑且怀疑之念不敢萌于心"，这便是委身于古人，做了古人的奴隶。梁启超说："四书、六经之义理，其非一一可以适于今日之用，则虽临我以刀锯鼎镬，吾犹敢断言而不惮也。"③宋明儒者的心上功夫，亦大有展拓空间。

当然，从王阳明亭前格竹致疾而叹"圣贤是做不得的，无他大力量去格物"的案例，可以看到"格物"一派的毛病。胡适指出说："格物致知是不错的，但当时的学者没有工具，没有方法，如何能做到格物的工夫？痴对着亭前的竹子，能格出竹子之理来吗？故程朱一派讲格物，实无下手之处；所以他们至多只能研究几本古书的传注，在烂纸堆里钻来钻去，跑不出来。反对他们的人都说他们'支离、破碎'。"④同样，崇尚内心涵养的陆王一派自有其弊病。胡适说他们也是没有方法——"陆象山说，心即是理，

① 《定海黄以周先生年谱稿》，载（清）黄以周著，詹亚园、韩伟表主编：《黄以周全集》第10册，上海：上海古籍出版社，2014年版，第729页。

② 同①，第727页。

③ 梁启超：《新民说》，载梁启超著，汤志钧、汤仁泽编：《梁启超全集》第2集，北京：中国人民大学出版社，2018年版，第569页。

④ 胡适：《几个反理学的思想家》，载胡适著、季羡林主编：《胡适全集》第3卷，合肥：安徽教育出版社，2003年版，第76页。

理不解自明。王阳明教人'致良知'。这都不是方法。所以这一派的人到后来也只是口头说'静'，说'敬'，说'良知'，都是空虚的玄谈。"①

在理学两派均偏落一边无法走出困境的情形下，反理学的思潮便潜滋暗长起来。胡适说："五百多年（1050—1600）的理学，到后来只落得一边是支离破碎的迁儒，一边是模糊空虚的玄谈。到了十七世纪的初年，理学的流弊更明显了。五百年的谈玄说理，不能挽救政治的腐败，盗贼的横行，外族的侵略。于是有反理学的运动起来。"②

"反理学运动"表现在"打倒"和"建设"两面。前者的表现有：黄宗炎、毛奇龄等的打倒太极图等的迷信的理学，费密、颜元等的打倒谈心说性等的玄谈，颜元、戴震、袁枚等的打倒不近人表的人生观。后者的表现有：顾炎武、戴震、崔述等建设求知识学问的方法，颜元、戴震等建设新哲学。③从代表人物的选择上看，"顾炎武代表这时代的开山大师。颜元、戴震代表十七八世纪的发展。最后的一位，吴稚晖先生，代表现代中国思想的发展。"④

顾炎武主张读经治学当"自考文始，考文自知音始"⑤。胡适说："'考文'便是校勘之学，'知音'便是音韵训诂之学。清朝一代近三百年中的整治古书，全靠这几种工具的发达。在这些根本工具的发达史上，顾炎武是一个开山的大师。"⑥胡适还说："理学最不近人情之处在于因袭中古宗教

---

① 胡适：《几个反理学的思想家》，载胡适著、季羡林主编：《胡适全集》第3卷，合肥：安徽教育出版社，2003年版，第76页。

② 同①，第76页。

③ 同①，第76—77页。

④ 同①，第77页。

⑤ （清）顾炎武：《答李子德书》，载顾炎武撰：《顾炎武全集》第2册，上海：上海古籍出版社，2011年版（2012年重印），第16页。

⑥ 同①，第79页。

排斥情欲的态度。戴学的大贡献正在于充分指出这一个紧要关键。"①戴震认清了理学的病根，在于其"不肯抛弃那反人情性的中古宗教态度"，且"尊理而咎形气，存理而去欲"，所以"他的新理学只是并力推翻那'杂糅傅合'的、半宗教半玄学的旧理学。"②

胡适认为，宋学自有其精神，然宋儒亦自有其弊。宋明理学精神本涵有内外兼涉之意，本不偏落一边。朱子注《论语》"学而不思"两句时道："不求诸心，故昏而无得；不习其事，故危而不安。"汉帝国的兵祸与专制，使中国陷入"谶纬符命的黑暗时代"。然而，"一千年的黑暗时代逐渐过去之后，方才有两宋的中兴。宋学是从中古宗教里滚出来的，程颐、朱熹一派认定的格物致知的基本方法。大胆的疑古，小心的考证，十分明显的表示一种'严刻的理智态度，走科学的路'（按：指梁漱溟形容印度因明学、唯识学语）。这个风气一开，中间虽有陆王的反科学的有力运动，终不能阻止这个科学的路重现而大盛于最近的三百年。"③

胡适指出，宋以来的理学有三大毛病："第一，不近人情；第二，与人生没大交涉；第三，气象严厉，意气陵人。"④宋儒针对当日"高明"的弊症，开出斥责"异端"、重建道统的"药方"。可惜的是，他的药方也甚为"高明"，堕入新的玄学困境而难以自拔。胡适说："他们（按：二程）深知当日最大的病根是那'高明'病，是那'自谓之穷神知化而不足以开物成务'（按：程颐《明道先生行状》中语）的玄学。然而自他们以后，以至明

———————————

① 胡适：《几个反理学的思想家》，载胡适著、季羡林主编：《胡适全集》第3卷，合肥：安徽教育出版社，2003年版，第100页。

② 同①，第94页。

③ 胡适：《读梁漱溟先生的〈东西文化及其哲学〉》，载胡适著、季羡林主编：《胡适全集》第2卷，合肥：安徽教育出版社，2003年版，第252—253页。

④ 胡适：《费经虞与费密——清学的两个先驱者》，载胡适著、季羡林主编：《胡适全集》第2卷，合肥：安徽教育出版社，2003年版，第89页。

末，五百年中，程朱之学盛行，结果还只是一种'自谓之穷神知化而不足以开物成务'的玄学。这是什么缘故呢？原来两宋时代高明之病太深，病根入骨，不易拔去。'高明之家，鬼瞰其室。'这个鬼就是玄学鬼。"①具体而言，"二程不睬邵雍、周敦颐的玄学的宇宙论，却舍不得那主静主敬的玄学。朱熹提倡格物穷理，却又去把二程唾弃的先天太极之学重新掘出来，奉为玄学的奇宝。陆王唾弃先天太极的玄学，却又添出了'良知''心即理'的玄学。陆王末流的玄学狂热，更不消说了。"②

程朱确立了格物的目标是穷理，范围涉及"一身之中，至万物之理"，方法上注意厚积薄发，然而却不能建立中国的科学时代。因为他们的研究兴趣不在如此广博高厚的"物"上，"他们只是讲实物讲政治的人，只是思想家和教人的人。他们的大兴趣在人类的道德和政治的问题，不在探求一草一木的'理'或定律。"③胡适说："他们失败的大原因，是因为中国的学者向来就没有动手动脚去玩弄自然界实物的遗风。程子的大哥程颢就曾说过'玩物丧志'的话。他们说要'即物穷理'，其实他们都是长袍大袖的士大夫，从不肯去亲近实物。他们至多能做一点表面的观察和思考，不肯用全部精力去研究自然界的实物。久而久之，他们也觉得'物'的范围太广泛了，没有法子应付。所以程子首先把'物'的范围缩小到三项：（一）读书穷理，（二）尚论古人，（三）应事接物。后来程朱一派都依着这三项的小范围，把那'凡一古之物'的大范围完全丢了。范围越缩越小，后来竟从'读书穷理'更缩到'居敬穷理'，'静坐穷理'，离科学的境界

---

① 胡适：《费经虞与费密——清学的两个先驱者》，载胡适著、季羡林主编：《胡适全集》第2卷，合肥：安徽教育出版社，2003年版，第92页。

② 同①，第92—93页。

③ 胡适：《中国哲学里的科学精神与方法》，载胡适著、季羡林主编：《胡适全集》第8卷，合肥：安徽教育出版社，2003年版，第498页。

更远了。"① 十七世纪的朴学虽然在方法和精神上都是科学的，但他们的范围仍然局限在"读书穷理"的小范围内，没能做到"即物穷理"的科学大范围。理学家们所做的工作，主要还在经学领域，并未能自然延伸到自然科学领域。所以，中国人的"科学遗产"只有两件："一是程子、朱子提出的'即物穷理'的科学目标，一是三百年来朴学家实行的'实事求是'的科学精神与方法。"② 应该把这两项遗产"打成一片"，用朴学家的"实事求是"的精神与方法来实行理学家"即物穷理"的理想。

另外，宋儒执持迂腐的意见，不近人情，脱离经典，创发议论。胡适说："自从宋儒以来，士大夫自居于穷理，其实只是执着一些迂腐的意见；他们拿这些意见来裁量人物，往往不惜割削人的骨肉，勉强凑合他们的死板法式。他们自己迷信'无欲'为理想境界，所以他们上论古人，下论小百姓，也期望他们无私无欲。他们抱着成见，遂不肯细心体谅人们的境地，一律苛刻，吹毛求疵，削足就履。所以自程颢、朱熹以后，学者心眼里只认得几个本来没有的圣人，其余的都不是完人。殊不知他们的教主孔丘先生当日本是一个很和平圆通的人，孔丘也肯见见南子，也不拒绝阳货的猪肉，也和他国里的一班贵族权臣往来问答；他的弟子也有做季氏的家臣的，也有做生意发财的，也有替蒯聩出死力的。他老人家晚年也曾说过，乡愿是德之贼，而狂狷却还有可取。他老人家教人要'绝四'，而宋儒却偏偏忘了'毋固''毋我'的教训！"③ 胡适还说："宋以来的儒者往往意气用事，勇于责人，而不自觉其太过。如朱熹之劾奏唐仲友，如元祐后人

---

① 胡适：《格致与科学》，载胡适著、季羡林主编：《胡适全集》第8卷，合肥：安徽教育出版社，2003年版，第81页。

② 同①，第82页。

③ 胡适：《费经虞与费密——清学的两个先驱者》，载胡适著、季羡林主编：《胡适全集》第2卷，合肥：安徽教育出版社，2003年版，第85页。

之诬蔑王安石，都是道学史上的绝大污点。费氏最恨那'斤斤焉同乎我者纳之，其未同乎我者遂摈而弃之'（《弘道书》上，四十四）的不容忍的态度。"①

宋代开启过一个新儒家运动，"有意要恢复佛教进来以前的中国思想和文化"，"直接回到孔子和他那一派的人本主义"，"把中古中国的那种大大印度化的，因此是非中国的思想和文化推翻革除"。他们在孔子以后出来的《大学》里找到了一套新的方法，一套"新工具"。"这个运动开头的时候有一个'即物而穷其理'，'以求至乎其极'的大口号，然而结果只是改进了一种历史的考证方法，因此开了一个经学复兴的新时代。"②

从学术演变史来看，宋明儒者恰逢儒学低落而亟待创进之际。"汉儒去古未远，保存得不少的古训诂，有抱残守阙之功，而他们的见解实在鄙陋的可笑。魏晋以后，经过低等民族的扰乱，印度宗教的侵入，造成一个黑暗的中古时代，这也是不可讳的。在这个长期的中古时代里，儒家实在不曾产出一个出色的人才，不能不把一两个平凡的王通、韩愈来撑持门面。因为中古儒家没有出色的人物，所以后来儒者看不起中古时期，而有'孟子没而不得其传焉'的话头。但平心看去，魏晋六朝有经师确也有继续不断的努力；至唐始有大规模的结集，上结八代的经学，下开宋儒的经学。"③胡适说："宋儒轻视汉唐古注疏，只为汉唐儒者只做得名物训诂的工夫，不谈微言大义，所以宋儒嫌他们太浅陋了，笑他们未闻大道。宋儒的理学所

---

① 胡适：《费经虞与费密——清学的两个先驱者》，载胡适著、季羡林主编：《胡适全集》第 2 卷，合肥：安徽教育出版社，2003 年版，第 88 页。
② 胡适：《中国哲学里的科学精神与方法》，载胡适著、季羡林主编：《胡适全集》第 8 卷，合肥：安徽教育出版社，2003 年版，第 497 页。
③ 同①，第 76 页。

以能风行一世，也只为他们承禅宗的影响，居然也能谈玄说妙，一洗'儒门淡薄'之风。"①

宋明儒者的哲学创见，源自他们承汉唐经学及佛道二教的资源而又能参互比较。胡适说："宋儒的理解能力来自中古的佛老哲理，而宋儒解经的基础工具仍然是汉唐的注疏。不过宋儒生当禅宗大行之后，思想经过大解放，所以理解突过汉唐诸位学究先生，所以能有深刻的了悟，能组织伟大的系统。但这正是学问进化的自然现象，像堆柴一般，后来的应该在上面。"② 胡适还指出："宋儒凭藉汉、唐的经学，加上佛家与道家的影响，参考的材料多了，他们对古书的了解往往有确然超过汉、唐之处。但他们为中兴儒教起见，虽得力于佛老而不得不排斥佛老；又为自尊其说起见，虽得力于汉、唐而不能不压倒汉、唐。谁知他们的权威太大，终久要引起反宋学的运动，于是清儒虽得力于宋学而皆不能不充分排斥宋学。这真是'一报还一报'。"③

胡适以为宋明儒者的创见得益于所参考比较的材料。他说："宋明的理学家所以富于理解，全因为六朝唐以后佛家与道士的学说弥漫空气中，宋明的理学家全都受了他们的影响，用他们的学说作一种参考比较的资料。宋明的理学家，有了这种比较研究的材料，就像一个近视眼的人戴了近视眼镜一样：从前看不见的，现在都看见了；从前不明白的，现在都明白了。"④ 相反，清儒缺乏"高明"的材料，他们在抛弃宋明儒的"眼镜"的

---

① 胡适：《费经虞与费密——清学的两个先驱者》，载胡适著、季羡林主编：《胡适全集》第 2 卷，合肥：安徽教育出版社，2003 年版，第 78 页。

② 同①，第 76 页。

③ 同①，第 76 页。

④ 胡适：《〈国学季刊〉发刊宣言》，载胡适著、季羡林主编：《胡适全集》第 2 卷，合肥：安徽教育出版社，2003 年版，第 6 页。

同时，便多陷入"陋"境。

胡适说："清代的学者所以推崇汉儒，只是因为汉儒'去古未远'，比较后代的宋明臆说为更可信任。这个态度是历史的态度。宋明儒者的毛病在于缺乏历史的态度。他们的思想富于自由创造的成分，确有古人所不曾道过的；但他们不认这是他们自己的创见，却偏要说这是古经的真义。这并不是他们有心作伪欺人，只是缺乏历史的眼光，不知不觉地把他们自己的创见误认作千余年前孔子、孟子的真谛。"① 当宋明儒者的经说成为学术思想界的无上权威时，如何指陈其弊病呢？清代汉学运动祭出"去圣未远"的汉儒解经之方。胡适接着说："只有从历史上立脚，指出宋明儒者生当千余年之后，万不能推翻那'去古未远'的汉儒的权威。清代的汉学运动的真意义在此。"②

清代汉、宋之争端，实在由于未能明确学术流衍的继承性，而忽视了学术演变的"内在理路"。诚如胡适所说："宋儒排斥汉、唐，然而宋儒实在是毛公、郑玄、王弼、王肃的嫡派儿孙。清儒又排斥宋儒，然而顾炎武、戴震、钱大昕也实在是朱熹、黄震、王应麟的嫡传子孙（章学诚已能见及此）。所以从历史上看来，宋学只是一种新汉学，而清代的汉学其实只是一种新宋学！"③

（二）超越文辞之别

章太炎曾提出"欲知国学，先知语言文字"的观点。他说："今欲知国

---

① 胡适：《费经虞与费密——清学的两个先驱者》，载胡适著、季羡林主编：《胡适全集》第 2 卷，合肥：安徽教育出版社，2003 年版，第 71 页。

② 同①，第 71—72 页。

③ 同①，第 76—77 页。

学，则不得不先知语言文字。此语言文字之学，古称小学。"①古代的小学主要研究字形、音韵、训诂，原为经学之附属。实际上，小学之用已"非专为通经之学，而为一切学问之单位之学"，亦有助于通诸子、史著及集类作品。②研究小学有三法，即"通音韵""明训诂""辨形体"。章氏认为，在语言文字研究上，能兼形体、音声、训诂三者，"得其条贯，始于休宁戴东原氏"③。章太炎说："原来讲形体的书是《说文》，讲训诂的是《尔雅》，讲音韵的书是《音韵学》。如能把《说文》《尔雅》《音韵学》都有明确的观念，那么，研究国学就不至犯'意误''音误''形误'等弊病了。"④

章太炎说："治小学者，实以音韵为入门。"⑤他指出，"二十二部以敛侈分，八音以清浊分。知此，则知引伸、假借各有范围，率履不越，于是语言文字之学，始有端绪可寻矣。于是当就形体言之。"⑥"凡同部者多可假借，凡异部者同为一类，有时亦可假借。此外双声亦可假借、引伸。"⑦"古无韵书，即以官音为韵书。今之官音，古称雅言。"⑧神珙传西域三十六字母，分为九类：喉音、牙音、舌头音、舌上音、正齿音、齿头音、轻唇音、重唇音、半舌半齿音。同母音谓之双声；同一音位，亦可互相通转；魏之孙炎、

---

① 章太炎：《论语言文字之学》，载上海人民出版社编、章念驰编订：《章太炎全集·演讲集》，上海：上海人民出版社，2015年版，第13页。

② 同①，第14页。

③ 同①，第16页。

④ 章太炎：《国学十讲》，载上海人民出版社编、章念驰编订：《章太炎全集·演讲集》，上海：上海人民出版社，2015年版，第311页。

⑤ 同①，第16页。

⑥ 同①，第18页。

⑦ 同①，第16页。

⑧ 同①，第17页。

吴之韦昭始言双声、反切。他重视孙愐的《唐韵序》。

章太炎说："语言何自起乎？呼马而马，呼牛而牛，此非必恣意妄称也。一切言语皆有其根，先征之有形之物，则可见矣。"[1]"要之以音为表者，惟是鸟类为多；以德为表者，则万物大抵皆是。"[2]他以印度"胜论说"为据，以实、德、业三者不相离，故以为"一实之名，必与其德，或与其业，相丽相著，故物名必有由起。虽然，太古草昧之世，其言语惟以表实，而德、业之名为后起。"[3]语言之分，由感觉之顺违而起。"大抵古文只有一字兼读二音，而此事既非常例，故后人于其本字之旁，增注借音之字，久则遂以二字并书。亦犹越称'於越'，邾称'邾娄'，在彼固以一字而读二音，然自鲁史书之，则不得不增注'於'字、'娄'字于其上下。"[4]

一切言语皆有其根，而文字又是文辞的本根。章太炎说："文辞之本，在乎文字，未有不识字而能为文者。加以不明训诂，则无以理解古书，胸中积理，自尔匮乏，文辞何由深厚？"[5]无论是做报章、为策论、做文章，还是译书，只有通小学，才能识字解字，遣词雅训，译文妙合。章太炎说："文辞的本根，全在文字，唐代以前，文人都通小学，所以文章优美，能动感情。两宋以后，小学渐衰，一切名词术语，都是乱搅乱用，也没有丝毫可以动人之处。"[6]在他看来，与外国相比，"自然本种的文辞，方为优美"，"可惜小学日衰，文辞也不成个样子。若是提倡小学，能够达到文学复古

① 章太炎：《论语言文字之学》，载上海人民出版社编、章念驰编订：《章太炎全集·演讲集》，上海：上海人民出版社，2015年版，第22页。

② 同①，第22页。

③ 同①，第23页。

④ 同①，第31页。

⑤ 同①，第14页。

⑥ 章太炎：《在东京留学生欢迎会上之演讲》，载上海人民出版社编、章念驰编订：《章太炎全集·演讲集》，上海：上海人民出版社，2015年版，第9页。

的时候，这爱国保种的力量，不由你不伟大的"①。章太炎重视中国的小学功夫在造就文辞方面的作用，更提出通过夯实"小学"推进"文学复古"，使其变成一种"爱国保种的力量"，确为后来文学革命的先声。

语言是人特有的表达方式，语言与文字相异相辅。对此，1916 年时的梁启超既已有相当的认识，他说："人之有语言，其所以秀于万物乎？所怀抱于中者，能曲折传达之，以通彼我之情，于是智识之交换起，而模仿性日以发达，此社会心理成立之第一要素，而人类进化之筦钥也与语言相辅而广其用者曰文字，时地间阂，语言用穷，有文字则纵横万里之空间、上下百代之时间，皆若觌面相接，社会心理之所以恢郭而愈张，继续而不断者，赖是也。"②

假借，作为造字之法，起于表示新语言的需要。梁启超说："夫语言恒先于文字者也，既有此新物象、新事理、新识想，则必有表示之之新语言，有其语而无其文，则取旧文之同音者，假以为用，此假借所由起，而在我国文字系统之下，势不得不尔也。假借者，一种翻译作用也，以衍形之文系而参之以衍音也，故惟其音不惟其义，每一字于此，多被假借一次，则随增其一义，久之而以新义夺旧义者且比比也。"③ 有了假借，字形数量不变，字义数量增加，若再"通而济之"，可有两种方法：一是"缀旧字为新字"的"复式"用法，二是"蜕旧义为新义"。梁启超说："举一字而赋加减于其属性，或扩之使大，或析之使精，则旧字忽成新字矣。何也？文字

---

① 章太炎：《在东京留学生欢迎会上之演讲》，载上海人民出版社编、章念驰编订：《章太炎全集·演讲集》，上海：上海人民出版社，2015 年版，第 10 页。

② 梁启超：《国文语原解》，载梁启超著，汤志钧、汤仁泽编：《梁启超全集》第 9 集，北京：中国人民大学出版社，2018 年版，第 436 页。

③ 梁启超：《志语言文字章》，载梁启超著，汤志钧、汤仁泽编：《梁启超全集》第 9 集，北京：中国人民大学出版社，2018 年版，第 591 页。

所以表观念，观念新则其字自新也。如是者，亦可以衍至无量，是故谓吾国字少，实未尝少，以字不足为忧者，过也。（近人睹西方字书罗列百数十万字，颇病吾国之不若彼，谓彼中人人能随时造字，而我不能，故学不逮彼焉。此误见也，我辈何尝不日日造新字者。）”① 由此可见，汉字衍义、形变的功能十分强大，绝对不比西方文字逊色。

文字本以“代言”为职，而又能判明“万类”之“理”，比言语仅表达“一事一义”的即时功用更胜一筹。章太炎说：“文字初兴，本以代言为职，而其功用，有胜于言者。盖言语之用，仅可成线，喻如空中鸟迹，甫见而形已逝。故一事一义，得相联贯者，言语司之。及夫万类坌集，棼不可理，言语之用，有所不周，于是委之文字。”② 对于文字在文化统一体形成中的作用，梁启超说：“我国经春秋战国以后，国语国史，则文字之赐也。（因此语文分歧，文化艰于逮下，其得失又当别论。）”③

语言的发生与变迁，与国民性关系密切。梁启超说：“凡人类语言，初必简单，愈进化则愈繁复，所为由简趋繁者。盖言语凡以表示意识，意识之范围日扩，则所以表示之者，自能与之相应，此其一也。与他群之人相接触，恒互相采用其语言以自广，此其二也。然新语日增，陈语亦随而刊落，盖缘群众意识变迁，旧意识时或蛰退，则表示之之语，不复为用；或同一意识，新语表示之法较巧捷明确，则旧语亦废焉。故无论何国皆有僵语，（吾辈试细察一生数十年间所用语，其所昔所习闻而今渐废者，实已不少，今所通用而前辈不解者尤多，即此可察言语新陈代谢

---

① 梁启超：《志语言文字章》，载梁启超著，汤志钧、汤仁泽编：《梁启超全集》第 9 集，北京：中国人民大学出版社，2018 年版，第 591 页。

② 章太炎：《讲文学》，载上海人民出版社编、章念驰编订：《章太炎全集·演讲集》，上海：上海人民出版社，2015 年版，第 39 页。

③ 同①，第 588 页。

消息。)惟颛门考古之士究之，然亦仅能发其凡，末由竟其绪也。而所谓国语者，则恒随其国民性淳化扩展之运以俱进，日趋变而不离其根焉。"①

在章太炎看来，文学乃是文之法式。他把文学分为二类，即"有韵的谓之诗，无韵的谓之文。文有骈体、散体底区别。"②章太炎说："何以谓之文学？以有文字著于竹帛，故谓之文。论其法式，为之文学。凡文理、文字、文辞皆为之文。而言其采色之焕发，则谓之彣。"③"或言学说、文辞所以异者，学说在开人之思想，文辞在动人之感情。虽亦互有出入，而大致不能逾此。此亦一偏之见也。何以定之？文之为名，包举一切著于竹帛者而言之，故有成句读之文，有不成句读之文，兼此二事，通谓之文。"④无句读文、有句读文下再分十六科，经典当散入各科。而且，"一切文辞（兼学说在内），体裁各异，以激发感情为要者，箴、铭、哀、诔、诗、赋、词、曲、杂文、小说之类是也；以濬发思想为要者，学说是也；以确尽事状为要者，历史是也；以比类知原为要者，典章是也；以便俗致用为要者，公牍是也；以本隐之显为要者，占繇是也。其体各异，故其工拙，亦因之而异，其为文辞则一也。"⑤

另外，文辞有工拙与雅俗之分。章太炎说："工拙者，系乎才调；雅俗者，存乎轨则。轨则之不知，虽有才调则无足贵。是故俗而工者，无宁雅而拙也。雅有消极、积极之分。消极之雅，清而无物，欧、曾、方、姚之

① 梁启超：《志语言文字章》，载梁启超著，汤志钧、汤仁泽编：《梁启超全集》第9集，北京：中国人民大学出版社，2018年版，第587页。
② 章太炎：《国学十讲》，载上海人民出版社编、章念驰编订：《章太炎全集·演讲集》，上海：上海人民出版社，2015年版，第317页。
③ 章太炎：《讲文学》，载上海人民出版社编、章念驰编订：《章太炎全集·演讲集》，上海：上海人民出版社，2015年版，第32页。
④ 同③，第35页。
⑤ 同③，第37页。

文是敢。积极之雅，闳而能肆，扬、班、张、韩之文是也。虽然，俗而工者，无宁雅而拙。故方、姚之才虽弩，犹足以傲今人也。"① 章太炎还说："七子之弊，不在宗唐祧宋也，亦不在效法秦、汉也，在其不解文义，而以吞剥为能，不辨雅俗，而以工拙为准。吾则不然，先求训诂，句分字析，而后敢造词也；先辨体裁，引绳切墨，而后敢放言也。此所以异于明之七子也。"②

章太炎著述所用文词古鲞难解，很多文章也是晦涩难懂的。后来连高徒鲁迅也说："回忆三十余年之前，木板的《訄书》已经出版了，我读不断，当然也看不懂，恐怕那时的青年，这样的多得很。"③ 鲁迅曾讽刺做文章故意仿古的毛病说：

> 作文论秦朝事，写一句"秦始皇乃始烧书"，是不算好文章的，必须翻译一下，使它不容易一目了然才好。这时就用得着《尔雅》《文选》了，其实是只要不给别人知道，查查《康熙字典》也不妨的。动手来改，成为"始皇始焚书"，就有些"古"起来，到得改成"政俶燔典"，那就简直有了班马气，虽然跟着也令人不大看得懂。但是这样的做成一篇以至一部，是可以被称为"学者"的，我想了半天，只做得一句，所以只配在杂志上投稿。④

---

① 章太炎：《讲文学》，载上海人民出版社编、章念驰编订：《章太炎全集·演讲集》，上海：上海人民出版社，2015年版，第45页。
② 同①，第45页。
③ 鲁迅：《关于太炎先生二三事》，载王世家、止庵编：《鲁迅著译编年全集》第20卷，北京：人民出版社，2009年版，第284页。
④ 鲁迅：《作文秘诀》，载王世家、止庵编：《鲁迅著译编年全集》第15卷，北京：人民出版社，2009年版，第490页。

鲁迅对老师章太炎还评论说："我的知道中国有太炎先生，并非因为他的经学和小学，是为了他驳斥康有为和作邹容的《革命军》序，竟被监禁于上海的西牢。"①

胡适说："章炳麟是清代学术史的压阵大将，但他又是一个文学家。他的《国故论衡》《检论》，都是古文学的上等作品……两千年中只有七八部精心结构，可以称做'著作'的书……章炳麟的《国故论衡》要算是这七八部之中的一部了。他的古文学工夫很深，他又是很富于思想与组织力的，故他的著作在内容与形式两方面都能'成一家言'。"②章太炎是著及《文心雕龙》《史通》《文史通义》等外，不过"只结集，只是语录，只是稿本，但不是著作"。

**（三）如何超胜？**

从已经发生的、有限的历史上看，历史总是在批判旧社会、旧思想、摧毁旧体制中前进的。从历史进化论而言，今胜于昔，而后必胜今。然而，历史中亦有回流，前进中亦有曲折，摧毁中亦有建设和保留。在不断走向理想社会的未来历史中，可能更多地是继承、保留，少数人血战前行的历史悲情，必定会被众人齐心、凯歌高奏的时代旋律所取代。

鲁迅说外国作为中国的"学生"，为什么总会打败老师——"中国古人所发明，而现在用以做爆竹和看风水的火药和指南针，传到欧洲，他们就应用在枪炮和航海上，给本师吃了许多亏。还有一件小公案，因为没有害，倒几乎忘却了。那便是木刻。虽然还没有十分的确证，但欧洲的木刻，

---

① 鲁迅:《关于太炎先生二三事》，载王世家、止庵编:《鲁迅著译编年全集》第20卷，北京：人民出版社，2009年版，第284页。

② 胡适:《五十年来中国之文学》，载胡适著、季羡林主编:《胡适全集》第2卷，合肥：安徽教育出版社，2003年版，第297页。

已经很有几个人都说是从中国学去的，其时是十四世纪初，即一三二〇年顷。那先驱者，大约是印着极粗的木版图画的纸牌；这类纸牌，我们至今在乡下还可看见。然而这博徒的道具，却走进欧洲大陆，成了他们文明的利器的印刷术的祖师了。"[1]

清末以来，近代知识人既已认识到欲求超胜，必先师法。其实，在复杂的师法过程中，当然应该有模仿的地位。鲁迅等人则认识到模仿亦有阶段性，模仿一定要有现实可行的路径。鲁迅批评模仿西洋讽刺画的拙劣效果时说："可怜外国事物，一到中国，便如落在黑色染缸里似的，无不失了颜色。"[2] 他还说："皮毛改新，心思仍旧，结果便是如此。"[3] 这些话语，均可脱离具体语境，具有普遍的针对性。

当知识人开始推行白话时，亦发生过激烈的争论。白话的适用语境也是争论中的一大主题。有人已经看到，是否沿用"古文""白话"这两个名词，一要看各人的解读视角，二要看实际产生的心理作用。胡适说："我们尽管把'古'字当作'死'字看，一般人却把'古'字当作'美'字看。我们尽管说'白话'不含褒贬，一般人却总想，'既是白话，便不成文'。"[4] 刘大白在古文与白话的"正名"上所下的工夫较有代表性。胡适说："刘大白先生是痛恨死文学而提倡活文学的一个急先锋，所以他要更进一步，做点正名责实的工夫，把古文叫做'鬼话文'，把白话文叫做'人话文'。人

---

① 鲁迅：《〈近代木刻选集〉（1）小引》，参王世家、止庵编：《鲁迅著译编年全集》第10卷，北京：人民出版社，2009年版，第12页。

② 鲁迅：《随感录四十三》，载王世家、止庵编：《鲁迅著译编年全集》第3卷，北京：人民出版社，2009年版，第129页。

③ 同②，第130页。

④ 胡适：《跋〈白屋文话〉》，载胡适著、季羡林主编：《胡适全集》第3卷，合肥：安徽教育出版社，2003年版，第760页。

们不嫌'作古',但总不愿被人喊做'鬼'。"① 就像刘大白,看到那些到处滋蔓的鬼话文余孽,声势浩大,非常猖獗,便力争做一个"打鬼的钟馗"。胡适说:"我们试看近时中央与各省政府发出来的许多'不成话'的骈俪电报,再看各地报纸上的鬼话社论,和'社会新闻'栏里许多肉麻的鬼话,便可以知道鬼话文的残余势力还不可轻视。"②

刘大白等人一方面用"正名"方法扫除鬼话文,另一方面他们还试图"用政府的工具来实行铲除鬼话文在教育上的势力"③。他们在浙江大学颁行提倡"人话文"的政策,如小学禁止用古话文,初中入学试验不得用古话文等,其影响已不限于一省,甚至还影响到全国的教育会议通过一些同样的议案。

1918年1月,胡适表达了归国后的不满。首先,关于中国哲学的研究与出版情况,他在《归国杂感》中说:"不料这几年来,中国竟可以算得没有出过一部哲学书。找来找去,找到一部《中国哲学史》,内中王阳明占了四大页,《洪范》倒占了八页!还说了些'孔子既受天之命''与天地合德'的话。又看见一部《韩非子精华》,删去了《五蠹》和《显学》两篇,竟成了一部'韩非子糟粕'了。"④

其次,中国教育现状也不能令人满意。钱玄同曾指出,"教育是教人研求真理的,不是教人做古人的奴隶的""教育是教人高尚人格的,不是教人干禄的""教育是改良社会的,不是迎合社会的",然而"中国数千年

---

① 胡适:《跋〈白屋文话〉》,载胡适著、季羡林主编:《胡适全集》第3卷,合肥:安徽教育出版社,2003年版,第760页。

② 同①,第760—761页。

③ 同①,第761页。

④ 胡适:《归国杂感》,载胡适著、季羡林主编:《胡适全集》第1卷,合肥:安徽教育出版社,2003年版,第593页。

的教育，和上面所讲的三句话，没有一句不相反背"。① 归国不久的胡适亦有同感，他说："现今的人都说教育可以救种种的弊病。但是依我看来，中国的教育，不但不能救亡，简直可以亡国。"② 胡适还提出革新的主张，他说："我奉劝列位办学堂，切莫注重课程的完备，须要注意课程的实用。尽不必去巴结视学员，且去巴结那些小百姓。"③ 省立法政学堂的本科生，竟不能分清东文与英文、不知日本在岛上，他们"高又高不得，低又低不得，竟成了一种无能的游民。这都由于学校里所教的功课，和社会上的需要毫无关涉"，"社会所需要的是做事的人才，学堂所造成的是不会做事又不肯做事的人才，这种教育不是亡国的教育吗？"④

经过对二十年内中国社会变迁情形的反思，他已看到，随着时代的变化，价值评判亦发生相应的变化。"从前的人说妇女的脚越小越美。现在我们不但不认小脚为'美'，简直说这是'惨无人道'了。十年前，人家和店家都用鸦片烟敬客。现在鸦片烟变成犯禁品了。二十年前，康有为是洪水猛兽一般的维新党。现在康有为变成老古董了。康有为并不曾变换，估价的人变了，故他的价值也跟着变了。这叫做'重新估定一切价值'。"⑤ 当年康有为在"致总统总理书"将孔教与婆、佛、耶、回并论，极力主张以"孔子为大教，编入宪法"，大倡尊孔读经。所以在当时不少人看来，与当年的"维新"形象相比，今天的康有为已然跌入"老古董"

---

① 钱玄同：《施行教育不可迎合旧社会》，载钱玄同著：《钱玄同文集》第1卷，北京：中国人民大学出版社，1999年版，第150页。

② 胡适：《归国杂感》，载胡适著、季羡林主编：《胡适全集》第1卷，合肥：安徽教育出版社，2003年版，第596页。

③ 同②，第597页。

④ 同②，第597页。

⑤ 胡适：《新思潮的意义》，载胡适著、季羡林主编：《胡适全集》第1卷，合肥：安徽教育出版社，2003年版，第692—693页。

一流了。

胡适以为，他出国前后近二十年来的中国，"并不是完全没有进步，不过惰性太大，向前三步又退回两步，所以到如今还是这个样子"①。中国社会的变化，可以通过叶德辉、王益吾为骂康有为而编纂的《翼教丛编》看出。胡适写归国感想的 1918 年 1 月，正是陈独秀以"新青年"为新价值主体大倡新风气之时。胡适说："我们今日也痛骂康有为。但二十年前的中国，骂康有为太新；二十年后的中国，却骂康有为太旧。如今康有为没有皇帝可保了，很可以做一部《翼教续编》来骂陈独秀了。这两部'翼教'的书的不同之处，便是中国二十年来的进步了。"②

开始是激进的改革、温和的改良，后来便渐渐消歇。胡适说："一切维新革命，都是少数人发起的，都是大多数人所极力反对的。大多数人总是守旧麻木不仁的；只有极少数人，有时只有一个人，不满意于社会的现状，要想维新，要想革命。这种理想家是社会所最忌的。大多数人骂他是'捣乱分子'，都恨他'扰乱治安'，都说他'大逆不道'；所以他们用大多数的专制威权去压制那'捣乱'的理想志士，不许他开口，不许他行动自由；把他关在监牢里，把他赶出境去，把他杀了，把他钉在十字架上活活地钉死，把他捆在柴草上活活的烧死。过了几十年几百年，那少数人的主张渐渐的变成多数人的主张了，于是社会的多数人又把他们从前杀死钉死烧死的那'捣乱分子'一个一个的重新推崇起来，替他们修墓，替他们作传，替他们立庙，替他们铸铜像。却不知道从前那种'新'思想，到了这时候，又早已成了'陈腐的'迷信！当他们替从前那些特立独行的人修墓铸铜像

① 胡适：《归国杂感》，载胡适著、季羡林主编：《胡适全集》第 1 卷，合肥：安徽教育出版社，2003 年版，第 598 页。
② 同①，第 598 页。

的时候，社会里早已发生了几个新派少数人，又要受他们杀死钉死烧死的刑罚了！所以说'多数党总是错的，少数党总是不错的'。"①

社会、国家都是在时刻变化着的，世上没有"包治百病"的仙方良药，没有"施诸四海而皆准，推之百世而不悖"的真理。病既不同，施药亦然。迂执不化，可怪又可笑。"只有康有为那种'圣人'，还想用他们的'戊戌政策'来救戊午的中国；只有辜鸿铭那班怪物，还想用二千年前的'尊王大义'来施行于二十世纪的中国。"②

为了救治，近代知识人提出各种方案。他们越来越觉得"输入学理"的必要。钱玄同曾写信给陈独秀说，如果从"青年良好读物"上面着想的话，那么实在可以说，"中国小说，没有一部好的，没有一部应该读的"。③他认为中国文学界应该"完全输入西洋最新文学"，主张一切推倒从来。钱玄同说："中国今日以前的小说，都该退居到历史的地位；从今日以后，要讲有价值的小说，第一步是译，第二步是新做。"④⑤钱玄同在一篇附志中说："无论译什么书，都是要把他国的思想学术输到己国来，决不是拿己国的思想学术做个标准，别国与此相合的，就称赞一番，不相合的，就痛骂一番：这是很容易明白的道理。中国的思想学术，事事都落人后；翻译外国书籍，碰着与国人思想见解不相合的，就该虚心去研究，决不可妄自尊

---

① 胡适：《易卜生主义》，载胡适著、季羡林主编：《胡适全集》第1卷，合肥：安徽教育出版社，2003年版，第608—609页。

② 同①，第616页。

③ 钱玄同：《〈新青年〉改用左行横式的提议》，载钱玄同著：《钱玄同文集》第1卷，北京：中国人民大学出版社，1999年版，第39页。

④ 胡适：《答钱玄同书》附录二《钱先生答书》，载胡适著、季羡林主编：《胡适全集》第1卷，合肥：安徽教育出版社，2003年版，第50—51页；另参《论小说及白话韵文》，载钱玄同著：《钱玄同文集》第1卷，北京：中国人民大学出版社，1999年版，第52页。

⑤ 钱玄同：《论白话小说》，载钱玄同著：《钱玄同文集》第1卷，北京：中国人民大学出版社，1999年版，第43页。

大，动不动说别人国里道德不好。"①

据梁启超观察，中国的社会人心"依然为千百年来旧染所锢蔽，暮气沉沉，惰力满满"，国民仍存"虚矫自大苟安自欺之心"，必须来一番"痛自警醒，痛自改悔，慊然自知不足"，才有可能"挽此颓风一新国命"。②从学术而论，西方有好的，必须承认差距，然后才可以汲取求进。他说："彼泰西各种学问，皆各有其甚深之根柢，分科研究，剖之极细而入之极深。其适用此学问以施政治事，又积无量数之经验，发明种种原理原则而恪守之，丝丝入扣。我国非特在学殖荒落之今日，不能望其肩背，即在学术昌明之昔时，亦岂能得其仿佛。盖我国研究学问之法，本自与彼不同，我国学者，凭冥想，敢武断，好作囫囵之词，持无统系之说。否则，注释前籍，咬文嚼字，不敢自出主张。泰西学者，重试验，尊辩难，界说谨严，条理绵密，虽对于前哲伟论，恒以批评的态度出之，常思正其误而补其阙。故我之学皆虚，而彼之学皆实；我之学历千百年不进，彼之学日新月异无已时。盖以此也，我等不信立国须恃学问，则亦已耳。亦既信之，则安可不一反前此之所为，毅然舍己以从人以求进益？今也不然，侈然曰学问我所固有，偶撷拾古籍一二语与他人学说相类似者，则沾沾自喜，谓我千百年前既明此义矣，便欲持以相胜。此等思想既浸灌于后进学子之脑中，故虽治新学者亦浮骛浅尝，莫或肯虚心以穷其奥。"③

王国维从学理表达的语言特点方面进行分析，他说："夫言语者，代表国民之思想者也。思想之精粗广狭，视言语之精粗广狭以为准，观其言

---

① 钱玄同：《刘半农译〈天明〉的附志》，载钱玄同著：《钱玄同文集》第 1 卷，北京：中国人民大学出版社，1999 年版，第 81 页。

② 梁启超：《国民浅训》，载梁启超著，汤志钧、汤仁泽编：《梁启超全集》第 9 集，北京：中国人民大学出版社，2018 年版，第 487 页。

③ 同②，第 486 页。

语，而其国民之思想可知矣……吾国人之所长，宁在于实践之方面，而于理论之方面，则以具体的知识为满足，至分类之事，则除迫于实际之需要外，殆不欲穷究之也。"① 言下之意，"抽象"与"分类"，均非中国学术之长，中国有辩论却没有名学，有文学却没有语言文法，中国学术尚未达到"自觉"的程度。那些以往没有的学术门类，"言语"更是不足用。从名实关系上看，"名"为对"实"进行"抽象"的结果，却是研究深入的前提。他说："夫抽象之过，往往泥于名而远于实，此欧洲中世学术之一大弊，而今世之学者犹或不免焉。乏抽象之力者，则用其实而不知其名，其实亦遂漠然无所依，而不能为吾人研究之对象。何则？在自然之世界中，名生于实；而在吾人概念之世界中，实反依名而存故也。事物之无名者，实不便于吾人之思索。"② 如果"言语"不足，为了学术进步，便必须"造新名"，或输入"新言语"。

因为言语是"思想"的"代表"，所以"新思想"的输入，其实也就意味着要输入"新言语"。在输入新思想的过程中，不免造些与"思想"对译、相应的"名"。日本曾在中国输入西洋思想中起着非常大的中介作用。王国维说："日本所造西语之汉文，以混混之势，而侵入我国之文学界。好奇者滥用之，泥古者唾弃之，二者皆非也。夫普通之文字中，固无事于新奇之语也；至于讲一学，治一艺，则非增新语不可。而日本之学者，既先我而定之矣，则沿而用之，何不可之有？故非甚不妥者，吾人固无以创造为也。"③ 对于已经习用、无大异议的转移译名，不妨用之。博雅如严复，亦有"造语"不工、不当之失。日本所定译名，也是慎择的结果，它已"经

---

① 王国维：《论新学语之输入》，载谢维扬、房鑫亮主编，傅杰、邬国义分卷主编：《王国维全集》第 1 卷，杭州：浙江教育出版社，2009 年版，第 126 页。

② 同①，第 127 页。

③ 同①，第 127 页。

专门数十家之考究，数十年之改正"。所以"节取日人之译语"，可带来几大便利，即有"二便"而无"二难"：一是"因袭之易，不如创造之难"；二是"两国学术有交通之便，无扞格之虞"。①

在"输入"观念下，不仅有输入学理与输入言语之别，而且还衍生了文明比较的新视野。早在1916年3月13日，胡适好友许怡荪写信劝勉他说："世言东西文明之糅合，将生第三种新文明。足下此举将为之导线，不特增重祖国，将使世界发现光明。"②赞扬他将研究诸子学作为博士论文，这是一种有意进行文明比较的研究进路，值得肯定。到1918年1月，胡适在《归国杂感》中说："我们学西洋文字，不单是要认得几个洋字，会说几句洋话，我们的目的在于输入西洋的学术思想。所以我以为中国学校教授西洋文字，应该用一种'一箭射双雕'的方法，把'思想'和'文字'同时并教。"③次年8月，胡适在《论国故学》中提出"为真理而求真理"，主张"用科学的方法去做国故的研究"。3月后，他在《新思潮的意义》中还提出"研究问题，输入学理，整理国故，再造文明"的口号，指出"新思潮的根本意义只是一种新态度"即"评判的态度"，"凡事要重新分别一个好与不好"④。从实际表现上看，评判的态度又分成"研究问题"和"输入学理"两种趋势。他说："为什么要研究问题呢？因为我们的社会现在正当根本动摇的时候，有许多风俗制度，向来不发生问题的，现在因为不能适

---

① 王国维：《论新学语之输入》，载谢维扬、房鑫亮主编，傅杰、邬国义分卷主编：《王国维全集》第1卷，杭州：浙江教育出版社，2009年版，第128页。

② 胡适：《许怡荪传》，载胡适著、季羡林主编：《胡适全集》第1卷，合肥：安徽教育出版社，2003年版，第723页。

③ 胡适：《归国杂感》，载胡适著、季羡林主编：《胡适全集》第1卷，合肥：安徽教育出版社，2003年版，第594页。

④ 胡适：《新思潮的意义》，载胡适著、季羡林主编：《胡适全集》第1卷，合肥：安徽教育出版社，2003年版，第692页。

研究。"①

　　关于输入学理的原因，胡适列了五条，除了深信中国缺乏西洋近世学说、需要传播发展、初步译介之，以及弄清问题的意义外，胡适提的第四条原因很有意思。他说："研究具体的社会问题或政治问题，一方面做那破坏事业，一方面做对症下药的工夫，不但不容易，并且很遭犯忌讳，很容易惹祸，故不如做介绍学说的事业，借'学理研究'的美名，既可以避'过激派'的罪名，又还可以种下一点革命的种子。"②

　　一般而言，"研究问题"时，确实要"输入学理"才能将问题进行明确分析与合理解决。不过，胡适所要"输入"的"学理"，主要是他的实用主义。他的方法，表面上是价值中立的，实际上在当时却起到批评马克思主义新思想的作用。胡适说："我这里千言万语，也只是教人一个不受人惑的方法。被孔丘、朱熹牵着鼻子走，固然不算高明；被马克思、列宁、斯大林牵着鼻子走，也算不得好汉。我自己决不想牵着谁的鼻子走。我只希望尽我的微薄的能力，教我的少年朋友们学一点防身的本领，努力做一个不受人惑的人。"③他说受赫胥黎和杜威的影响最大："赫胥黎教我怎样怀疑，教我不信任一切没有充分证据的东西。杜威先生教我怎样思想，教我处处顾到当前的问题，教我把一切学说理想都看作待证的假设，教我处处顾到思想的结果。"④他用所学方法批评陈独秀的新思想说："从前陈独秀先

---

① 胡适：《新思潮的意义》，载胡适著、季羡林主编：《胡适全集》第1卷，合肥：安徽教育出版社，2003年版，第694页。

② 同①，第695页。

③ 胡适：《介绍我自己的思想——〈胡适文存〉自序》，载胡适著、季羡林主编：《胡适全集》第4卷，合肥：安徽教育出版社，2003年版，第673页。

④ 同③，第658页。

生曾说实验主义和辩证法的唯物史观是近代两个最重要的思想方法，他希望这两种方法能合作一条联合战线。这个希望是错误的。辩证法出于海格尔的哲学，是生物进化论成立以前的玄学方法。实验主义是生物进化论出世以后的科学方法。这两种方法所以根本不相容，只是因为中间隔了一层达尔文主义。"[①] 他还说："辩证法的哲学本来也是生物学发达以前的一种进化理论；依他本身的理论，这个一正一反相毁相成的阶段应该永远不断的呈现。但狭义的共产主义者却似乎忘了这个原则，所以武断的虚悬一个共产共有的理想境界，以为可以用阶级斗争的方法一蹴即到，既到之后又可以用一阶级专政方法把持不变。这样的化复杂为简单，这样的根本否定演变的继续便是十足的达尔文以前的武断思想，比那顽固的海格尔更顽固了。"[②]

胡适以为自己的方法更稳健。他说："实验主义从达尔文主义出发，故只能承认一点一滴的不断的改进是真实可靠的进化。我在《问题与主义》和《新思潮的意义》两篇里，只发挥这个根本观念。我认定民国六年以后的新文化运动的目的是再造中国文明，而再造文明的途径全靠研究一个个的具体问题。"[③]

## 本章小结

在"内忧外患侵凌扰攘"之际，近代学人渐渐觉醒，在文化民族性的

---

① 胡适：《介绍我自己的思想——〈胡适文存〉自序》，载胡适著、季羡林主编：《胡适全集》第 4 卷，合肥：安徽教育出版社，2003 年版，第 658 页。

② 同①，第 659 页。

③ 同①，第 659 页。

文明"再造"过程中不断引向深入，力图走出困境。现在将近代第一阶段
称为"觉醒年代"，可谓正合题旨。在此"觉醒"与"再造"的进行曲中，
无论是早期国粹派还是后期维新、革命派，都不同程度地推动了中国近代
的文化新生。

前文所言胡适肯定新文化运动，其目的在于再造中国文明，其旨趣
与他提倡的国故运动是相接续的。胡适以为，"新思潮的唯一目的"就是
"再造文明"。他说："文明不是笼统造成的，是一点一滴的造成的。"[①] 还说：
"再造文明的下手工夫，是这个那个问题的研究。再造文明的进行，是这
个那个问题的解决。"[②] 由此言论而观，以胡适为代表的国故整理主张，竟
然成为近代史一道重要的文化风景线，这不是没有原因的。我们将在随后
的章节中进一步探讨之。

---

胡适：《新思潮的意义》，载胡适著、季羡林主编：《胡适全集》第 1 卷，合肥：安徽
教育出版社，2003 年版，第 699 页。

②    同①，第 700 页。

# 第三章
# 国学自觉

在古史辨证时期，钱玄同主张疑古，以为"研究国学的第一步便是辨伪"[①]，他说："我并且以为不但历史，一切'国故'，要研究它们，总以辨伪为第一步"[②]，要推倒群经，打破经学的信仰。前人的研究总受制于旧东西的束缚，因袭的成份非常多。钱玄同指出："因为以前的人们总受着许多旧东西的束缚的，即使实心实意的想摆脱一切，独辟新蹊，自成一家，而'过去的幽灵'总是时时要奔赴腕下，驱之不肯去；所以无论发挥怎样的新思想，而结果总不免有一部分做了前人的话匣子。那么，成心造假古董的，所造的假古董里面埋藏着一部分真古董——或将旧料镕化了重铸，或即取整块的旧料嵌镶进去——更是可有的事了。反过来说，一切真书尽管真是某人作的，但作者之中，有的是迷于荒渺难稽的传说，有的是成心造假，如所谓'托古改制'；有的是为了古籍无征，凭臆推测；咱们并不能因其为真书，就来一味的相信它。这是咱们跟姚际恒、崔述、康有为及吾师崔觯

---

① 钱玄同：《研究国学应该首先知道的事》，原载《古史辨》第1册，参顾颉刚等：《古史辨》，上海：上海古籍出版社，1982年版，第103页。

② 钱玄同：《论今古文经学及〈辨伪丛书〉书》，原载《古史辨》第1册，参顾颉刚等：《古史辨》，上海：上海古籍出版社，1982年版，第29页。

甫，章太炎两先生诸人最不同的一点。"① 由古书辨伪发展到近代国学的科学整理，近代知识人追寻之路的判断主题，逐渐趋向成熟。

# 第一节 国故整理

众所周知，不曾整理的古书是不易读的。经过一番工夫，将最有价值的古书整理成可读的单本。那么，何谓"整理"？有没有什么标准、原则、方法可言？胡适提出"整理国故"的口号。然而，整理国故，不是简单地整理旧籍，而且还需要观念、态度及方法上的整顿与革新。1919 年 12 月，胡适发表《新思潮的意义》提出国故整理的十六字纲领。随后，在东南大学演讲《研究国故的方法》，将整理国故的主张阐发得更为详备，提出了历史的观念、疑古的态度、系统的研究等国故研究方法。

胡适说："'科学精神'我拿'拿证据来'四个字来讲，'科学方法'我拿'大胆的假设，小心的求证'十个字来讲，一共拿十四个字来讲'科学精神与科学方法'。这十四个字我想了好久。"② 本节从科学精神与科学方法两个角度略述国故整理的主要方面。

## 一、科学精神："拿证据来"

顾炎武主张"博学于文"，治学从"考文""知音"入手。"这样用证

---

① 钱玄同：《论说文及壁中古文经书》，原载《古史辨》第 1 册，参顾颉刚等：《古史辨》，上海：上海古籍出版社，1982 年版，第 232 页。

② 胡适：《科学精神与科学方法》，载胡适著、季羡林主编：《胡适全集》第 8 卷，合肥：安徽教育出版社，2003 年版，第 178 页。

据（Evidence）来考订古书，便是学术史上的一大进步。这便是科学的治学方法。科学的态度只是一句话：'拿证据来！'"①顾炎武采用福州人陈第考定古音兼用"本证""旁证"的方法，甚至胡适说："为了考究一个字的古音而去寻求一百六十二个证据，这种精神是古来不曾有过的；这种方法是打不倒的。用这种搜求证据的方法来比较那空虚想像的理学，我们不能不说这是一个新时代了。"②

（一）"实事求是"：上承清代"朴学"精神

中国十八世纪的思想家们抛弃谈心说性的理学，形成了一个反理学的朴学时代。"朴学"二字，最初见于《汉书·儒林传》，指朴质之学，后世常指汉学中的古文经学为朴学。在晚清，"'朴学'是做'实事求是'的工夫，用证据作基础，考订一切古文化。其实这是一个史学的运动，是中国古文化的新研究，可算是中国的'文艺复兴'（Renaissance）时代"③。这个时代的学风趋向朴实，也走向碎片化。因朴学研究崇信汉儒，尊依汉代大师郑玄，又称"汉学"或"郑学"。

晚清朴学大师俞樾（1821—1907），向前承继了曾国藩汉宋兼采的治经进路，"训诂主汉学，义理主宋学，教弟子以通经致用，蔚然为东南大师"④，向后影响到同治、光绪年间的学风，被称为晚清汉学的绝响。俞樾在《群经平议序目》中说："本朝经学之盛，自汉以来未之有也。余幸生诸

① 胡适：《几个反理学的思想家》，载胡适著、季羡林主编：《胡适全集》第3卷，合肥：安徽教育出版社，2003年版，第79页。

② 同①，第80页。

③ 同①，第90页。

④ 缪荃孙纂录：《续碑传》第75卷，参沈云龙主编《近代中国史料丛刊》续辑，台北：文海出版社，1974年影印版。

老先生之后，与闻绪论，粗识门户，尝试以为治经之道。大要有三，正句读，审字义，通古文假借，得此三者以治经，则思过半矣……三者之中，通假借为尤要。诸老先生惟高邮王氏父子发明故训，是正文字，至为精审。"①

学界共知，顾炎武曾主张"读九经自考文始，考文自知音始"。戴震也强调，治经要"传其信，不传其疑，疑则阙"，提出"一字之义，当贯群经"，"由字以通其词，由词以通其道"。至乾嘉考据结硕果期时，段玉裁、王念孙辈更提出"学者之考字，因形以得其音，因音以得其义。治经莫重于得义，得义莫切于得音"。俞樾在考文、正音、得义之外，更重通古文假借的治经工夫，撰成《群经平议》《诸子平议》《古书疑义举例》等经学名著，近遵高邮王氏"因声求义"法则，远接顾炎武考文正音主张。俞樾撰《群经平议》，自许道："余之此书，窃附王氏《经义述闻》之后，虽学术浅薄，倘亦有一二言之幸中者乎！"② 他们均援引详明，议论通达。

朴学运动牵涉到语言学（研究古音、文字假借变迁）、训诂学（考定古书文字的意义）、校勘学（搜求古本，比较异同，校正古书文字之误）、古物学（搜求古物，供历史的考证）等，其特色在于"没有组织大哲学系统的野心，人人研究他的小问题，做专门的研究……这个时代的风气就是逃虚就实，宁可做细碎的小问题，不肯妄想组成空虚的哲学系统"③。

关于朴学运动中存在的问题，也不乏清醒反思者。胡适就指出，章学诚已经看到，"这时代的学者只有功力，而没有理解，终身做细碎的工作，而不能做贯串的思想，如蚕食叶而吐丝"；而当戴震"用当时学者考证的方

① 俞樾：《群经平议序目》，载（清）俞樾著；赵一生主编：《俞樾全集》第1册，杭州：浙江古籍出版社，2016年版，《序目》第1—2页。
② 同①，第2页。
③ 胡适：《几个反理学的思想家》，载胡适著、季羡林主编：《胡适全集》第3卷，合肥：安徽教育出版社，2003年版，第91页。

法，历史的眼光，重新估定五百年的理学的价值，打倒旧的理学，而建立新的理学"时，他实际上已经开启了"近世哲学的中兴"之路。①

戴震受时代的影响，在建构自己的哲学时不免披上经学的外衣。戴震的哲学著作《孟子字义疏证》就是代表。"此书初稿本名'绪言'，现有《粤雅堂丛书》本可以考见初稿的状态。但当时是个轻视哲学的时代，他终不敢用这样一个大胆的书名，故他后来修正此书时，竟改为《孟子字义疏证》——表面上是一部讲经学的书，其实是一部哲学书。"②

胡适说："我是个实验主义者，向来反对'名教'；因为我深信'名'是最可以给人们用做欺骗的工具的。'偶然题作"木居士"，便有无穷求福人'，这是古往今来的通例。所以我们在这十几年来也曾想矫正向来许多不正当的名词。例如古来的白话小说，向来都叫做'俗话'或'俚语'的作品，我们便叫它做'白话文学'，'活文学'。古文的作品，无论是骈偶的，或散文的，我们都叫它做'死文学'。"③

胡适说："天主教研究神学，有一很好的习惯，就是凡立一新说，必推一反对论者与之驳辩，此反对论者称做'魔鬼的辩护师'。今天，我就做了一次'魔鬼的辩护师'。"④他要反驳的是梁启超等人所坚持的考证学源自西洋的观点。胡适说："近代国家'证据法'的发达，大致都是由于允许两造辩护人各有权可以驳斥对方提出的证据。因为有对方的驳斥，故假证据

---

① 胡适：《几个反理学的思想家》，载胡适著、季羡林主编：《胡适全集》第 3 卷，合肥：安徽教育出版社，2003 年版，第 91 页。

② 同①，第 92 页。

③ 胡适：《跋〈白屋文话〉》，载胡适著、季羡林主编：《胡适全集》第 3 卷，合肥：安徽教育出版社，2003 年版，第 759 页。

④ 胡适：《考证学方法之来历》，载胡适著、季羡林主编：《胡适全集》第 13 卷，合肥：安徽教育出版社，2003 年版，第 136 页。

与不相干的证据都不容易成立。"① 他主张在做历史考据时，一定要像对待狱讼那样谨慎，把是非真伪的考证看作朱子所说"系人性命处，须吃紧思量"，对证据进行严格的审查、谨慎的运用。胡适说："证据不经过严格的审查，则证据往往够不上作证据。证据不能谨慎的使用，则结论往往和证据不相干。这种考据，尽管堆上百十条所谓'证据'，只是全无价值的考据。"② 做考证的人，要有任务的自觉与方法的自觉。"任务不自觉，所以考证学者不感觉他考订史实是一件最严重的任务，是为千秋百世考定历史是非真伪的大责任。方法不自觉，所以考证学者不能发觉自己的错误，也不能评判自己的错误。"③

关于治古书之法，章太炎谈墨学时提出"经多陈事实，而诸子多明义理"的看法，胡适以为不能如此绝对。胡适从治古书的初步之法，来谈治经与治诸子的关系。胡适说："无论治经治诸子，要皆当以校勘训诂之法为初步。校勘已审，然后本子可读；本子可读，然后训诂可明；训诂明，然后义理可定。但做校勘训诂的工夫，而不求义理学说之贯通，此太炎先生所以讥王（按：指高邮王氏父子）、俞（按：指俞曲园）诸先生'暂为初步而已'。然义理不根据于校勘训诂，亦正宋明治经之儒所以见讥于清代经师。两者之失正同。而严格言之，则欲求训诂之惬意，必先有一点义理的了解，否则一字或训数义，将何所择耶？（例如《小取篇》：'也者，同也'，'也者，异也'二语，诸家皆不知'也者'之'也'当读'他'。王闿运虽校为'他'，而亦不能言其理也。）故凡'暂为初步而已'者，其人必皆略具

---

① 胡适：《考据学的责任与方法》，载胡适著、季羡林主编：《胡适全集》第 13 卷，合肥：安徽教育出版社，2003 年版，第 547 页。

② 同①，第 546 页。

③ 同①，第 547 页。

第二步的程度，然后可为初步而有成。"① 关于整理古书的方法，胡适以为包括四个"必不可少的条件"，即（一）加标点符号；（二）分段；（三）删去繁重的、迁谬的、不必有的旧注；（四）酌量加些必不可少的新注。②

胡适重视年谱编撰方法在治学中的价值。他读浙江图书馆排印的《章氏遗书》及内藤湖南的《章实斋年谱》时，不免叹惜道："我觉得《遗书》的编次太杂乱了，不容易看出他的思想的条理层次；《内藤谱》又太简略了，只有一些琐碎的事实，不能表见他的思想学说变迁沿革的次序。我是最爱看年谱的，因为我认定年谱乃是中国传统体的一大进化。最好的年谱，如王懋竑的《朱子年谱》，如钱德洪等的《王阳明先生年谱》，可算是中国最高等的传记。若年谱单记事实，而不能叙思想的渊源沿革，那就没有什么大价值了。因此，我决计做一部详细的《章实斋年谱》，不但要记载他的一生事迹，还要写出他的学问思想的历史。这个决心就使我这部《年谱》比《内藤谱》加多几十倍了。"③

胡适常以有历史考据癖者自居，即使在写游记时亦如此。他在游庐山后说："我作《庐山游记》，不觉写了许多考据。归宗寺后的一个塔竟费了我几千字的考据！这自然是性情的偏向，很难遏止。庐山上有许多古迹都很可疑；我们有历史考据癖的人到了这些地方，看见了许多捏造的古迹，心里实在忍不住。"④ 在做五代到宋的词选工作时，胡适也强调自己选词时

① 胡适：《论墨学》，载胡适著、季羡林主编：《胡适全集》第 2 卷，合肥：安徽教育出版社，2003 年版，第 178 页。

② 胡适：《再论中学的国文教学》，载胡适著、季羡林主编：《胡适全集》第 2 卷，合肥：安徽教育出版社，2003 年版，第 792—793 页。

③ 胡适：《〈章实斋年谱〉自序》，载胡适著、季羡林主编：《胡适全集》第 2 卷，合肥：安徽教育出版社，2003 年版，第 182 页。

④ 胡适：《庐山游记》，载胡适著、季羡林主编：《胡适全集》第 3 卷，合肥：安徽教育出版社，2003 年版，第 191 页。

的历史分期意识。他说："我深信，凡是文学的选本都应该表现选家个人的见解……我是一个有历史癖的人，所以我的《词选》就代表我对于词的历史的见解。"[1]他将自晚唐至今的词的演变史分为自然演变期、曲子期、模仿填词期等三大时期。他还语带幽默地说："第一个时期是词的'本身'的历史。第二个时期是词的'替身'的历史，也可说是他'投胎转世'的历史。第三个时期是词的'鬼'的历史。"[2]

今天看来，清代考据学的最大成绩，主要在文字训诂方面，而天文学、算学之外的广大自然科学领域完全遗落在考据的范围之外。对此，梁启超认为，中国人极难在自然科学方面对世界有重大贡献，只有史学方面可供开辟的"矿地"异常之多。他指出，"如果用西洋的科学方法以研究中国数千年来很丰富的史料，实一极容易而且极伟大之事业"。[3]因为中国史料十分丰富，却"错杂散漫"，而"未经整理过的，实在丰富的很"，所以必须有人起来自觉地用新方法进行整理。

在谁来承担整理资料责任的问题上，梁启超认为应该是"通西学知道新方法的"青年。他说："外国人因有语言文字及其他种种困难，自然不能干。中国的老辈，也还是干不来，因为他们不知道治史的新方法。他们如果能够干，早干了！"[4]史家就须有科学的头脑，尤应具备"耐烦的搜讨性""精细的判断力""锐敏的观察力"。

梁启超以为真学者当有"为学问而治学问"的精神旨趣。他还说："人

---

① 胡适：《〈词选〉自序》，载胡适著、季羡林主编：《胡适全集》第3卷，合肥：安徽教育出版社，2003年版，第720页。

② 同①。

③ 梁启超：《文史学家之性格及其预备》，载梁启超著，汤志钧、汤仁泽编：《梁启超全集》第16集，北京：中国人民大学出版社，2018年版，第86页。

④ 同③，第86页。

生于天地之间，各有责任。知责任者，大丈夫之始也；行责任者，大丈夫之终也；自放弃其责任，则是自放弃其所以为人之具也。"① 在他看来，旁观者之所以为成"最可厌最可憎可鄙之人"，就在于他们放弃了责任。"一家之人，各各放弃其责任，则家必落；一国之人，各各自放弃其责任，则国必亡；全世界之人，各各自放弃其责任，则世界必毁。旁观者，放弃责任之谓也。"② 中国词章家的"警语"中，有"济人利物非吾事，自有周公、孔圣人"二句；寻常人的"熟语"中，有"各人自扫门前雪，不管他人瓦上霜"二句，以上四句构成"旁观派"的经典、口号。这种经典、口号"深入全国人之脑中"，已成为"拂之不去，涤之不净"的"无血性"，代表了全国人专有的性质。

梁启超以为，"凡人必常常生活于趣味之中，生活才有价值……一个人若哭丧着脸挨过几十年，那么生命便成沙漠，要来何用？倒不如早日投海的好。所以我们无论为自己求受用，为社会求幸福，为全世界求进化，都有提倡趣味生活的必要"。③ 人类生活于趣味，这才道出了生活的"根芽"。梁启超认为，"人若活得无趣，恐怕不活着还好些，而且勉强活也活不下去"，无趣的生活有两种：一种是"石缝的生活"——"挤得紧紧的没有丝毫开拓余地"，又像"披枷带锁，永远走不出监牢一步"；一种是"沙漠的生活"——"干透了没有一毫润泽，板死了没有一毫变化"，既像"蜡人"一般没有血色，又像"枯树"没有生机。④ 关于趣味的性质

① 梁启超：《呵旁观者文》，载梁启超著，汤志钧、汤仁泽编：《梁启超全集》第 2 集，北京：中国人民大学出版社，2018 年版，第 226 页。

② 同 ①。

③ 梁启超：《学问的趣味与趣味的学问》，载梁启超著，汤志钧、汤仁泽编：《梁启超全集》第 16 集，北京：中国人民大学出版社，2018 年版，第 380 页。

④ 梁启超：《美术与生活》，载梁启超著，汤志钧、汤仁泽编：《梁启超全集》第 15 集，北京：中国人民大学出版社，2018 年版，第 399 页。

和范围问题，他说："凡趣味的性质，总要以趣味始，以趣味终。所以能为趣味之主体者，莫如下列的几项：一、劳作，二、游戏，三、艺术，四、学问。"①学问的趣味，在于它以学问为目的，是"无所为而为"的、是持续不息的、是不断深入的、是可以得着朋友扶持共顽的。他还说："假如有人问我：'你信仰的什么主义？'我便答道：'我信仰的是趣味主义。'有人问我：'你的人生观拿什么做根柢？'我便答道：'拿趣味做根柢。'我生平对于自己所做的事，总是做得津津有味，而且兴会淋漓；什么悲观咧、厌世咧，这种字眼，我所用的字典里头，可以说完全没有。"②即使所做的事常常失败，但在一面失败一面做的过程中，就是在失败里也感到了趣味。他曾自言道："我的脑筋喜欢乱动，一会发生一个问题，一会又发生一个问题，我对于我所发的问题都有趣味，只可惜我不能把每日二十四点钟扩充为四十八点，所以不能逐件的去过我的瘾。"③

### （二）"证据"：减弱"成见"干扰

何谓证据？"所谓证据，就是某一事实有意无意留下的痕迹。"④"证者根据事实、根据法理，或前提而得结论（演绎），或由果溯因，由因推果

---

① 梁启超：《学问之趣味》，载梁启超著，汤志钧、汤仁泽编：《梁启超全集》第 15 集，北京：中国人民大学出版社，2018 年版，第 396 页。

② 梁启超：《趣味教育与教育趣味》，载梁启超著，汤志钧、汤仁泽编：《梁启超全集》第 15 集，北京：中国人民大学出版社，2018 年版，第 352 页。

③ 梁启超：《历史统计学》，载梁启超著，汤志钧、汤仁泽编：《梁启超全集》第 15 集，北京：中国人民大学出版社，2018 年版，第 489 页。

④ 胡适：《史学与证据》，载胡适著、季羡林主编：《胡适全集》第 13 卷，合肥：安徽教育出版社，2003 年版，第 751 页。

（归纳）：是证也"①；所谓"据"，即"据经典之言以明其说"②。胡适说："吾国旧论理，但有据而无证。证者，乃科学的方法，虽在欧美，亦近代新产儿……欲得正确的理论，须去据而用证。"③"证据"是避免先入为主的"成见"的干扰。

胡适说："怎样可以知道历史所记之事实究竟有无？真假？以何为标准呢？就要证据。证据是什么呢？凡是用事实证明过去事实有无、是非、真伪的，都叫证据。证据不仅证明，还需事实。"④拿出证据就是考证。"历史的考据是用证据来考定过去的史事（另一版本作'事实'）。史学家用证据考定事实的有无、真伪、是非，与侦探访案，法官断狱，责任的严重相同，方法的谨严也应该相同。这一点，古人也曾见到。朱子曾说：'看文字须如法官深刻，方穷究得尽。'⑤胡适说："我常推想，两汉以下文人出身做亲民之官，必须料理惬意诉讼，这种听讼折狱的经验是养成考证方法的最好训练。试看考证学者常用的名词，如'证据''佐证''佐验''勘验''推勘''比勘''质证''断案''案验'，都是法官听讼常用的名词，都可以指示考证学与刑名讼狱的历史关系。所以我相信文人审判狱讼的经验大概是考证学的一个比较最重要的来源。无论这般历史渊源是否正确，我相信考证学在今日还应该充分参考法庭判案的证据法。"⑥

---

① 胡适：《"证"与"据"之别》，载胡适著、季羡林主编：《胡适全集》第28卷，合肥：安徽教育出版社，2003年版，第239页。

② 同①，第238页。

③ 同①，第239页。

④ 胡适：《史学与证据》，载胡适著、季羡林主编：《胡适全集》第13卷，合肥：安徽教育出版社，2003年版，第750页。

⑤ 胡适：《考据学的责任与方法》，载胡适著、季羡林主编：《胡适全集》第13卷，合肥：安徽教育出版社，2003年版，第543页。

⑥ 同⑤，第546页。

胡适说："考一物，立一说，究一字，全要有证据。就是考证，也可以说是证据，必须有证据，然后才可以相信。"① 中国的考证学不像梁启超先生所说是源自西洋，而是"地道的国货"，可以上溯到宋。② 宋代理学家们的"格物说"虽然"有了中国的科学理想与目标，而没有科学方法，无从着手。中国从来的学术是：（一）人事的，没有物理与自然的解释；（二）文字上的解释，而无物据。所以有理想，不能有所发展。"③ "简括起来说，中国古代没有自然科学的环境，士大夫与外边无由接近，幸有刑名之学，与法律相近。〔研究〕科学时考'判'，做官时判案，尤须人证物证。拿这种判案方法应用在判别古书真伪、旧说是非，加以格物致知之哲学影响，而为三百年来考证学之来历，故纯为国货。考证学不会来自西洋的。将来有研究天主教耶稣会教士东来的历史专家提出新证据，我当再来辅仁大学取消我今天的话。"④

胡适结合"红学"研究，提出证据要有益于向结论引导，不可随意找寻。他说："此间所谓'证据'，单指那些可以考定作者、时代、版本等等的证据；并不是那些'红学家'随便引来穿凿附会的证据。"⑤ 胡适说："我以为作者的生平与时代是考证'著作之内容'的第一步下手工夫。"⑥ 他主张推倒"附会的红学"，去搜求那些可以考定《红楼梦》作者、时代、版本等等的材料。他还说："向来《红楼梦》一书所以容易被人穿凿附会，正

---

① 胡适：《考证学方法之来历》，载胡适著、季羡林主编：《胡适全集》第 13 卷，合肥：安徽教育出版社，2003 年版，第 129 页。

② 同①，第 133 页。

③ 同①，第 134 页。

④ 同①，第 136 页。

⑤ 胡适：《跋〈红楼梦考证〉》，载胡适著、季羡林主编：《胡适全集》第 2 卷，合肥：安徽教育出版社，2003 年版，第 742 页。

⑥ 同⑤，第 741 页。

因为向来的人都忽略了'作者之生平'一个大问题。因为不知道曹家有那样富贵繁华的环境，故人都疑心贾家是指帝室的家庭，至少也是指明珠一类的宰相之家。因为不深信曹家是八旗的世家，故有人疑心是指斥满洲人的。因为不知道曹家盛衰的历史，故人都不信此书为曹雪芹把真事隐去的自叙传，现在曹雪芹的历史和曹家的历史既然有点明白了，我很盼望读《红楼梦》的人都能平心静气的把向来的成见暂丢开，大家揩揩眼镜来评判我们的证据是否可靠，我们对于证据的解释是否不错。这样的批评，是我所极欢迎的。"①

胡适在"红学"研究中运用了考证方法。在胡适看来，"证实是思想方法的最后又最重要的一步，不曾证实的理论，只可算是假设；证实之后，才是定论，才是真理"。②他提醒少年朋友把他小说考证的文字当作"思想学问的方法"，还说："在这些文字里，我要读者学得一点科学精神，一点科学态度，一点科学方法。科学精神在于寻求事实，寻求真理。科学态度在于撇开成见，搁起感情，只认得事实，只跟着证据走。科学方法只是'大胆的假设，小心的求证'十个字。没有证据，只可悬而不断；证据不够，只可假设，不可武断；必须等到证实之后，方才奉为定论。"③在考订《红楼梦》版本问题时，也要遵循一定的原则。胡适说："凡作考据，有一个重要的原则，就是要注意可能性的大小。可能性（probability）又叫做'几数'，又叫做'或然数'，就是事物在一定情境之下能变出的花样。"④

---

① 胡适：《跋〈红楼梦考证〉》，载胡适著、季羡林主编：《胡适全集》第 2 卷，合肥：安徽教育出版社，2003 年版，第 742 页。

② 胡适：《介绍我自己的思想》，载胡适著、季羡林主编：《胡适全集》第 4 卷，合肥：安徽教育出版社，2003 年版，第 672 页。

③ 同②，第 673 页。

④ 胡适：《重印乾隆壬子本〈红楼梦〉序》，载胡适著、季羡林主编：《胡适全集》第 3 卷，合肥：安徽教育出版社，2003 年版，第 392 页。

　　胡适说："凡故事传说的演变，哪滚雪球，越滚越大，其实禁不起日光的烘照，史家的考证。此意我曾于《水浒》《西游》诸考证及《井田辨》《古史辨》中详说过了。"[①] 很多的故事在演变中，不断吸纳其他因子，使得故事的主人翁越来越典型，越来越成为"箭垛式"的人物。胡适以为，历史上的黄帝、周公、包龙图都是这一类"箭垛式"的"有福之人"，他们就像诸葛亮草船借箭时的草人，汇集了许多射来的"箭"，如传说、资料等，成为立德、立功、立言的圣人。胡适说："上古有许多重要的发明，后人不知道是谁发明的，只好都归到黄帝的身上，于是黄帝成了上古的大圣人。中古有许多制作，后人也不知道究竟是谁创始的，也就都归到周公的身上，于是周公成了中古的大圣人，忙得不得了，忙的他'一沐三握发，一饭三吐哺'！"[②] 还说："古来有许多精巧的折狱故事，或载在史书，或流传民间，一般人不知道他们的来历，这些故事遂容易堆在一两个人的身上。在这些侦探式的清官之中，民间的传说不知道怎样选出了宋朝的包拯来做一个箭垛，把许多折狱的奇案都射在他身上，包龙图遂成了中国的歇洛克·福尔摩斯了。"[③] 传说有一个特点，就是不断增长内涵。胡适说："传说的生长，就同滚雪球一样，越滚越大，最初只有一个简单的故事作个中心的'母题'（Motif），你添一枝，他添一叶，便像个样子了。后来经过众口的传说，经过平话家的敷演，经过戏曲家的剪裁结构，经过小说家的修饰，这个故事便一天一天的改变面目：内容更丰富了，情节更精细圆满了，曲折更多了，人物更有生气了。"[④]

---

　　① 胡适:《建文逊国传说的演变》，载胡适著、季羡林主编:《胡适全集》第3卷，合肥:安徽教育出版社，2003年版，第667页。

　　② 胡适:《〈三侠五义〉序》，载胡适著、季羡林主编:《胡适全集》第3卷，合肥:安徽教育出版社，2003年版，第471页。

　　③ 同②，第472页。

　　④ 同②，第489页。

　　胡适在留学时就认真思考训诂、校勘等治经之术。他认为："校书以得古本为上策。求旁证之范围甚小，收效甚少。若无古本可据，而惟以意推测之，则虽有时亦能巧中，而事倍功半矣。此下策也。百余年来之考据学，皆出此下策也。吾虽知其为下策，而今日尚无以易之。归国之后，当提倡求古本之法耳。"① 从"脂本"《凡例》中所记的地点，胡适以为似乎可以解决所谓北京还是金陵的问题了。他说："曹家几代住南京，故书中女子多是江南人，凡例中明明说'此书又名《金陵十二钗》，审其名则必系金陵十二女子也'。我因此疑心雪芹本意要写金陵，但他北归已久，虽然'秦淮残梦忆繁华'（敦敏赠雪芹诗），却已模糊记不清了，故不能不用北京作背景。所以贾家在北京，而甄家始终在江南。所以凡例中说，'书中凡写长安……家常口角则曰中京，是不欲着迹于方向也……特避其东南西北字样也'。平伯与颉刚对于这个地点问题曾有很长的讨论，（《〈红楼梦〉辨》中，五九—八十）他们的结论是'说了半天还和没有说一样，我们究竟不知道《红楼梦》是在南或是在北'（页七九）。我的答案是：雪芹写的是北京，而他心里要写的是金陵；金陵是事实所在，而北京只是文学的背景。"②

　　"拿证据来"，体现了"科学精神"。胡适说："《中庸》上有句话说：'无徵则不信。'把这句话翻成白话，就是'拿证据来'，也就是说，给我证据我就相信，没有证据我就不相信。"③ 古人诗云："无端题作木居士，便有无穷求福人。"黄宗羲《题东湖樵者祠》云："姓氏官名当世艳，一无任据足

---

　　① 胡适：《论校勘之学》，载胡适著、季羡林主编：《胡适全集》第28卷，合肥：安徽教育出版社，2003年版，第493页。

　　② 胡适：《考证〈红楼梦〉的新材料》，载胡适著、季羡林主编：《胡适全集》第3卷，合肥：安徽教育出版社，2003年版，第413—414页。

　　③ 胡适：《科学精神与科学方法》，载胡适著、季羡林主编：《胡适全集》第8卷，合肥：安徽教育出版社，2003年版，第179页。

千年。"胡适认为："这样无限的信心便是不可救药的懒病，便是思想的大仇敌。要医这个根本病，只有提倡一点怀疑的精神，一点'打破沙锅问到底'的习惯。"①

在胡适之前，北京大学讲中国哲学史从伏羲、神农讲起，胡适则"截断众流"从老子、孔子讲起，几乎引发班上学生的抗议风潮。冯友兰的《中国哲学史》先讲孔子、墨子、孟子、杨朱等，第八章才提出"《老子》及道家中之老学"。胡适以为冯先生"举出的证据实在都不合逻辑，都不成证据……这是我在二十五年前说的话……我到今天，还没有看到这班怀疑的学人提出什么可以叫我心服的证据。所以我到今天还不感觉我应该把老子这个人或《老子》这部书挪移到战国后期去。"②有一天，胡适自悟，以为"这个老子年代的问题原来不是一个考证方法的问题，原来只是一个宗教信仰的问题"。他说："像冯友兰先生一类的学者，他们诚心相信，中国哲学史当然要认孔子是开山老祖，当然要认孔子是'万世师表'。在这个诚心的宗教信仰里，孔子之前当然不应该有一个老子。在这个诚心的信仰里，当然不能承认有一个跟着老聃学礼助葬的孔子。"③他还说："近几十年来，有人怀疑老子、老聃是不是个历史的人物，《老子》这部古书的真伪和成书年代。然而我个人还是相信孔子确做过这位前辈哲人老子的学徒，我更相信在孔子的思想里看得出有老子的自然主义宇宙观和无为的政治哲学的影响。"④

<hr>

① 胡适：《庐山游记》，载胡适著、季羡林主编：《胡适全集》第 3 卷，合肥：安徽教育出版社，2003 年版，第 192 页。

② 胡适：《〈中国古代哲学史〉台北版自记》，载胡适著、季羡林主编：《胡适全集》第 5 卷，合肥：安徽教育出版社，2003 年版，第 540 页。

③ 同②，第 540 页。

④ 胡适：《中国哲学里的科学精神与方法》，载胡适著、季羡林主编：《胡适全集》第 8 卷，合肥：安徽教育出版社，2003 年版，第 491 页。

历史研究中的"证据"主要是史料。史料的选择，需要眼光，需要方法。如果选择失当，或不具有代表性，那史料便不能证明所要研究的问题。胡适指出："做文学史，和做一切历史一样，有一个大困难，就是选择可以代表时代的史料。做通史的人，于每一个时代，记载几个帝王的即位和死亡，几个权臣的兴起和倾倒，几场战争的发动和结束，便居然写出一部'史'来了。但这种历史，在我们今日的眼光里，全是枉费精神，枉费笔墨，因为他们选择的事实，并不能代表时代的变迁，并不能写出文化的进退，并不能描出人民生活的状况。"① 他比较重视时人著作里那些"关于民生文化的新史料"，不主张奢谈"谨严的史传"和"痛快的论赞"，做所谓的"文字优劣"与"义法宽严"的比较。这些时人著作里的史料才是应该关注的"真重要的史料"。胡适说："范仲淹的文集里，无意之中，记载着五代时江南的米价，那是真重要的史料。敦煌石室里，前不多年，忽然发现韦庄详记北方饥荒的一首白话长诗，那也是真重要的史料。"② 由于新史料的发现，原有论点获得新的证据，新的研究格局便出现了。胡适结合自己的《国语文学史》创作经验指出，"六年前的自以为大胆惊人的假设，现在看来，竟是过于胆小，过于持重的见解了"。③

刘勰黎提出以"察传"的态度，"参之以情，验之以理，断之以证"。胡适以为，"断之以证"很好，"情"与"理"却难以判别。首先，以"情"相参，常常会流于主观性，"度之以情"往往会滑向度之以"成见"。胡适

---

① 胡适：《〈中古文学概论〉序》，载胡适著、季羡林主编：《胡适全集》第2卷，合肥：安徽教育出版社，2003年版，第795页。

② 同①，第795—796页。

③ 胡适：《〈白话文学史〉自序》，载胡适著、季羡林主编：《胡适全集》第3卷，合肥：安徽教育出版社，2003年版，第715页。

说："成见久据于脑中，不经考察，久而久之合成了情与理了。"①"验之以理"更加危险，同样会陷于主观意见。胡适说："历史家只应该从材料里，从证据里，去寻出客观的条理。如果我们先存一个'理'在脑中，用理去'验'事物，那样的'理'往往只是一些主观的意见。"②所以，对待"证据"的态度要端正，即认同"一切史料都是证据"，还要谨慎地追问以下几方面的问题：证据的出处、寻证的时间、寻找证据的人、追问证人的资格以及"他说这句话时有作伪（无心的，或有意的）的可能吗"③。

分科细化是现代教育的一个重要特点，不过仍需注意到不同学科部门之间尚有许多相互交叉渗透的空间。为了研究的深入，必须拓宽史料的范围，参伍错综。胡适主张研究制度时，要关注各家文集及笔记，还要关注小说。他说："明代小学的情形，最详细的描写莫如《醒世姻缘》小说。此书第三十三回与三十五回真是长篇大幅的绝好教育史料！（所谓'徐文长故事'的最早记载也出在第三十三回及他回。）"④第三十五回就详细地记叙了南北教书先生的不同方法，而《儒林外史》里也有许多关于18世纪上半叶的教育史料。他认为，研究教育制度史，也要拓展史料范围，"来源不拘一格，搜采要博，辨别要精，大要以'无意于伪造史料'一语为标准。杂记与小说皆无意于造史料，故其言最有史料的价值，远胜于官书"⑤。

在胡适看来，创办刊物的主要目的在于鼓励自己做点文字，因为"文

---

① 胡适：《古史讨论的读后感》，载胡适著、季羡林主编：《胡适全集》第 2 卷，合肥：安徽教育出版社，2003 年版，第 107 页。

② 同①，第 108 页。

③ 同①，第 110 页。

④ 胡适：《中国教育史料》，载胡适著、季羡林主编：《胡适全集》第 3 卷，合肥：安徽教育出版社，2003 年版，第 704 页。

⑤ 同④，第 705 页。

字的记录可以帮助思想学问，可以使思想渐成条理，可以使知识循序渐进"①。在做文字时，要"小题大做"，切忌"大题小作"；而且"要注重证据，跟着事实走，切忌一切不曾分析的抽象名词"。②

## 二、科学方法："大胆"与"小心"

胡适在将他所理解的杜威的实用主义予以中国化，并将其概括为"大胆的假设，小心的求证"十个字。他在《我的歧路》《清代学者的治学方法》等文章中对这"十字真言"进行了多角度的诠释。

### （一）"十字真言"

胡适主张研究历史要有"证据基本法"，以保证证据的可靠性。从西洋判案的"证据法"可推，审查历史证据可靠性也要遵循"四条原理"：（一）不关本案的事实不成证据；（二）不可靠之事实，不算证据；（三）传闻之词不能成立；（四）个人之意见不能成立。③宋人笔记中载有做官要勤、谨、和、缓的"四字诀"。胡适认为，对待历史中的证据问题，也应该像几千年来做官的四字秘诀那样。"第一，勤，寻材料要手勤、耳勤、眼勤，不懒才能找到材料。第二，谨，严记不可靠、不相干的东西不能用。小心，因为如果你抄错了，还要使别人犯刑事法。所以校对一次，再校对一次，绝对不能苟且，一笔、一字、一句都要研究。第三，和，就是心平气和，

① 胡适：《〈吴淞月刊〉发刊词》，载胡适著、季羡林主编：《胡适全集》第3卷，合肥：安徽教育出版社，2003年版，第706页。

② 同①，第707页。

③ 胡适：《史学与证据》，载胡适著、季羡林主编：《胡适全集》第13卷，合肥：安徽教育出版社，2003年版，第752页。

不要容易动火，不要在感情上用事，自己错了，认错，放弃错的证据，引用对的证据。第四，缓，是做官的秘诀，就是拖。在研究历史很重要，宁可悬而不断，不断然下结论。在证据不充分、不够的时候更不能不如此。"①

胡适说："我们信仰科学的人，正不妨做一番大规模的假设。只要我们的假设处处建筑在已知的事实之上，只要我们认我们的建筑不过是一种最满意的假设，可以跟着新证据修正的——我们带着这种科学的态度，不妨冲进那不可知的区域里，正如姜子牙展开了杏黄旗，也不妨冲进十绝阵里去试试。"②胡适在 1952 年的一次演讲中专门谈治学方法，认为可以用"大胆的假设，小心的求证"来作一简要概括。胡适说："要大胆的提出假设，但这种假设还得想法子证明。所以小心的求证，要想法子证实假设或者否证假设，比大胆的假设还重要。这十个字是我二三十年来见之于文字，常常在嘴里向青年朋友们说的。有的时候在我自己的班上，我总希望我的学生们能够了解。今天讲治学方法引论，可以说就是要说明什么叫做假设；什么叫做大胆的假设；怎么样证明或者否证假设。"③胡适说："如果一个有知识、有学问、有经验的人遇到一个问题，当然要提出假设，假定的解决方法。最要紧的是还要经过一番小心的证实，或者否证它。如果你认为证据不充分，就宁肯悬而不决，不去下判断，再去找材料。所以小心求证很重要。"④

要建立理想的国学研究系统，做成中国文化史，必须将细密的功夫与

① 胡适：《史学与证据》，载胡适著、季羡林主编：《胡适全集》第 13 卷，合肥：安徽教育出版社，2003 年版，第 755 页。
② 胡适：《〈科学与人生观〉序》，载胡适著、季羡林主编：《胡适全集》第 2 卷，合肥：安徽教育出版社，2003 年版，第 205 页。
③ 胡适：《治学方法》，载胡适著、季羡林主编：《胡适全集》第 20 卷，合肥：安徽教育出版社，2003 年版，第 654 页。
④ 同③，第 661—662 页。

高远的构想结合起来。胡适说："历史不是一件人人能做的事；历史家需要有两种必不可少的能力：一是精密的功力，一是高远的想像力。没有精密的功力，不能做搜求和评判史料的工夫；没有高远的想像力，不能构造历史的系统。况且中国这么大，历史这么长，材料这么多，除了分工合作之外，更无他种方法可以达到这个大目的。但我们又觉得，国故的材料太纷繁了，若不先做一番历史的整理工夫，初学的人实在无从下手，无从入门。后来的材料也无所统属；材料无所统属，是国学纷乱烦碎的重要原因。"[1] 据现有材料，整理专史，为将来的新材料提供一个大间架，并且在专史下再做子目的研究，以推进专史、通史的研究走向深入。

梁启超也认为，研究资料、判断问题时，一定要有谦谨的态度。他说："发生问题，不妨为极大胆的怀疑；解决问题，不可不为极小心的判断。"[2] 梁启超很早就提倡研究墨家学说，不少墨学研究文章刊载在《新民丛报》里，曾引发不少学者的新兴趣。当梁启超将自己十余年来校读《墨子》中的《经上下》《经说上下》的签注汇辑成书时，便请胡适作序。胡适承认自己爱读《墨子》的这几篇，也曾受梁启超早年提倡墨学研究的影响。胡适还说："我曾发愿，要做一部《墨辩新诂》；不料六七年来，这书还没有写定。现在我见了梁先生这部《校释》，心里又惭愧，又欢喜。这篇序，我如何敢辞呢？"[3] 他在文中对梁启超的研究方法、主要意见进行了商榷。最后，他说："我很感谢梁先生使我得先读这部书的稿本。梁先生这部书

① 胡适：《〈国学季刊〉发刊宣言》，载胡适著、季羡林主编：《胡适全集》第2卷，合肥：安徽教育出版社，2003年版，第14页。
② 梁启超：《读书法讲义》，载梁启超著，汤志钧、汤仁泽编：《梁启超全集》第14集，北京：中国人民大学出版社，2018年版，第452页。
③ 胡适：《梁任公〈墨经校释〉序》，载胡适著、季羡林主编：《胡适全集》第2卷，合肥：安徽教育出版社，2003年版，第156页。

的出版，把我对于《墨辩》的兴趣又重新引起来了；倘我竟能因此把我的《墨辩新诂》的稿本整理出来，写定付印，我就更应该感谢梁先生了。"① 从 1921 年 4 月梁启超来信看，胡适在作序之后，亦曾将《墨辩新诂》的稿本转呈给他。梁启超来信今附《胡适文存》第二辑胡适为梁著所作序后。梁启超在信后还说："大著《新诂》已精读一过，虽意见不能尽同，然独到处殊多可佩。其有不敢苟同者，辄签注若干条，附缴。拙稿覆勘，所欲改者又已不少；弃于他业，辄复置之；即以呈公之原稿付印。学问之道，愈研究则愈自感其不足；必欲为踌躇满志之著作乃以问世，必终其身不能成一书而已。有所见辄贡诸社会，自然引起讨论；不问所见当否，而于世于己皆有益。故吾亦盼公之《新诂》，作速写定；不必以名山之业太自矜慎，致同好者觖望也。"② 胡适读罢来信，又做了学术性回复。他在开头说："上星期五收到先生的信和我的《墨辩新诂》稿本。先生答我的书，也读过了。先生劝我早日整理出版，这话极是。我常说，我们著书作事，但求'空前'，不妄想'绝后'。但近年颇中清代学者的毒，每得一题，不敢轻易下笔。将来当力改之，要以不十分对不住读者的期望为标准。"③

　　胡适的"小心"方面，还表现在他对《墨子》的研究上。其"疑古"有限度，辨伪有标准。胡适说："我是一个最爱疑古的人，但我对于《墨子》的《经上下》和《经说上下》《大取》《小取》六篇，却不敢怀疑。这几篇书，因为难懂的缘故，研究的人很少；但因为研究这些书的人很少，故那些作伪书的人都不愿意在这几篇上玩把戏。因此，我们觉得这几篇书脱误虽然

---

① 胡适：《梁任公〈墨经校释〉序》，载胡适著、季羡林主编：《胡适全集》第 2 卷，合肥：安徽教育出版社，2003 年版，第 162 页。

② 同①，第 166 页。

③ 胡适：《梁任公〈墨经校释〉序》后附录二《答书》，载胡适著、季羡林主编：《胡适全集》第 2 卷，合肥：安徽教育出版社，2003 年版，第 167 页。

不少，却不像有后人附加的文句。"①他强调，治学要有材料，研究要靠方法。一方面，要注重方法，因为"同样的材料，无方法便没有成绩，有方法便有成绩，好方法便有好成绩"②；另一方面，还要注意材料与方法的科举结合，"同样的材料，方法不同，成绩也就不同。但同样的方法，用在不同的材料上，成绩也就有绝大的不同"③。方法与材料的完美结合，必然产生科学的方法。胡适说："科学的方法，说来其实很简单，只不过'尊重事实，尊重证据'。在应用上，科学的方法只不过'大胆的假设，小心的求证'。"④

胡适认为，近三百年来的中西方的研究成果都得益于这一科学方法的运用。他说："在历史上，西洋这三百年的自然科学是这种方法的成绩；中国这三百年的朴学也都是这种方法的结果。顾炎武、阎若璩的方法，同葛利略（Galileo）、牛敦（Newton）的方法是一样的：他们都能把他们的学说建筑在证据之上。戴震、钱大昕的方法，同达尔文（Darwin）柏司德（Pasteur）的方法也是一样的：他们都能大胆地假设，小心地求证。"⑤

就中国近三百年学术史研究来看，"亭林、百诗之风"造成了三百年的朴学，其中不乏科学的学者和科学的成绩。"然而从梅鷟的《古文尚书考异》到顾颉刚的《古史辨》，从陈第的《毛诗古音考》到章炳麟的《文始》，方法虽是科学的，材料却始终是文字的。科学的方法居然能使故纸堆里大放光明，然而故纸的材料终久限死了科学的方法，故这三百年的学术也只

---

① 胡适：《梁任公〈墨经校释〉序》，载胡适著、季羡林主编：《胡适全集》第 2 卷，合肥：安徽教育出版社，2003 年版，第 158 页。

② 胡适：《治学的方法与材料》，载胡适著、季羡林主编：《胡适全集》第 3 卷，合肥：安徽教育出版社，2003 年版，第 131 页。

③ 同②，第 131—132 页。

④ 同②，第 132 页。

⑤ 同②，第 132 页。

不过文字的学术，三百年的光明只不过故纸堆的火焰而已！"①中国近世的学问工夫，几乎都还是"纸上的学问""纸上的工夫"。

　　中西所用方法相同，但所用材料却规定了各自的学术特色与学问格局。"顾氏、阎氏的材料全是文字的，葛利略一班人的材料全是实物的。文字的材料有限，钻来钻去，总不出这故纸堆的范围；故三百年的中国学术的最大成绩不过是两大部《皇清经解》而已。"②西方学术界用无穷的实物材料做出极大自然科学贡献的同时，中国的学术界还"在烂纸堆里翻我们的筋斗"③。可见，"不但材料规定了学术的范围，材料并且可以大大地影响方法的本身。文字的材料是死的，故考证学只能跟着材料走，虽然不能不搜求材料，却不能捏造材料。从文字的校勘以至历史的考据，都只能尊重证据，却不能创造证据"④。自然科学不同，它可以在搜求现成材料之外，创造新的证据，"实验的方法便是创造证据的方法"⑤。由此可见，"纸上的材料只能产生考据的方法；考据的方法只是被动的运动材料。自然科学的材料却可产生实验的方法；实验便不受现成材料的拘束，可以随意创造平常不可得见的情境，逼拶出新结果来。考证家若没有证据，便无从做考证；史家若没有产，便没有历史。自然科学家便不然……故材料的不同可以使方法本身发生很重要的变化。实验的方法也只是大胆的假设，小心的求证；然而因为材料的性质，实验的科学家便不用坐待证据的出现，也不仅仅寻求证据，他可以根据假设的理论，造出种种条件，把证据逼出来。故实验

---

　　① 胡适：《治学的方法与材料》，载胡适著、季羡林主编：《胡适全集》第 3 卷，合肥：安徽教育出版社，2003 年版，第 133 页。

　　② 同①，第 137 页。

　　③ 同①，第 137 页。

　　④ 同①，第 137 页。

　　⑤ 同①，第 138 页。

的方法只是可以自由产生材料的考证方法。"①

反观近三百年的考据成绩可知，"我们的考证学的方法尽管精密，只因为始终不接近实物的材料，只因为始终不曾走上实验的大路上去，所以我们的三百年最高的成绩终不过几部古书的整理，于人生有何益处？于国家的治乱安危有何裨补？虽然做学问的人不应该用太狭义的实利主义来评判学术的价值，然而学问若完全抛弃了功用的标准，便会走上很荒谬的路上去，变成枉费精力的废物。"② 社会上第一流人才所做的工作，只有一部分才算得是有价值的史料整理，甚至还有回到两汉陋儒之见，开了学术史的倒车。

造成他们"枉费心思的开倒车"的原因何在呢？胡适说："只因为纸上的材料不但有限，并且在那一个'古'字底下罩着许多浅陋幼稚愚妄的胡说。钻故纸堆的朋友自己没有学问眼力，却只想寻那'去古未远'的东西，日日'与古为邻'，却不知不觉地成了与鬼为邻，而不自知其浅陋愚妄幼稚了！"③

在科学昌明的时代，应该拓展视野。"向来学者所认为纸上的学问，如今都要跳在故纸堆外去研究了。"④ 胡适说："现在一班少年人跟着我们向故纸堆去乱钻，这是最可悲叹的现状。我们希望他们及早回头，多学一点自然科学的知识与技术：那条路是活路，这条故纸的路是死路。三百年的第一流的聪明才智消磨在这故纸堆里，还没有什么好成绩。我们应该换条路走走了。等你们在科学试验室里有了好成绩，然后拿出你们的余力，回

---

① 胡适：《治学的方法与材料》，载胡适著、季羡林主编：《胡适全集》第 3 卷，合肥：安徽教育出版社，2003 年版，第 138 页。

② 同①，第 140 页。

③ 同①，第 141 页。

④ 同①，第 143 页。

来整理我们的国故，那时候，一拳打倒顾亭林，两脚踢翻钱竹汀，有何难哉！"①

为什么要花那么大的力气进行《红楼梦》和《水浒传》的考证，为什么要对庐山的一个塔做四千字的考证？胡适自言，考证《红楼梦》，"在消极方面，我要教人怀疑王梦阮、徐柳泉、蔡孑民一班人的谬说。在积极方面，我要教人一个思想学问的方法。我要教人疑而后信，考而后信，有充分证据而后信"②。通过这一思想学问方法的自觉，"我要教人知道学问是平等的，思想是一贯的，一部小说同一部圣贤经传有同等的学问上的地位，一个塔的真伪同孙中山的遗嘱的真伪有同等的考虑价值。肯疑问佛陀耶舍究竟到过庐山没有的人，方才肯疑问夏禹是神是人。有了不肯放过一个塔的真伪斩思想习惯，方才敢疑上帝的有无"③。

即便在小说研究中也要注重版本考证问题。在具有发先声的开拓性研究中，如果"本证"既少，"旁证"不足，所得结论便常不免会有"大胆"意味。胡适说："十年前（民国九年七月）我开始做《〈水浒传〉考证》的时候，我只有金圣叹的七十一回本和坊间通行而学者轻视的《征四寇》。那时候，我虽然参考不少旁证，我的许多结论都只可算是一些很大胆的假设，因为当时的证据实在太少了。"④总之，胡适每有感觉，便起意欲做其事，有的做起来了，为学界开创了一条研究新途；有的却因各种情形，未能付诸实施，虎头蛇尾，有始无终，故为学人讥为有上无下的"著作监"。

---

① 胡适：《治学的方法与材料》，载胡适著、季羡林主编：《胡适全集》第3卷，合肥：安徽教育出版社，2003年版，第143页。

② 胡适：《庐山游记》，载胡适著、季羡林主编：《胡适全集》第3卷，合肥：安徽教育出版社，2003年版，第193页。

③ 同②，第194页。

④ 胡适：《百二十回本〈忠义水浒传〉序》，载胡适著、季羡林主编：《胡适全集》第3卷，合肥：安徽教育出版社，2003年版，第433页。

在推原儒学时，胡适指出，孔子时的儒学已经是流品杂多，已有"君子儒"与"小人儒"的区分了。据胡适研究，"儒"的"第一义"应该是古服古行的人，即"穿戴古衣冠，外貌表示文弱迂缓的人"，而"从古书所记的儒的衣冠上，我们又可以推测到儒的历史的来历"。[①] 胡适进一步作出大胆的推测，他说道："从儒服是殷服的线索上，我们可以大胆的推想：最初的儒都是殷人，都是殷的遗民，他们穿戴殷的古衣冠，习行殷的古礼。这是儒的第二个古义。"[②]

到了宋明时期，理学家开展了新儒学运动，其主要功绩在经学诠释上有明确的显示。朱熹"虚心随他本文正意看"其"义理"的经学诠释思想即其典型代表。胡适说："朱子所说的话归结起来是这样一套解决怀疑的方法：第一步是提出一个假设的解决方法，然后寻求更多的实例或证据来作比较，来检验这个假设——这原是一个'未可便以为是'的假设，朱子有时叫做'权立疑义'。总而言之，怀疑和解除怀疑的方法只是假设和求证。"[③]

在进行"假设"和"求证"时，梁启超等人还格外注意到"附会"与"比较"的不同。梁启超以为，尊仰先哲，"引证发明"先哲哲思，也是后人之责。当世尊孔者，最喜将孔子所谈的名理、所述的政制，"刺取其片词单语与今世之名理、政制相类似者，而引伸附会之，以诧于他国曰：是固吾孔子所已知已言也"[④]，虽然出于尊孔之念无可厚非，但是若"专以此

---

① 胡适：《说儒》，载胡适著、季羡林主编：《胡适全集》第 4 卷，合肥：安徽教育出版社，2003 年版，第 8 页。

② 同①，第 8—9 页。

③ 胡适：《中国哲学里的科学精神与方法》，载胡适著、季羡林主编：《胡适全集》第 8 卷，合肥：安徽教育出版社，2003 年版，第 500 页。

④ 梁启超：《孔子教义实际裨益于今日国民者何在，欲昌明之其道何由》，载梁启超著、汤志钧、汤仁泽编：《梁启超全集》第 9 集，北京：中国人民大学出版社，2018 年版，第 184 页。

为尊孔之涂术"①，那就极可能发生两种流弊。

第一种流弊是简单比附，严重失实。"倘所印证之义其表里适相吻合，则诚可以扬国粹而浚民慧，若稍有扬牵合附会，则最易导国民以不正确之观念，而缘郢书燕说以滋流弊。"②就像谈立宪、共和时，"偶见经典中某字某句与立宪共和等字义略相近，辄撷拾以沾沾自喜，谓此制为我所固有"，此类"比附之言传播既广，则能使多数人之眼光之思想，见局见缚于所比附之文句，以为所谓立宪、所谓共和不过如是，而复追求其真意义之所存，则生心害政，所关非细"。③所以，这类不可胜数的比附之说，最易成为国民研究实学的"魔障"，不可不谨慎防范之。

第二种流弊是自满。若劝人行此制、治此学，说是我国先哲所尝行、尝治，则易为人所接受。然若"频以此相诏"，就会让人心生犹疑，"则民于先哲未尝行之制辄疑其不可行，于先哲未尝治之学辄疑其不当治"④，人们无形之中就会"增其故见自满之习"⑤，而"障其服善择从之明"⑥。

胡适主张国学研究，必须"打破闭关孤立的态度"，要"存比较研究的虚心"，做到：（一）方法上，虚心学习西洋学者研究古学的科学方法，"补救我们没有条理系统的习惯"⑦；（二）材料上，用欧美、日本学术的成绩作参考比较，"可以给我们开无数新法门，可以给我们添无数借鉴的镜子"⑧。

---

① 梁启超：《孔子教义实际裨益于今日国民者何在，欲昌明之其道何由》，载梁启超著，汤志钧、汤仁泽编：《梁启超全集》第 9 集，北京：中国人民大学出版社，2018 年版，第 184 页。

② 同①。

③ 同①。

④ 同①。

⑤ 同①。

⑥ 同①，第 185 页。

⑦ 胡适：《〈国学季刊〉发刊宣言》，载胡适著、季羡林主编：《胡适全集》第 2 卷，合肥：安徽教育出版社，2003 年版，第 16 页。

⑧ 同⑦，第 17 页。

胡适说："向来的学者误认'国学'的'国'字是国界的表示，所以不承认'比较的研究'的功用。最浅陋的是用'附会'来代替'比较'：他们说基督教是墨教的绪余，墨家的'巨子'即是'矩子'，而'矩子'即是十字架！……附会是我们应该排斥的，但比较的研究是我们应该提倡的。有许多现象，孤立的说来说去，总说不通，总说不明白；一有了比较，竟不须解释，自然明白了。"[1]

梁启超分析恋旧与趋新时说："夫恋旧者人类之通性也。当其一时受刺激于外，骛新太过，就令任其自然，不加矫正，非久必为惰力性作用所支配，自能返其故态。然此惰力性作用猖獗之后，欲更从而振之，恐非加以雷霆万钧，莫之能致。夫惮于趋新而狃于安旧，圆颅通性，固已有然，况我民族尤以竺旧为特长，而以自大为秉禀；而坐谈礼教，吐弃学艺，又最足以便于空疏涂饰之辈。靡然从风，事有固然。"[2]人性恋旧而不免于好奇骛新，全面复古不可得，全面弃古亦不能。所以，不能太趋新，也不能太复古。在梁启超看来，"蔑古"和"复古"都是社会心理的病症，二病"不能相克而常相生"，"蔑古论昌，则复古论必乘之；复古论昌，则蔑古论又必乘之，以极端遇极端，累反动以反动，则其祸之中于国家社会者遂不可纪极"。[3]

## （二）国故整理的四步

在一份1923年拟定却因故未曾发表的计划中，胡适提出了"整理"

---

[1]　胡适：《〈国学季刊〉发刊宣言》，载胡适著、季羡林主编：《胡适全集》第2卷，合肥：安徽教育出版社，2003年版，第15页。

[2]　梁启超：《复古思潮平议》，载梁启超著，汤志钧、汤仁泽编：《梁启超全集》第9集，北京：中国人民大学出版社，2018年版，第277页。

[3]　同[2]，第278页。

的五个"最低限度的条件"，即校勘、必不可少的注释、标点、分段、考证或批判的引论。① 胡适说："现在一般老先生们看见新文化的流行，读古书的人日少，总是叹息说：'西风东渐，国粹将沦亡矣！'但是把古书试翻开一看，错误舛伪，佶屈聱牙，所在皆是。欲责一般青年皆能读之，实属不可能。即使'国粹沦亡'，亦非青年之过，乃老先生们不整理之过。故欲免'国粹沦亡'之祸，非整理国故、使一般青年能读不可！"②

在胡适看来，古代的学术思想"向来没有条理，没有头绪，没有系统"，前人研究古书也很少有历史进化的眼光，缺乏科学的方法，失于武断和迷信。所以，国故整理的第一步便是"条理系统的整理"，第二步是要"寻出每种学术思想怎样发生，发生之后有什么影响效果"，第三步是要"用科学的方法，作精确的考证，把古人的意义弄得明白清楚"，第四步是综合前三步，"各家都还他一个本来真面目，各家都还他一个真价值"。③

一般青年缺乏国故研究的兴趣，原因有二：一是旧有的东西更容易现出破绽，科举既不足道，而道德与宗教亦觉浅薄；二是国故的书籍缺乏系统性，不易找寻研究的下手处。④ 胡适说："我很望诸君对于国故，有些研究的兴趣，来下一番真实的功夫，使彼成为有系统的。对于国故，亟应起来整理，方能使人有研究的兴趣，并能使有研究兴趣的人容易去研究。"⑤

---

① 胡适：《拟"整理国故"计划》，载胡适著、季羡林主编：《胡适全集》第13卷，合肥：安徽教育出版社，2003年版，第35页。

② 胡适：《再谈谈"整理国故"》，载胡适著、季羡林主编：《胡适全集》第13卷，合肥：安徽教育出版社，2003年版，第47—48页。

③ 胡适：《新思潮的意义》，载胡适著、季羡林主编：《胡适全集》第1卷，合肥：安徽教育出版社，2003年版，第698—699页。

④ 胡适：《"研究国故"的方法》，载胡适著、季羡林主编：《胡适全集》第13卷，合肥：安徽教育出版社，2003年版，第43—44页。

⑤ 同④，第44页。

如何研究国故呢？胡适以为要注意四种方法：（一）历史的观念，这是"研究国故方法底起点"①；（二）疑古的态度，"宁可疑而错，不可信而错"②，以求真为目的，"一疑古书的真伪，二疑真书被那山东老学究弄伪的地方"③；（三）系统的研究，从历史方面着手，寻出书籍的脉络；④（四）从形式、内容两方面整理国故，"整理国故的目的，就是要使从前少数人懂得的，现在变为人人能解的"，"我们研究国故，非但为学识起见，并为诸君起见，更为诸君底兄弟姊妹起见。国故底研究，于教育上实有很大的需要。我们虽不能做创造者，我们亦当做运输人——这是我们底责任，这种人是不可少的。"⑤

胡适曾说："整理国故，约有三途：一曰索引式之整理，一曰总账式之整理，一曰专史式之整理。"⑥胡适认为刘文典的新著《淮南鸿烈集解》，便是用了自己所谓的"总账式之国故整理"。有时候，胡适将国故整理的方式简括为四种：（一）最低限度的整理，即读本式整理；（二）索引式整理；（三）结账式整理；（四）专史式整理。关于"读本式整理"，他说："这种方式，即是整理所有最著名的古书，使成为普通读本，使一般人能读能解。"⑦读本式整理要运用五种方法，即（一）校雠，"依据古本或古书引用

---

① 胡适：《"研究国故"的方法》，载胡适著、季羡林主编：《胡适全集》第13卷，合肥：安徽教育出版社，2003年版，第44页。

② 同①，第44页。

③ 同①，第45页。

④ 同①，第46页。

⑤ 同①，第46页。

⑥ 胡适：《〈淮南鸿烈集解〉序》，载胡适著、季羡林主编：《胡适全集》第2卷，合肥：安徽教育出版社，2003年版，第186页。

⑦ 胡适：《再谈谈"整理国故"》，载胡适著、季羡林主编：《胡适全集》第13卷，合肥：安徽教育出版社，2003年版，第48页。

的原文来校对，是整理国故中的最重要的方法"①；（二）训诂，即给语言文字进行必要且有根据的注解；（三）标点；（四）分段；（五）介绍。胡适最后说："以上所讲几种整理国故的方式，都是很容易办到的，只要中才的人，有了国学常识，都可以做。希望诸君起来合作，把难读难解的古书一部一部的整理出来，使人人能读，虽属平庸，但实嘉惠后学不少。"②

国学研究不单靠材料的积聚，还必须注意系统的整理。胡适将系统的整理分为三部说：（一）通过"索引式的整理"，推进古学的普及，让人人能用古书；（二）通过"结账式的整理"，总结已有成果，且"把那不能解决的部分特别提出来，引起学者的注意，使学者知道何处有隙可乘，有功可立，有困难可以征服"③；（三）通过"专史式的整理"，以建构"理想的国学研究系统"④，以"中国文化史"统辖民族史、语言文字史、经济史、政治史、国际交通史、思想学术史、宗教史、文艺史、风俗史、制度史等十个门类。在胡适看来，前两种整理是提供设备的奠基工作，而专史研究是提供"大间架"，子目的研究的修专史、通史的更基本工作。胡适说："索引式的整理是要使古书人人能用，结账式的整理是要古书人人能读：这两项都只是提倡国学的设备。"⑤

在梁启超看来，读书研究法有几大普遍原则，而当列怀疑精神为首。梁启超说："用怀疑精神去发生问题。天下无论大小学问，都发端于'有问题'……会做学问的人本领全在自己会发生问题……为什么不发生问

---

① 胡适：《再谈谈"整理国故"》，载胡适著、季羡林主编：《胡适全集》第 13 卷，合肥：安徽教育出版社，2003 年版，第 48 页。

② 同①，第 51 页。

③ 胡适：《〈国学季刊〉发刊宣言》，载胡适著、季羡林主编：《胡适全集》第 2 卷，合肥：安徽教育出版社，2003 年版，第 11 页。

④ 同③，第 13 页。

⑤ 同③，第 13 页。

题？第一，以为是当然的事理，不值得注意；第二，以为前人久已论定了，何必更费心。这都是被旧日意见把自己封闭住了，如此便永远不会有新学问。"[1]

就整理方法而言，梁启超等人比较重视统计学在史学研究中的作用，并把这种遵循统计学法则、拿数目字来"整理史料""推论史迹"的研究方法叫做"历史统计学"。他说："统计学的作用，是要'观其大较'，换句话说，是专要看各种事物的平均状况，拉匀了算总帐。"[2] 梁启超曾经盛赞清代考据学者"科学的研究法""科学的研究精神"，他总结清人考据学风时，指出了它的十大特色：

一、凡立一义，必凭证据；无证据而臆度者，在所必摈。

二、选择证据，以古为尚。以汉唐证据难宋明，不以宋明证据难汉唐；据汉魏可以难唐，据汉可以难魏晋，据先秦西汉可以难东汉。以经证经，可以难一切传记。

三、孤证不为定说。其无反证者姑存之，得有续证则渐信之，遇有力之反证则弃之。

四、隐匿证据或曲解证据，皆认为不德。

五、最喜罗列事项之同类者，为比较的研究，而求得其公则。

六、凡采用旧说，必明引之，剿说认为大不德。

七、所见不合，则相辩诘，虽弟子驳难本师，亦所不避，受之者从不以为忤。

---

① 梁启超：《读书法讲义》，载梁启超著，汤志钧、汤仁泽编：《梁启超全集》第14集，北京：中国人民大学出版社，2018年版，第450页。
② 梁启超：《历史统计学》，载梁启超著，汤志钧、汤仁泽编：《梁启超全集》第15集，北京：中国人民大学出版社，2018年版，第483页。

八、辩诘以本问题为范围，词旨务笃实温厚。虽不肯枉自己意见，同时仍尊重别人意见。有盛气凌轹，或支离牵涉，或影射讥笑者，认为不德。

九、喜专治一业，为"窄而深"的研究。

十、文体贵朴实简絜，最忌"言有枝叶"。①

在怀疑而发生问题之后，便要披沙拣金，搜集资料，然后用冷静的头脑去鉴别资料。之后，用致密技术去整理资料。做学问的不二法门，就像荀子所说的"以浅持博""以一持万"，驾驭资料。关于整理、驾驭之方，梁启超提出三点：第一是提挈出特点；第二善于分类，"把所得资料，察其性质，纵分横分，分为若干组比较研究"；第三梳理出关系，辨出主从、姊妹，"务要寻出线索贯穿他，不令一件一件的孤立"。②在判断问题时，态度要谦谨。

在《楚辞》研究上，胡适以为当批评汉儒迂陋，承宋儒之长而进。胡适以为，《楚辞》注家的汉、宋两派中，"汉儒最迂腐，眼光最低，知识最陋"，把《诗经》"罩上乌烟瘴气"，又把《楚辞》"酸化"而作"儒教化"的解读；相比较之下，"宋派自朱熹以后，颇能渐渐推翻那种头巾气的注解"，所以《楚辞》研究当"从朱子入手，参看各家的说法，然后比朱子更进一步，打破一切迷信的传说，创造一种新的《楚辞》解"。③

① 梁启超：《清代学术概论》，载梁启超著，汤志钧、汤仁泽编：《梁启超全集》第10集，北京：中国人民大学出版社，2018年版，第248页。

② 梁启超：《读书法讲义》，载梁启超著，汤志钧、汤仁泽编：《梁启超全集》第14集，北京：中国人民大学出版社，2018年版，第452页。

③ 胡适：《读〈楚辞〉》，载胡适著、季羡林主编：《胡适全集》第2卷，合肥：安徽教育出版社，2003年版，第99页。

中国有没有宗教？历来学者对此议论不一。在胡适看来，中国有一个很大的宗教，即"名教"，他以"信仰名的万能"为唯一信条。① 所谓"名"，即是写的"字"，而"名教"，便是"崇拜写的文字的宗教"，便是"信仰写的字有神力、有魔力的宗教"。② 胡适还说："这个宗教，我们信仰了几千年，却不自觉我们有这样一个伟大宗教。不自觉的缘故正是因为这个宗教太伟大了，无往不在，无所不包，就如同空气一样，我们日日夜夜在空气里生活，竟不觉得空气的存在了。"③ 冯友兰、江绍原、Ogden、Richards、Conybeare 都曾研究过名教。胡适看到，中国已经成了"口号标语的世界"，他说"标语是道地的国货，是'名教'国家的祖传法宝"④。在口号标语到处飞的时代，如果从"历史考据的眼光"看来，"口号标语正是'名教'的正传嫡派"⑤。胡适总括说："现在大多数喊口号、贴标语的，也不外这两种理由：一是心理上的过瘾，一是无意的盲从。"⑥

近代知识人还主张改革文艺，提倡平民文学。钱玄同说："玄同年来从事教育，深慨于吾国文言之不合一致，令青年学子不能以三五年之岁月通顺其文理，以适于应用，而彼选学妖孽，桐城谬种，方欲以不通之典故，肉麻之句调，戕贼吾青年，因之时兴改革文艺之思。"⑦

---

① 胡适：《名教》，载胡适著、季羡林主编：《胡适全集》第 3 卷，合肥：安徽教育出版社，2003 年版，第 61 页。

② 同①，第 62 页。

③ 同①，第 62 页。

④ 同①，第 66 页。

⑤ 同①，第 67 页。

⑥ 同①，第 68 页。

⑦ 钱玄同：《论白话小说》，载钱玄同著：《钱玄同文集》第 1 卷，北京：中国人民大学出版社，1999 年版，第 43 页。

中国文学发展史上，文学的"正统"化造成很多富有时代气息的平民文学的畸形发展。胡适说："'正统文学'之害，真烈于焚书之秦始皇！文学有正统，故人不识文学——人只认得正统文学，而不认得时代文学。收藏之家，宁出千金买一部绝无价值之宋版唐人小集，而不知收集这三朝的戏曲的文学，岂不可惜！"① 他认为，应当表彰白话文学，发掘平民文学中的时代性因子。胡适说："这二千年之中，贵族的文学尽管得势，平民的文学也在那里不声不响的继续发展。"②

胡适将白话文学发展分为五个时期。第一期是汉魏、六朝的乐府，第二期是唐代白话诗和禅宗的白话散文，第三期是五代的白话词，第四期是金元之际的白话小曲和白话杂剧，第五期是明清五百年白话小说。③ 胡适说："这五个时期的白话文学之中，最重要的是这五百年中的白话小说。这五百年之中，流行最广，势力最大，影响最深的书，并不是四书五经，也不是性理的语录，乃是那几部'言之无文行之最远'的《水浒》《三国》《西游》《红楼》。"④ 胡适把白话小说的传播，看作是"白话教员"，还结合国语运动说："中国国语的写定与传播两方面的大功臣，我们不能不公推这几部伟大的白话小说了。"⑤

胡适说："中国的国语早已写定了，又早已传播的很远了，又早已产生了许多第一流的活文学了——然而国语还不曾得全国的公认，国语的文学也还不曾得大家的公认：这是因为什么缘故呢？这里面有两个大原因：一

---

① 胡适：《读王国维先生的〈曲录〉》，载胡适著、季羡林主编：《胡适全集》第2卷，合肥：安徽教育出版社，2003年版，第856—857页。

② 胡适：《五十年来中国之文学》，载胡适著、季羡林主编：《胡适全集》第2卷，合肥：安徽教育出版社，2003年版，第326页。

③ 同②，第326—327页。

④ 同②，第327页。

⑤ 同②，第328页。

是科举没有废止，一是没有一种有意的国语主张。"① 对于第一个方面，可以说科举是古文学的制度基础，可以说"科举一日不废，古文的尊严一日不倒"，科举制"能使一般文人钻在那墨卷古文堆里过日子，永远不知道时文古文之外还有什么活的文学"。② 科举制废止以后，出现的有提倡白话报、白话书、官话字母、简字字母的"有意主张白话"的，但却还没有人"明明白白的主张白话文学"。直到 1916 年以来的文学革命运动，这一局面才发生改变，白话才成为"创造中国文学的唯一工具"。

宋代开始有白话小说的创作，元明以来白话小说才完全成立。直到《水浒传》《西游记》《三国演义》，白话小说才进入它的"成人时期"。在此之后，白话文学遂成了中国一种"绝大的势力"。这种文学突出了两层较大的功用：一是"使口语成为写定的文学；不然，白话决没有代替古文的可能"；二是"这种白话文学书通行东南各省，凡口语的白话及不到的地方，文学的白话都可侵入，所以这种方言的领土遂更扩大了。"③

胡适说："小说则明清之有名小说，皆白话也。近人之小说，其可以传后者，亦皆白话也。"④ 在胡适所认为的中国"第一流小说"中，"古惟《水浒》《西游》《儒林外史》《红楼梦》四部，今人惟李伯元、吴趼人两家，其他皆第二流以下耳。"⑤ 关于《水浒传》，胡适说："我想《水浒传》是一

————————

①　胡适：《五十年来中国之文学》，载胡适著、季羡林主编：《胡适全集》第 2 卷，合肥：安徽教育出版社，2003 年版，第 328 页。

②　同①，第 328 页。

③　胡适：《国语文法概论》，载胡适著、季羡林主编：《胡适全集》第 1 卷，合肥：安徽教育出版社，2003 年版，第 423 页。

④　胡适：《历史的文学观念论》，载胡适著、季羡林主编：《胡适全集》第 1 卷，合肥：安徽教育出版社，2003 年版，第 31 页。

⑤　胡适：《再寄陈独秀答钱玄同》，载胡适著、季羡林主编：《胡适全集》第 1 卷，合肥：安徽教育出版社，2003 年版，第 36—37 页。

部奇书，在中国文学史占的地位比《左传》《史记》还要重大的多；这部书很当得起一个阎若璩来替他做一番考证的工夫，很当得起一个王念孙来替他做一番训诂的工夫。"①胡适还用实验主义的考证方法研究《红楼梦》，1921 年写成《〈红楼梦〉考证》。他还为随后写成的俞平伯的《〈红楼梦〉辨》作序，提出"新红学"一词。胡适的"新红学"考证工作，是对索隐派旧红学的纠偏。他指出，"根据可靠的版本与可靠的材料，考定这书的著者究竟是谁，著者的事迹家世，著书的时代，这书有何种不同的本子，这些本子的来历如何，这些问题乃是《红楼梦》考证的正当范围"。胡适提出的"自叙传"说影响长远。但他把《红楼梦》考证成一部"平淡无奇的自然主义"作品，却显见与文学史实不符。

关于第一流小说的看法，钱玄同略有不同，他说："中国近五百年来第一流的文学作品，只有《水浒》《儒林外史》和《红楼梦》三部书。我常常希望有人将这三部书加上标点符号，分段分节，重印出来，以供研究文学者之阅读。"②所幸亚东图书馆编辑汪原放把这几部都标点分段，陆续印行了。汪原放此举，在中国图书编校史上无疑具有重大意义。胡适说："我的朋友汪原放用新式标点符号把《水浒传》重新点读一遍，由上海亚东图书馆排印出版，这是用新标点来翻印旧书的第一次。我可以预料汪君这部书，将来一定要成为新式标点符号的实用教本，他在教育上的效能，一定比教育部颁行的新式标点符号原案还要大得多。汪君对此书的校读的细心，费的工夫之多，这都是我深知道并且深佩服的。"③陈独秀说："亚东图书馆

---

① 胡适：《〈水浒传〉考证》，载胡适著、季羡林主编：《胡适全集》第 1 卷，合肥：安徽教育出版社，2003 年版，第 480 页。

② 钱玄同：《〈儒林外史〉新叙》，载钱玄同著：《钱玄同文集》第 1 卷，北京：中国人民大学出版社，1999 年版，第 387 页。

③ 同①，第 474 页。

将新式标点加在《水浒传》上翻印出来，我以为这种办法很好，爱读《水浒传》的人必因此加多。"①就连鲁迅也不无表扬之意，他于1924年撰文说："汪原放君已经成了古人了，他的标点和校正小说，虽然不免小谬误，但大体是有功于作者和读者的。"②

钱玄同的《〈儒林外史〉新叙》写于1920年10月。早在1919年初，他便竭力肯定白话文学的成绩，还鼓励《新青年》同人说："至于白话文学，自从《新青年》提倡以来，还没有见到多大的效果，这自然是实情。但我以为可以不必悲观，多大的效果虽没有见到，但小小的感动，也不能说绝无。就使绝无丝毫影响，我们还是要竭力进行。我们但本于自己所已见到的真理，尽力鼓吹，尽力建设，用'愚公移山'的方法去做，必有达到目的之一日。不要自馁！不要灰心！"③

## 第二节　国学重建

近代中国在文化思想史发生的重大运动，便是在古今、中西、新旧、有用无用等多层面的学术论争中所觉醒的那股强劲的国学意识。近代知识人在"国故"反省、"国粹"批判中，也推进了"国学"的重建思潮。

---

① 陈独秀：《〈水浒传〉新叙》，写于民国九年七月七日，原载亚东图书馆1920年版《水浒传》卷首。
② 鲁迅：《望勿"纠正"》，载王世家、止庵编：《鲁迅著译编年全集》第5卷，北京：人民出版社，2009年版，第153页。
③ 钱玄同：《文学革命与文法》，载钱玄同著：《钱玄同文集》第1卷，北京：中国人民大学出版社，1999年版，第326页。

## 一、"国故"反省：从"荆棘"中走出

王国维说："国家与学术为存亡。"[①] 他说："凡一国之立于天地，必有其所以立之特质，欲自善其国者，不可不于此特质焉，淬厉之而增长之。"[②] 通过弘扬本国文明，以便"唤起同胞之爱国心"。可以说，文化反省是"觉醒年代"的一大主题。西方强势文明的进攻，一方面使科学获得"无上尊严的地位"，得到了"全国一致的崇信"[③]；另一方面也"逼"出中华民族先进分子的文化自觉与民族自救的自觉意识和行动。

在这一自我觉识的过程中，近代知识人的文化谱系中形成了独特的"观念丛"，产生了明确的国学自觉意识，在析论"国故"与"国粹"方面提出更多的洞见。

### （一）"国故"及其两重意涵

"国故"本是章太炎发明的语词。胡适说："自从章太炎著了一本《国故论衡》之后，这'国故'底名词于是成立。"[④] 章太炎《国故论衡》一书，书名既已用"国故"，内容分论小学、文学与诸子学三部分。从中可知，他的"国故"意涵主要有二：一指中国之旧学；二指中国之掌故，即中国

---

① 王国维：《沈乙庵先生七十寿序》，参谢维扬、房鑫亮主编，谢维扬、庄辉明、黄爱梅分卷主编：《王国维全集》第 8 卷，杭州：浙江教育出版社，2009 年版，第 620 页。
② 梁启超：《论中国学术思想变迁之大势》，载梁启超著，汤志钧、汤仁泽编：《梁启超全集》第 3 集，北京：中国人民大学出版社，2018 年版，第 17 页。
③ 胡适：《〈科学与人生观〉序》，载胡适著、季羡林主编：《胡适全集》第 2 卷，合肥：安徽教育出版社，2003 年版，第 196 页。
④ 胡适：《"研究国故"的方法》，载胡适著、季羡林主编：《胡适全集》第 13 卷，合肥：安徽教育出版社，2003 年版，第 44 页。

之文献。

从语词语义分析角度看，"国故"本是个价值中立的语词，比单纯叫"国粹""国华"好。胡适说："'国故'二字为章太炎先生创出来的，比国粹、国华……等名词要好得多，因为他没有含得有褒贬的意义。"① 所以，他将"国故"译为 National past，以为是个"中立的"名词。

但是，"国故"一词，自有其缺点，因为它"只能够代表研究的对象，而不能代表研究这种对象的学问，因此大家又想起用国故学的名称来代替它，最后又简化而称为国学"②；而且，还容易发生另外一些混乱，"如果讲是'国粹'，就有人讲是'国渣'。我们要明了现社会底情况，就得去研究国故。古人讲，知道过去才能知道现在"③。胡适以为，有许多人高谈"保存国粹"，实际上并不懂得国粹是什么。他指出道："林琴南先生做文章论古文之不当废，他说，'吾知其理而不能言其所以然！'现在许多国粹党，有几个不是这样糊涂懵懂的？这种人如何配谈国粹？若要知道什么是国粹，什么是国渣，先须要用评判的态度，科学的精神，去做一番整理国故的工夫。"④ 钱玄同也说："我以为'国故'这样东西，当他人类学地质学之类研究研究，也是好的，而且亦是应该研究的；不过像《读书小记》一类的研究，简直可以批他两个字曰 Fang p'ee。（因为他不是研究，是崇拜。）我近来对于什么也不排斥，（因为我自己太无学问也。）惟对于'崇拜国故者'，则认为毫无思想与知识之可言。虽著作等身，一言以蔽之曰 P'ee

---

① 胡适：《再谈谈"整理国故"》，载胡适著、季羡林主编：《胡适全集》第 13 卷，合肥：安徽教育出版社，2003 年版，第 47 页。

② 曹伯韩：《国学常识》，北京：生活·读书·新知三联书店，2002 年 12 月版，第 2 页。

③ 胡适：《"研究国故"的方法》，载胡适著、季羡林主编：《胡适全集》第 13 卷，合肥：安徽教育出版社，2003 年版，第 44 页。

④ 胡适：《新思潮的意义》，载胡适著、季羡林主编：《胡适全集》第 1 卷，合肥：安徽教育出版社，2003 年版，第 699 页。

Hwa 而已。"①

1919 年初，北大学生傅斯年、罗家伦等人创办《新潮》。几乎同时，黄侃、刘师培等人在刘师培宅内成立国故社，并于 3 月创办了《国故》月刊，刊发文言文章，不用新式标点。两刊一"新"一旧，虽然办刊旨趣相异，但却有"新故相资"之效。毛子水在《新潮》发表文章，认为"国故就是中国古代的学术思想和中国民族过去的历史"；他还批评那些近来研究国故的人，"多不知道国故的性质，亦没有科学的精神"，他们的国故研究，不过是抱残守缺，"不仅不能够发扬国光，反而是发扬国丑"。②《国故》月刊随即刊登张煊的驳论文章《驳〈新潮〉〈国故和科学的精神〉篇》③，毛子水接着对此文进行了逐一反驳④。胡适撰《论国故学答毛子》，批评张煊研究国故是为了适应时势需要的见解，是完全不懂得国故学性质的古人通经治世的梦想；同时批评毛子水也有太偏之处，对待国故应当抛开狭隘的功利之见，应该追求为真理而求真理的态度。

虽然由于各种原因《国故》仅出版四期，但是通过谈"新"论"故"，《国故》同《新潮》一起，在将"国故"的相关问题不断引向深入方面做了不少基础性工作。国故的内涵，逐渐一致。像吴文祺说："中国过去的一切文化历史，便是中国的国故。"⑤便是这一共识的代表。

胡适提倡"再造文明"的国故运动，在学界引发的主要成果，是古史

---

① 钱玄同：《致周作人》，载钱玄同著：《钱玄同文集》第 1 卷，北京：中国人民大学出版社，1999 年版，第 28 页。

② 毛子水：《国故和科学的精神》，《新潮》第 1 卷第 5 号，1919 年 5 月。

③ 张煊：《驳〈新潮〉〈国故和科学的精神〉篇》，《国故》第 3 期，1919 年 5 月。

④ 毛子水：《〈驳《新潮》《国故和科学的精神》篇〉订误》，《新潮》第 2 卷第 1 号，1919 年 10 月。

⑤ 吴文祺：《重新估定国故学之价值》，载许啸天编辑：《国故学讨论集》第 1 集，群学社，1927 年版，上海：上海书店，1991 年影印版，第 35 页。

辨伪，后来被顾颉刚汇辑为《古史辨》。古史辨伪，引起了疑古风潮。一方面，疑古在精神旨趣上，有反封建文化的积极意义；另一方面，疑古辨伪又引出新的问题，在民族精神认同上起到了某些解构效果，甚至导向历史虚无主义的歧途。

在古书与古史的辨伪中，胡适否定了《诗经》以外的古文献。顾颉刚提出古史研究的"层累地造成的古史"观，以为尧、舜、禹等人的传说和历史不过是西周以后的人"层累"地讲故事式的虚构。根据他的研究，"禹或是九鼎上铸的一种动物"，禹"大约是蜥蜴之类"的一条爬虫，"当时铸鼎象物，奇怪的形状一定很多，禹是鼎上动物的最有力者；或者有敷土的样子，所以就算他是开天辟地的人"。① 顾颉刚说："照我们现在的观察，东周以上只好说无史。现在所谓很灿烂的古史，所谓很有荣誉的四千年的历史，自三皇以至夏商，整整齐齐的统系和年岁，精密的考来，都是伪书的结晶。"②

钱玄同拜在章太炎门下，由章太炎介绍加入同盟会。他后来回顾说："我那时的思想，比太炎还要顽固得多呢。我以为保存国粹的目的，不但要光复旧物；光复之功告成以后，当将满清底制度仪义一一推翻而复于古。不仅复于明，且将复于汉唐；不仅复于汉唐，且将复于三代。总而言之，一切文物制度，凡非汉族的都是要不得的。凡是汉族的都是好的，非与政权同时恢复不可；而同是汉族的之中，则愈古愈好。"③ 他充满了"疑古"精

---

① 顾颉刚：《与钱玄同先生论古史书》，载顾颉刚等：《古史辨》第 1 册，上海：上海古籍出版社，1982 年版，第 63 页。

② 顾颉刚：《自述整理中国历史意见书》，载顾颉刚等：《古史辨》第 1 册，上海：上海古籍出版社，1982 年版，第 35 页。

③ 钱玄同：《三十年来我对于满清的态度的变迁》，《语丝》第 8 期，1925 年 1 月 5 日；载钱玄同著：《钱玄同文集》第 2 卷，北京：中国人民大学出版社，1999 年版，第 113—114 页。

神，中年取刘知幾《史通》中的篇名"疑古"作自己的号；给人题字也偶用"疑古玄同"，连名片上都印着"疑古玄同"。钱玄同说："一九二一年，曾经请我的朋友'何庚'先生用龟甲文字体给我刻过一个左'疑'右'古'的图章。名字到了刻上图章，它大概就有长寿的希望，不仅作为新闻纸上投稿者的'临时名字'了。可是这五年之中，'疑古'这名字还只用于向新闻投稿之时。近来自己看了这个名字，愈觉得它好，非正式来用它一下子不可，所以现在就写作'疑古玄同'。"① "'疑古玄同'是写全了的正式名字。寻常书写，自可从简：或单称'玄同'；或单称'疑古'，有时也许要掉弄笔头，'疑古'改写音同的夷罟，逸栝，易古……；或单写音标作丨《ㄨ，Yiku……"② 他在给孙伏园的信中说自己"酷爱""疑古"之名，并表示"今后尚将大用特用"。③ 在钱玄同的视野中，所有的"经"都是具有史料价值的"国故"。

在鲁迅看来，如果认为"只要从来如此，便是宝贝"，那么就会不辨真伪、善恶、美丑，"即使无名肿毒，倘若生在中国人身上，也便'红肿之处，艳若桃花；溃烂之时，美如乳酪'。国粹所在，妙不可言"。④ 1924年1月，鲁迅在在北京师范大学附属中学校友会上的一次演讲中，指斥整理国故引导青年脱离"活学问"和"新艺术"。他说："自从新思潮来到中国以后，其实何尝有力，而一群老头子，还有少年，却已丧魂失魄的来讲国故了，他们说：'中国自有许多好东西，都不整理保存，倒去求新，正如

---

① 钱玄同：《废话——废话的废话》，载钱玄同著：《钱玄同文集》第2卷，北京：中国人民大学出版社，1999年版，第197页。

② 同①，第198页。

③ 钱玄同：《予亦名"疑古"》，载钱玄同著：《钱玄同文集》第2卷，北京：中国人民大学出版社，1999年版，第120页。

④ 鲁迅：《随感录三十九》，载王世家、止庵编：《鲁迅著译编年全集》第3卷，北京：人民出版社，2009年版，第120页。

放弃祖宗遗产一样不肖.'抬出祖宗来说法，那自然是极威严的，然而我总不信在旧马褂未曾洗净叠好之前，便不能做一件新马褂。就现状而言，做事本来还随各人的自便，老先生要整理国故，当然不妨去埋在南窗下读死书，至于青年，却自有他们的活学问和新艺术，各干各事，也还没有大妨害的，但若拿了这面旗子来号召，那就是要中国永远与世界隔绝了。倘以为大家非此不可，那更是荒谬绝伦！"①

当听说有外国人称中国人为"土人"时，鲁迅"当初颇不舒服，子细再想，现在也只好忍受了"。他分析说："土人一字，本来只说生在本地的人，没有什么恶意。后来因其所指，多系野蛮民族，所以加添了一种新意义，仿佛成了野蛮人的代名词。他们以此称中国人，原不免有侮辱的意思；但我们现在，却除承受这个名号以外，实是别无方法。因为这类是非，都凭事实，并非单用口舌可以争得的。"②他以中国社会发生的事为例，指出像吃人、劫掠、残杀、人身卖买、生殖器崇拜、灵学、一夫多妻之类，"凡有所谓国粹，没一件不与蛮人的文化（？）恰合"；拖大辫、吸鸦片正与土人的奇形怪状的编发及吃印度麻一样，缠足可算是"土人的装饰法"中"第一等的新发明"。③外国人中有两种可憎恶的观念：一种是"以中国人为劣种，只配悉照原来模样，因而故意称赞中国的旧物"，一种是"愿世间人各不相同以增自己旅行的兴趣"。④他们正是以"土"贱视中国和中国文明。

---

① 鲁迅：《未有天才之前——一九二四年一月十七日在北京师范大学附属中学校友会讲》，载王世家、止庵编：《鲁迅著译编年全集》第5卷，北京：人民出版社，2009年版，第438页。

② 鲁迅：《随感录四十二》，载王世家、止庵编：《鲁迅著译编年全集》第3卷，北京：人民出版社，2009年版，第128页。

③ 同②，第128页。

④ 鲁迅：《灯下漫笔》，载王世家、止庵编：《鲁迅著译编年全集》第6卷，北京：人民出版社，2009年版，第196页。

"所谓中国的文明者，其实不过是安排给阔人享用的人肉的筵宴。所谓中国者，其实不过是安排这人肉的筵宴的厨房。"① 中国的文明，"不但使外国人陶醉，也早使中国一切人们无不陶醉而且至于含笑。因为古代传来至今还在的许多差别，使人们各各分离，遂不能再感到别人的痛苦；并且因为自己各有奴使别人、吃掉别人的希望，便也就忘却自己同有被奴使、被吃掉的将来。于是大小无数的人肉的筵宴，即从有文明以来一直排到现在，人们就在这会场中吃人、被吃，以凶人的愚妄的欢呼，将悲惨的弱者的呼号遮掩，更不消说女人和小儿"，还应看到，"这人肉的筵宴现在还排着，有许多人还想一直排下去。扫荡这些食人者，掀掉这筵席，毁坏这厨房，则是现在的青年的使命！"②

不仅从文明程度上看，中国文化之野蛮不下于土人文化；而且从文化心理看，中国人的"自大与好古"的特性也和土人相同。"中国十三经二十五史，正是酋长祭师们一心崇奉的治国平天下的谱，此后凡与土人有交涉的'西哲'，倘能人手一编，便助成了我们的'东学西渐'，很使土人高兴。"③

在鲁迅看来，中国古书害人处多，"汉文终当废去，盖人存则文必废，文存则人当亡，在此时代，已无幸存之道。但我辈以及孺子生当此时，须以若干精力牺牲于此，实为可惜"④。如果不能借重中国古文，那便要面向

---

① 鲁迅：《灯下漫笔》，载王世家、止庵编：《鲁迅著译编年全集》第6卷，北京：人民出版社，2009年版，第196页。

② 同①，第197页。

③ 鲁迅：《随感录四十二》，载王世家、止庵编：《鲁迅著译编年全集》第3卷，北京：人民出版社，2009年版，第128页。

④ 鲁迅：《致许寿裳》，载王世家、止庵编：《鲁迅著译编年全集》第3卷，北京：人民出版社，2009年版，第124页。

现代，做译述外国文献的工作，以及从事白话创作。

民族的闳放或拘忌，同民族的文化自信心的有无互为表里。鲁迅笔下，有将宋代同清末民初相比的情形，由此似可见"国粹气味"何以熏人的原因了。鲁迅说："宋的文艺，现在似的国粹气味就熏人。然而辽、金、元陆续进来了，这消息很耐寻味。汉唐虽然也有边患，但魄力究竟雄大，人民具有不至于为异族奴隶的自信心，或者竟毫未想到，凡取用外来事物的时候，就如将彼俘来一样，自由驱使，绝不介怀。一到衰弊陵夷之际，神经可就衰弱过敏了，每遇外国东西，便觉得仿佛彼来俘我一样，推拒，惶恐，退缩，逃避，抖成一团，又必想一篇道理来掩饰，而国粹遂成为屠王和屠奴的宝贝。"① 国势衰危，民多忌讳，终日战战兢兢，失去了先前的活力了。宋代之弱，不仅是文弱，一切皆弱。鲁迅反思道："不知道南宋比现今如何，但对外敌，却明明已经称臣，惟独在国内特多繁文缛节以及唠叨的碎话，正如倒霉人物，偏多忌讳一般，豁达闳大之风消歇净尽了。直到后来，都没有什么大变化。"② 鲁迅的主张是取下"国粹眼镜""放开度量"，大胆地吸收新文化。他说："但是要进步或不退步，总须时时自出新裁，至少也必取材异域，倘若各种顾忌，各种小心，各种唠叨，这么做即违了祖宗，那么做又像了夷狄，终生惴惴如在薄冰上，发抖尚且来不及，怎么会做出好东西来。所以事实上'今不如古'者，正因为有许多唠叨着'今不如古'的诸位先生们之故。现在情形还如此。倘再不放开度量，大胆地，无畏地，将新文化尽量地吸收，则杨光先似的向西洋主人沥陈中夏的精神文明的时候，大概是不劳久待的罢。"③

---

① 鲁迅：《看镜有感》，载王世家、止庵编：《鲁迅著译编年全集》第6卷，北京：人民出版社，2009年版，第48页。

② 同①，第49页。

③ 同①，第50页。

在鲁迅看来，以"整理国故"为号召，以保存国粹自居，往往会滑向保守。没有能力迎接"新思潮"，却"丧魂失魄的来讲国故"，不"求新"却去"整理保存"那些"中国自有"的尚未加辨别的东西，如果各遵其愿还好，如果拿了保存"国故"的"这面旗子"来号召，"那就是要中国永远与世界隔绝了"。①如果同世界潮流隔绝，排斥外来思想、异域情调，"眼光囚在一国里"，"排斥异流，抬上国粹"，便永远产生不了天才，出不了真正的创作。②

（二）从"国故"到"国故学"

国故认识的深入，促进国故研究的系统化。随着胡适"整理国故"的新主张出台，一大批成果也推出来了。许啸天将部分成果，编辑成《国故学讨论集》三大册，由群学社于1927年初出版。1991年，上海书店将其作为"民国丛书"第三编之一影印出版。

许啸天在《国故学讨论集新序》中交代了"国故学"语词的来源。他说："这'国故学'三个字，还算是近来比较的头脑清晰的人所发明的；有的称'国学'，有的称'旧学'，有的称'国粹学'。在从前老辈嘴里常常标榜的什么'经史之学''文献之学''汉学''宋学'；那班穷秀才，也要自附风雅，把那烂调的时文诗赋，也硬派在'国粹学'的门下。种种名目，搜罗起来，便成了今日所谓的'国故学'。"③但"国学"是什么？"国故学"

---

① 鲁迅：《未有天才之前——一九二四年一月十七日在北京师范大学附属中学校友会讲》，载王世家、止庵编：《鲁迅著译编年全集》第5卷，北京：人民出版社，2009年版，第438页。

② 同①，第439页。

③ 许啸天编辑：《国故学讨论集新序》，上海：上海书店，1991年影印版，第3—4页。

是什么？仍然需要探究。他说：“‘国故学’三个字，是一个极不彻底、极无界线、极浪漫、极浑乱的假定名词；中国的有国故学，便足以证明中国人绝无学问，又足以证明中国人虽有学问而不能用。”[①]他认为，在中国，“莫说没有一种有统系的学问，可怜连那学问的名词也还不能成立！如今外面闹的什么国故学，国学，国粹学，这种不合逻辑的名词，还是等于没有名词。况且立国在世界上，谁没有一个国故？谁没有一个历史？便是谁没有一个所谓国故学？谁没有一个所谓经史之学？这国故经史，是不是算一种学问？……在我的见解，所谓学问者，须具有两种条件：一种，是有统系有理知的方法；一种，是拿这个方法可以实现在人生，或是解决人生的困难，或是增加人生的幸福。”[②]反观科学界，天文、地理、数、理、化、力等，再到哲学、文学等学问，都各有其独立的名词、都具有这两大学术条件的效用。然而，“从没像中国这样笼统而无方法的国故学，可以在学术界上独立一科的。倘然国故可以成功一种学术，那全地球上的各国，每一国都有他自己的国故；为什么却不听得有英国故学，德国故学的名称传说呢？所以国故实在算不得是一种学问。我们中国的有国故学三字发见，正是宣告我们中国学术界程度的浅薄，知识的破产，而是一个毫无学问的国家。”[③]每一国都有自己的“国故”作为旧有的文化传统或文明类型，有“国故”不足以形成对中国固有学术进行诟病的理由，只有研究“国故”的某些“国故学”，自有其局限。

当然，许啸天主要辨析的是“国故学”能不能作为一种有效用的学问的名称。他还说：“翻过来说，中国的国故学，何尝不是学问？中国的国故

---

① 许啸天编辑：《国故学讨论集新序》，上海：上海书店，1991 年影印版，第 3 页。

② 同①，第 5 页。

③ 同①，第 6 页。

学，不但是中国的真学问，而且是全世界的真学问。"①像六经子史中，被视为哲学、文学的府库，里面就有最深、最高、最丰富的科学。他所说的国故学不是学问，是说"国故学不能成功一种学问的名词"②。其实，国故里面"自有他的真学问在"。梁启超说："生此国，为此民，享此学术思想之恩泽，则歌之舞之，发挥之光大之，继长而增高之，吾辈之责也。"③不仅如此，对于"博大而深赜"的中国学术思想与"灿烂而蓬勃"的外国学术思想，都当"一一撷其实，咀其华，融会而贯通焉④。如果后代学者"肯用一番苦功，加以整理，把一个囫囵的国故学，什么政治学、政治史、社会学、社会史、文学、文学史、哲学、哲学史，以及一切工业农业数理格物，一样一样的整理出来，再一样一样的归并在全世界的学术界里，把这虚无缥渺学术界上大耻辱的国故学名词取销"，这样一来，"不但中国的学术界上平添了无限的光荣，而且在全世界的学术上一定可以平添无上的助力"。⑤

马承堃在《国学撷谭》的序中指出："文以载道，非道无以化成。学为国华，非华无以见质。"⑥在许啸天看来，"国故"就如同一个有待整理的原料宝库。他说："那国故，是各种物质的原料；科学，是从国故原料里提出成分来制成的器皿。"⑦从前没能做好整理工夫，那真是中国学者的一种罪

---

① 许啸天编辑：《国故学讨论集新序》，上海：上海书店，1991 年影印版，第 6 页。

② 同①，第 7 页。

③ 梁启超：《论中国学术思想变迁之大势》，载梁启超著，汤志钧、汤仁泽编：《梁启超全集》第 3 集，北京：中国人民大学出版社，2018 年版，第 16 页。

④ 同③。

⑤ 同①，第 7 页。

⑥ 马承堃：《国学撷谭》，载《学衡》第 1 期，1922 年 1 月。按，标点由引者所加。另，凡所引文，大都类此，不另出注。

⑦ 同①，第 8 页。

过。中国学者不能自甘于如此窘局，希望能"将中国的学术扶持出来，和世界的学术见面，非但见面，还要和世界的学术合并，使中国老前辈留下丰富而伟大的学术，使世界学术界得到一种伟大的帮助"①。要下大工夫，努力将原有学术进行"精当而统系"的整理，并使其能"适于人生实用"。他编辑的《国故学讨论集》，虽算不上在学术上的讨论，但是却有利于澄清国故学的门类，这是扶持国故学、"从旧的国故学里面研究发明出新的科学"的第一步。②

国故需要整理，但当"整理国故"成为一种"运动"时，它便有走向非学术、反学术的危险了。郭沫若也以为"国学研究"的工作不应该招摇，"国学研究家就其性近力能而研究国学，这是他自己的分内事"，"但他却不能大锣大鼓四处宣传：'你们快来学我！快来学我！'"好像研究国学是人生中和社会上唯一的要事，孰不知这正是超越了本份，扰乱了别人，"国学运动才在抬头，便不得不招人厌弃，实在是运动者咎由自取"。③

对于"整理国故运动"，郭沫若评价说："大凡一种提倡，成为了群众意识之后，每每有石玉杂糅，珠目淆混的倾向。整理国故的流风，近来也几乎成为了一个时代的共同色彩了"④。这决不是值得庆贺的现象。陈源也是怪他们太吵，他说："研究国故的人整日的摇旗呐喊，金鼓震天，吵得我们这种无辜的人不能安居乐业，叫人不得不干涉"⑤。

---

①　许啸天编辑：《国故学讨论集新序》，上海：上海书店，1991 年影印版，第 9 页。

②　同①，第 10 页。

③　郭沫若：《整理国故的评价》，原载《创造周刊》第 36 号，1924 年 1 月 13 日，现参郭沫若著作编辑出版委员会编《郭沫若全集》"文学编"第 15 卷，北京：人民文学出版社，1990 年版，第 160 页。

④　同③，第 159 页。

⑤　陈源：《西滢跋语》，《胡适文存》3 集卷 2，上海：上海亚东图书馆，1930 年版，第 214—215 页。

## 二、"国学"质疑与释疑

1907 年，王国维在《教育小言十三则》中即指出分科普遍存在的现实："今之世界，分业之世界也，一切学问，一切职事，无往而不需要特别之技能、特别之教育，一习其事，终身以之，治一学者之不能使治他学，任一职者之不能使任他职。"① 这便牵涉到一个重大问题："国学"如何面对现代的学术分科体系？

胡适说："近年以来，'整理国故'的喊声居然成了一种时髦的倾向。但'整理'一个名词的意义似乎还不曾得着充分的了解。穿凿傅会，算不得整理；武断的褒贬，也算不得整理。'整理'是要从乱七八糟里面找出一个条理头绪来；从昏乱糊涂里面找一个明确意义来；从盲从和武断里面找出一个正确评判来。这三条路之中，第一条路最难下手，却正是下手的工夫；最没有趣味，却又是一切趣味的钥匙；最粗浅讨人厌，却又是一切高深学问的门径阶级。这种工作完全是'为人'的工作，是大慈大悲救苦救难的工作。做的人吃了千辛万苦，只要别人从此以后永永不用再吃同样的苦了。所以做这种工作的人，无论他们的成绩如何，都是学问界的恩人；我们都应该感谢他们，敬爱他们。"② 他认为，国故整理的材料很多，其中"最难做却又最不可不做"的是中国字的整理，对中国字进行分类与排列。"本来没有条理的，我们却要去寻出条理来；本来没有系统的，我们却要去造出系统来：所以中国字的整理是一件最难的事。然而这件事业却又是不

---

① 王国维：《教育小言十三则》，参谢维扬、房鑫亮主编，胡逢祥分卷主编：《王国维全集》第 14 卷，杭州：浙江教育出版社，2009 年版，第 102 页。

② 胡适：《〈四角号码检字法〉序》，载胡适著、季羡林主编：《胡适全集》第 3 卷，合肥：安徽教育出版社，2003 年版，第 847 页。

可不做的事。"①

陈独秀以为，"学术为吾人类公有之利器，无古今中外之别"，学术的可贵，在于它能"牖吾德慧，厚吾生；文明之别于野蛮，人类之别于其他动物"②。然而，国粹论者不明白学术的旨趣。陈独秀说："吾人之于学术，只当论其是不是，不当论其古不古；只当论其粹不粹，不当论其国不国；以其无中外古今之别也。"③ 可见，他反对国学的提法，认为学问无国界，若奢谈国学，便有复古保守之嫌。所以他说："彼盲目之国粹论者，守缺抱残，往往国而不粹，以沙为金，岂不更可悯乎？"④ 他提出谈学术的"三戒"，分别是"勿尊圣""勿尊古""勿尊国"。⑤ 他将国粹论者分为三派：

第一派以为欧洲夷学，不及中国圣人之道；此派人最昏瞶不可以理喻。第二派以为欧学诚美矣，吾中国固有之学术，首当尊习，不必舍己而从人也。不知中国学术差足观者，惟文史美术而已；此为各国私有之学术，非人类公有之文明；即此亦必取长于欧人，以史不明进化之因果，文不合语言之自然，音乐绘画雕刻，皆极简单；其他益智厚生之各种学术，欧洲人之进步，一日千里，吾人捷足追之，犹恐不及，奈何自画？第三派以为欧人之学，吾中国皆有之。《格致古微》时代之老维新党无论矣，即今之闻人，大学教授，亦每喜以经传比附科学，图博其学贯中西之虚誉；此种人即著书满家，亦与世界学术，

① 胡适：《〈四角号码检字法〉序》，载胡适著、季羡林主编：《胡适全集》第3卷，合肥：安徽教育出版社，2003年版，第849页。
② 陈独秀：《学术与国粹》，载《独秀文存》卷2，上海：上海书店，1989年版，第52页。
③ 同②，第52页。
④ 同②，第52页。
⑤ 同②，第53页。

无所增益；反不若抱残守缺之国粹家，使中国私有之文史及伦理学说，在世界学术史上得存其相当之价值也。①

那些"以经传比附科学"之人，常常妄言中国古已有之。他们以《大学》"生众，食寡，为疾，用舒"为孔门经济学，那是不懂近世经济学说的妄人之语。

胡适的释疑方法是"扩充国学的领域"，用拿"历史的眼光"来"整统"过去三四千年的一切文化，辨析其"粹"与"渣"的不同，从而打破一切狭陋的"门户成见"。

为推进国故学，1922年5月胡适创办《读书杂志》，1923年1月创办《国学季刊》。胡适说："'国学'在我们的心眼里，只是'国故学'的缩写。中国的一切过去的文化历史，都是我们的'国故'；研究这一切过去的历史文化的学问，就是'国故学'，省称为'国学'。'国故'这个名词，最为妥当；因为他是一个中立的名词，不含褒贬的意义。"②通过整理国故，重估古文化的价值，解放人心。整理国故事业刚开始，国故学者的工作是要去"用点真工夫，充分采用科学方法，把那几千年的烂账算清楚了，报告出来，叫人们知道儒是什么，墨是什么，道家与道教是什么，释迦达摩又是什么，理学是什么，骈文律诗是什么，那时候才是'最后的一刀'收效的日子"③。当前的工作，还需要输入新知识与新思想同"打鬼"双管齐下。但与输入

---

① 陈独秀：《学术与国粹》，载《独秀文存》卷2，上海：上海书店，1989年版，第53—54页。

② 胡适：《〈国学季刊〉发刊宣言》，载胡适著、季羡林主编：《胡适全集》第2卷，合肥：安徽教育出版社，2003年版，第7页。

③ 胡适：《整理国故与打鬼——给浩徐先生信》，载胡适著、季羡林主编：《胡适全集》第3卷，合肥：安徽教育出版社，2003年版，第146页。

新知识与新思想相比，当前"打鬼"更是要紧。因为"烂纸堆"里有无数能吃人、迷人、害人的"老鬼"，整理国故的目的与功用就是要算清千年的"烂账"，打去附着于其上的魅影。整理国故的结果，可用"打鬼"和"捉妖"来形容："据款结案，即是'打鬼'。打出原形，即是'捉妖'。"具体而言，便是要"用精密的方法，考出古文化的真相；用明白晓畅的文字报告出来，叫有眼的都可以看见，有脑筋的都可以明白。这是化黑暗为光明，化神奇为臭腐，化玄妙为平常，化神圣为凡庸：这才是'重新估定一切价值'。它的功用可以解放人心，可以保护人们不受鬼怪迷惑。"①

为了造就国语的文学，可以先参读国语读本。胡适等人看中的是《水浒传》等几部白话小说。钱玄同说："据我看来，这部《儒林外史》虽然是一百七八十年前的人做的，但是他的文学手段很高，他的国语又做得很好，这中国的国语到了如今还没有什么变更，那么，现在的青年学生大可把他当做国语读本之一种看了。"②把《儒林外史》当作国语读本用，与当时人们做的国语诗、国语小说和国语论文同等看待，但并不意味着只能"一味将他们来句摹字拟"，以为他们没有用过的词句就是不可用了。钱玄同指出，"从《儒林外史》出世以来，国语的文学虽然成立，但是到了现在，他的内容还很贫乏。那丰富的新国语还在将来，负制造这丰富的新国语之责任者就是我们。我们都应该努力才是！"③

曹聚仁在分疏 1920 年代的国故学的时候，曾把北大国学门和无锡与上海的国学专修馆区以别之，他写道："'国学'之为物，名虽为一，实

---

① 胡适：《整理国故与打鬼——给浩徐先生信》，载胡适著、季羡林主编：《胡适全集》第 3 卷，合肥：安徽教育出版社，2003 年版，第 147 页。

② 钱玄同：《〈儒林外史〉新叙》，载钱玄同著：《钱玄同文集》第 1 卷，北京：中国人民大学出版社，1999 年版，第 394 页。

③ 同②，第 394—395 页。

则为三。北京国学研究所之'国学'，'赛先生'之'国学'也。无锡之国学专修馆，冬烘先生之'国学'也。上海之国学专修馆，神怪先生之'国学'也。三者在理决无合作之余地，吾辈'认明商标，庶不致误'。"[1] 国故与中国学术史不能等同，国故到五四运动便到了终点，但国故学却亟待研究。

1929 年，何炳松发表《论所谓"国学"》，号召："中国人一致起来推翻乌烟瘴气的国学！"反对的理由：一是"国学"两字来历不明，二是"国学"二字意义广泛模糊、界限不清，三是违反现代科学的分析精神，四是对待本国学术的态度一团糟。何炳松说："何以世界上并没有什么德国学、法国学、美国学、英国学和日本学？而我们中国独有所谓'国学'？⋯⋯我觉得近来国人对于'国学'一个名词，或者误会他的意思，或者利用他的名义，来做许多腐化的事情。我以为如此下去，不但我国学术有永远陆沉无法整理的危险，而且由'国学'两个字生出的流弊层出不穷，将来一定要使得我国的文化永在混乱无望故步自封的境界里面。"[2]

1926 年秋，钱穆开始编著国学概论讲义，1931 年出版，是为《国学概论》。在《国学概论》的弁言中，钱穆就怀疑"国学"是否成立。他说："学术本无国界。'国学'一名，前既无承，将来亦恐不立。特为一时代的名词。其范围所及，何者应列国学，何者则否，实难判别。"[3] 他自己的做法，是袭采梁启超《清代学术概论》大意，对每一时代思想主要潮流，进行分期

---

① 曹聚仁：《春雷初动中之国故学》，原载许啸天编：《国故学讨论集》第 1 集，上海：上海书店，1991 年影印版，第 85 页。

② 何炳松：《论所谓"国学"》，原载《小说月报》第 20 卷第 1 号，1929 年。可参胡道静编：《国学大师论国学》上卷，上海：东方出版中心 1998 年版。

③ 钱穆：《〈国学概论〉弁言》，载钱宾四先生全集编委会整理：《钱宾四先生全集》，前附第 3 页。

叙述。他说自己的用意，在于"使学者得识二三千年来本国学术思想界流转变迁之大势，以培养其适应启新的机运之能力"①。对于时贤"以经、史、子、集编论国学"的做法，如章太炎《国学概论》讲演之例，因其"亦难赅备，并与本书旨趣不合"，他是不能采纳的。②

傅斯年同样不以"国学"为然，指为"不祥"之词，因为"某某学"一般是研究死亡了的民族或国家的，现在中国及中华民族仍然健在，却自称"国学"研究，不免晦气。傅斯年还说："要想做科学的研究，只得用同一的方法；所以这学问断不以国别成逻辑的分别，不过是因地域的方便成分工"。换言之，研究中国的历史，就是历史研究的学问；研究中国的文学，就是文学研究的学问；研究中国哲学的学问，就是哲学研究的学问，何必弄个"国学"的名号来将它们笼而统之，画地为牢？

抗战时期，国家处于危难之中，马一浮不得已而应浙江大学校长竺可桢之邀，先后在江西泰和、广西宜山开办国学讲座，阐扬"六艺之学"。《泰和宜山会语》一书，就是他在两地讲论国学的结晶。因为所立之名叫"国学讲座"，所以讲论伊始，马一浮便先对国学的概念作了诠释。他说："国学这个名词，如今国人已使用惯了，其实不甚适当。照旧时用国学为名者，即是国立大学之称。今人以吾国固有的学术名为国学，意思是别于外国学术之谓。此名为依他起，严格说来，本不可用。今为随顺时人语，故暂不改立名目。然即依固有学术为解，所含之义亦太觉广汎笼统，使人闻之，不知所指为何种学术。"③然而，马一浮主张用六

---

①　钱穆：《〈国学概论〉弁言》，载钱宾四先生全集编委会整理：《钱宾四先生全集》，前附第 3 页。

②　同①。

③　马一浮著、虞万里校点：《马一浮集》第 1 册，杭州：浙江古籍出版社、浙江教育出版社，1996 年版，第 9 页。

艺概括一切学术，也说过："国学者，即是六艺之学。"总之，在 1930 年代之后，"国学"成为一个不必要的名，并渐渐退出此前的闹热之局。正如罗志田指出的，随着"国粹学派的基本退出整理国故倡导者的态度转变……从保存国粹到整理国故这一演化进程竟然以不承认国学是'学'为结果"，"'国学'一名终于不立，不得不在反对声中逐渐淡出思想和学术的主流"。

1949 年后很长一段时间内，"国学"更从边缘走向湮灭。中国的学术文化曾以马克思、恩格斯的《共产党宣言》中的两个"决裂"为指导，而有所谓"共产主义革命就是同传统的所有制关系实行最彻底的决裂；毫不奇怪它在自己的发展进程中要同传统的观念实行最彻底的决裂"。在哲学研究中，强调唯物主义与唯心主义的斗争，历史研究中则提出"以论代史"、以"历史唯物主义"为原则，文学创作与研究中则坚持党性原则。在这种情形下，"国学"似乎已没有任何死灰复燃的机会了。

# 本章小结

直到新中国成立半个世纪后，情形开始大变，经济上起步的中国开始文化上的新一轮"觉醒"。

1990 年底，"国学丛书"第一批由辽宁教育出版社出版，张岱年任主编。1999 年，该丛书出齐 20 本，包括张岱年等的《国学今论》、申小龙的《语文的阐释》、钱逊的《先秦儒学》、钟肇鹏的《谶纬论略》、孔繁的《魏晋玄学》、陈来的《宋明理学》、江晓原的《天学真原》、廖育群的《岐黄医道》、朱越利的《道经总论》、詹鄞鑫的《汉字说略》、赵中伟的《易经图书大观》、史美珩的《古典兵略》、张善文的《象数与义理》。张岱年亲撰丛书序言，他希望中国学术研究，能激进国人爱国热情，能对世界文化发展做出新的贡献。他说："国学是中国学术的简称……包括哲学、经学、文学、史学、政治学、军事学、自然科学以及宗教、艺术等等。其中自然科学有天文、算学、地理、农学、水利、医学等，其中最发达的是医学，这些都是国学的内容。"① "国学"之无所不包，大约自此时起。

该序言后以《以分析的态度研究中国学术》为题，发表在 1991 年 5 月 5 日的《光明日报》上。古语云："国有与立。"他说："我们中国必有其足以立国的思想基础。这立国的思想基础即是中国传统学术中的精湛思想。"② 还说："学术研究的最重要的任务是开拓认识真理的道路，揭示六月份尚未发现的真理。要将自古以来中国学术的优秀成果昭告国人，藉以启发热爱祖国的崇高感情。"③ 陈来回忆说："张先生为主编的'国学丛书'出版后，国内一系列以'国学'命名的出版物接连出现，1993 年《人民日报》针对当时商品经济大潮对学术的冲击，也报道了北大学者从事国学研究的情况。"④

1993 年"国学热"兴起。5 月，北京大学中国传统文化研究中心编辑出版了学术年刊《国学研究》第 1 卷，有当年北京大学《国学季刊》在新时代复刊的象征意义。稍后，《人民日报》《光明日报》、中央电视台等中央级党媒都做了关于"国学热"的专题报道。8 月 3 日，《人民日报》刊发《国学，在燕园悄然兴起》，用整版介绍了北京大学的传统文化研究成果。在编者按语中，明确了"国学"的内涵："在社会上商品经济大潮的拍击声

---

① 张岱年著：《〈国学今论〉序》，载张岱年等：《国学今论》，沈阳：辽宁教育出版社，1991 年版，序言部分。

② 同 ①。

③ 同 ①。

④ 陈来：《恺悌君子，教之诲之》，《文史知识》，2005 年第 2、3 期。

中，北京大学一批学者在孜孜不倦研究中国传统文化，即'国学'。他们认为研究国学、弘扬中华民族优秀传统文化，是社会主义精神文明建设的一项基础性工作。北京大学学者以马克思主义为指导，继承北大好传统，使国学研究进入了一个新阶段，开辟了不少新的研究领域。国学的再一次兴起，是新时期文化繁荣的一个标志，并呼唤着新一代国学大师的产生。"8 月 18 日《人民日报》将国学推向头版"今日谈"栏目，一篇《久违了，"国学"》的署名文章，将现代知识人心底的国学"情结"唤醒了。文章赞扬了北大国学研究的成绩，提倡"板凳要坐十年冷"的学术精神。11 月 14 日，中央电视台《东方时空》"焦点时刻"以《国学热的启示》为题，对"国学热"进行了总结性介绍。1993 年年底，北京大学制作了《中国文化讲座》系列节目，北大学生社团联合发起组织了"国学月"活动。1994 年，李岚清副总理针对北大"国学热"发言说，弘扬中国优秀传统文化，是社会主义精神文明建设的一项急迫任务。此后，"国学"渐成显学。

1998 年，胡道静主编《国学大师论国学》，从国学通论、哲学与文化、史学（含地理）、文学艺术、汉语汉字、古籍整理六大类，对 20 世纪国学大师、名家的国学研究成果予以选录。①

2002 年，中华书局出版了一套 12 册《国学入门丛书》，包括来新夏的《古典目录学浅说》、杨树达的《古书句读释例》、李学勤的《古文字学初阶》、章太炎的《国学概论》与《金石丛话》、朱自清的《经典常谈》、文史知识编辑部的《经书浅谈》、王树民的《史部要籍解题》、陈垣的《校勘学释例》与《史讳举例》、王国维的《校注人间词话》、刘叶秋的《中国字典史略》。

2004 年 10 月，《国学启蒙经典系列读本》第一辑四种、十六种出版。

---

① 胡道静主编：《〈国学大师论国学〉序》，上海：东方出版中心，1998 年 4 月版。

2005 年被媒体称为"国学年"。这一年，中国人民大学组建了国学院，中国社会科学院成立儒教研究中心，北京大学举办"乾元国学教室"。与此同时，"全球联合祭孔"活动由政府主办，"读经运动"掀起波澜，民间也有不少"私塾"出现。2005 年，推出《国学备览》，共经、史、子、集、蒙五大部分八十一部经典。同年 7 月，推出《国学宝典》，收入典籍情况为：经部二十部、史部七十部、子部一百四十部、集部五十部。

21 世纪初，汤一介先生主编"国学举要"丛书，由湖北教育出版社出版。丛书由八卷本组成，包括儒、道、佛、文、史、艺、医、技八大类，每类一卷，每卷各从概要、精要、辑要三层面突出"举要"的特色。汤一介先生在《总序》中，将弘扬传统文化精华提高到文化使命的认识高度上。他说："我国有很长的文化发展的历史，其内容之丰富在世界各种文化传统中也是数一数二的，它已成为中华民族的精神支柱，对此自古以来人们都对它非常珍惜。要把我们的国家建设成为一个文明、繁荣、富强的国家，是不能离开对其自身传统文化的继承和发扬的。这是因为中华民族的传统文化是我们这个民族赖以生存发展的根，是我们这个民族生命力的源泉，因此很需要大家了解它和爱护它。但是对我们的传统文化仅仅去了解和爱护是不够的，还必须去发展它，使之适应今天世界和中国发展的要求，这样就要对传统文化给以新的诠释。这就是说，今天我们肩负着文化上的'继往开来'的伟大使命。"他还提出新的"轴心时代"观念，需要探究经济全球化各民族、各国家文化发展的前景。他说："从今后世界文化发展的总趋势看，将会出现一个在全球意识观照下的文化多元发展的新局面。21 世纪的文化发展可能形成若干个重要文化区：欧美文化区（西方文化）、东亚文化区、东南亚文化区、中东与北非文化区（伊斯兰文化区），以及以色列（包括散在各地的犹太人）希伯来文化等等。这几种大的文化潮流将会成为主要影响世界文化发展的力量。在这一新的历史时期，中国文化如果要实现新的飞跃，使它得以复兴，就必须回顾中国文化发展的源头，这就像欧洲的文艺复兴正是回顾到希腊文化那样而重新燃起火焰。"汤一介先生还提出倡议组织力量出版《西学举要》《印度学举要》等等。

此外，还有佘斯大主编的《国学典籍精读》，即是从传统思想和文化角度界定"国学"，从传统经史子集四部分类法理解国学典籍。书中主要分析并选读《周易》《论语》《孟子》《老子》《庄子》《史记》与《世说新语》等七部古代典籍。[1] 再比如中国人民大学出版社于 2009 年便出版了《国学词典》。现在也有了以"领导干部学国学"等为代表的各种国学类公号。

国学已经高调复归。

---

[1]　佘斯大主编：《国学典籍精读》，武汉：华中师范大学出版社，2002 年版。

# 第四章

# 文化新生

中国士人阶层最可宝贵的财富之一，便是在长期历史过程中所蕴成的家国情怀。从《周易·系辞传》的"作《易》者，其有忧患乎"，到范仲淹《岳阳楼记》中"先天下之忧而忧，后天下之乐而乐"的名段[①]，都表达了深沉的忧患意识和家国情怀。

一百多年前的新文化运动前后，中国出现了近代思想史上最为活跃的"觉醒年代"，中国文化也开启了从传统向现代转化的新生之旅。近代知识人关怀国族命运，他们在文化论争与观念革新的同时，也力图将传统文化核心价值观念中的忧患意识转化成现实力量。

## 第一节 "变局"与承当

近代中华文化慧命与国族命运面临严峻的考验，中国近代的主旋律是

---

[①] 范仲淹叹道："嗟夫！予尝求古仁人之心，或异二者之为，何哉？不以物喜，不以己悲。居庙堂之高，则忧其民；处江湖之远，则忧其君。是进亦忧，退亦忧。然则何时而乐耶？其必曰：先天下之忧而忧，后天下之乐而乐乎！"（宋）范仲淹：《岳阳楼记》，载（清）范能濬编集、薛正兴校点：《范仲淹全集》，南京：凤凰出版社，2004年版（2019年重印），第168—169页。

"改造"与"革命"。中国人民在重大的历史转折时期进行着艰难的探索与抉择。这一情景，恰好可以用李大钊《艰难的国运与雄健的国民》一文的题名来诠释。李大钊说："目前的艰难境界，那能阻抑我们民族生命的前进。我们应该拿出雄健的精神，高唱着进行的曲调，在这悲壮的歌声中，走过这崎岖险阻的道路。要知在艰难的国运中建造国家，亦是人生最有趣味的事。"①

## 一、近代以来的忧国思想

龚自珍强调史家之责任与史著之价值，以为据《春秋》之义，则"书契以降，世有三等；三等之世，皆观其才。才之差，治世为一等，乱世为一等，衰世别为一等"。②他还说："智者受三千年史氏之书，则能以良史之忧忧天下。"③这种史学经世观念不断衍化成中国近代觉醒的内生动因。

晚清以来，中华帝制传统、文化统序不断遭遇列强霸权、外来强势文化的冲击，在内外交替刺激下，国人中的有识之士痛定思痛，含英咀华，披沙拣金，融合提炼，创进不已，生发了一系列值得认真检讨、回味的思想观点。

面对西方军事、政治、文化等的入侵，中国上层知识人阶层发生精神文化生命的更新与分化。其中，以林则徐、魏源为代表的早期抵抗派，以

---

① 李大钊：《艰难的国运与雄健的国民》，原刊于《新民国》第 1 卷第 2 号，1923 年 12 月 20 日，今载中国李大钊研究会编注：《李大钊全集》第 4 卷，北京：人民出版社，2006 年版，第 375—376 页。

② （清）龚自珍：《乙丙之际箸议第九》，载（清）龚自珍著，王佩诤校：《龚自珍全集》，上海：上海古籍出版社，1975 年版（2012 年重印），第 6 页。

③ 同②，第 7 页。

曾国藩、李鸿章为代表的洋务派，以郑观应、王韬为代表的早期维新派，以康、梁为代表的晚期维新派，是穷则思变，实现自救自新的政治、文化精英代表者。

康有为说："今之时流，岂不知日本文学皆出自中国，乃俯而师日本之俚词，何无耻也。始于清末之世，滥于共和之初，十年以来，真吾国文学之大厄也。推所以然，盖吾国人鄙弃中国之心太盛，于是并国学之粹美而弃之，则不择他学之淫昧侏离而敬奉之矣。岂惟文学，凡百一切，其为中国者，则不择其是非美恶而弃之；凡为外国者，则不择其是非美恶而师法之。其始起于游学之士，其继被于全国之人，以为吾不用一二日文，恐人谓我不通外学也。不知其学，不究其故，风靡盲从，有若病狂。"[1]

1918 年，鲁迅在《我之节烈观》一文中指出，"世道浇漓，人心日下，国将不国"一类话，本是"中国历来的叹声"，可以有多重的意味。近一年来，有几个"不肯徒托空言"的人，在"叹息"之余，还意图想法"挽救"。"第一个是康有为，指手画脚的说'虚君共和'才好，陈独秀便斥他不兴；其次是一班灵学派的人，不知何以起了极古奥的思想，要请'孟圣矣乎'的鬼来画策；陈百年、钱玄同、刘半农又道他胡说"。[2] 当"虚君共和"不提了，灵学派的"捣鬼"还在荒唐上演时，又有一群人不满足，摇头叹息"人心日下"，然而却提出了同样荒唐的"挽救"的方法，他们叫作"表彰节烈"，妄图以节烈救世。虽说，"康有为借重皇帝的虚名，灵学家全靠着鬼话。这表彰节烈，却是全权都在人民，大有渐进自力之意了"[3]，但不

---

① 康有为：《中国颠危误在全法欧美而尽弃国粹说》，载康有为撰；姜义华，张荣华编校：《康有为全集》第 10 集，北京：中国人民大学出版社，2007 年版，第 140 页。

② 鲁迅：《我之节烈观》，载王世家、止庵编：《鲁迅著译编年全集》第 3 卷，北京：人民出版社，2009 年版，第 52 页。

③ 同②，第 53 页。

过是花样翻新，结果就正像鲁迅说的"行为思想，全钞旧帐""种种黑暗，竟和古代的乱世仿佛"①。这种"节烈救世"观自相矛盾，将救世之责全推在女子身上，不符合常识。鲁迅说："国民将到被征服的地位，守节盛了；烈女也从此着重。因为女子既是男子所有，自己死了，不该嫁人，自己活着，自然更不许被夺。然而自己是被征服的国民，没有力量保护，没有勇气反抗了，只好别出心裁，鼓吹女人自杀。或者妻女极多的阔人，婢妾成行的富翁，乱离时候，照顾不到，一遇'逆兵'（或是'天兵'），就无法可想。只得救了自己，请别人都做烈女；变成烈女，'逆兵'便不要了。他便待事定以后，慢慢回来，称赞几句。好在男子再娶，又是天经地义，别讨女人，便都完事。因此世上遂有了'双烈合传''七姬墓志'，甚而至于钱谦益的集中，也布满了'赵节妇''钱烈女'的传记和歌颂。"②

鲁迅说："社会上多数古人模模糊糊传下来的道理，实在无理可讲；能用历史和数目的力量，挤死不合意的人。这一类无主名无意识的杀人团里，古来不晓得死了多少人物；节烈的女子，也就死在这里。"③由于历史因袭，畸形道德仍然存在，"历史和数目的无意识的圈套"④就像梦魇一样，挥之不去，夺去人类"正当的幸福"。陈独秀也认识到，前代文学弊端重重，不仅有形式上陈陈相因、有形无神的毛病，而且有内容上"不越帝王权贵、鬼怪神仙与夫个人之穷通利达"⑤的狭隘，"日夜埋头故纸堆中"⑥，构

---

① 鲁迅：《我之节烈观》，载王世家、止庵编：《鲁迅著译编年全集》第 3 卷，北京：人民出版社，2009 年版，第 54 页。

② 同①，第 56—57 页。

③ 同①，第 58—59 页。

④ 同①，第 59 页。

⑤ 陈独秀：《文学革命论》，载《独秀文存》卷 1《论文》，上海：上海书店，1989 年版，第 140 页。

⑥ 同⑤。

思所及，远离宇宙、人生和社会。他说："此种文学盖与吾阿谀夸张、虚伪迂阔之国民性，互为因果。今欲革新政治，势不得不革新盘踞于运用此政治者精神界之文学。"①

鲁迅看到教育部中"风气日趋日下，略有人状者已寥寥不多见"，甚至有"极人间之宏观，达兽道之极致"之举，他叹道："历观国内无一佳象，而仆则思想颇变迁，毫不悲观。盖国之观念，其愚亦与省界相类。若以人类为着眼点，则中国若改良，固足为人类进步之验（以如此国而尚能改良故）；若其灭亡，亦是人类向上之验，缘如此国人竟不能生存，正是人类进步之故也。大约将来人道主义终当胜利，中国虽不改进，欲为奴隶，而他人更不欲用奴隶；则虽渴想请安，亦是不得主顾，止能侘傺而死。如是数代，则请安磕头之瘾渐淡，终必难免于进步矣。此仆之所为乐也。"②

"五卅惨案"后，钱玄同在思考如何反抗帝国主义的问题时，还进一步反省了如何"唤醒国人"的问题。他说："这回的事件将来结束以后，凡有脑筋的人们都应该努力去干一件工作。这工作便是'唤醒国人'。这被唤醒者应该是国人全体，并非限于一般所谓民众。唤醒者自己亦当在被唤醒者之列：一则凡述说真理，针砭旧锢，本非专为谴责他人，责人以善，其实也是忏悔自己，改善自己；二则天下本无万能的人，A事甲为唤醒者而乙为被唤醒者，B事则又乙为唤醒者而甲为被唤醒者，所以是互相唤醒，无论何人，决不应自居为全智全能全善全圣之上帝，而超然于一切人们之外。因为被唤醒者是国人全体，所以'高调'实有'唱'它之必要，而低

---

① 陈独秀：《文学革命论》，载《独秀文存》卷1《论文》，上海：上海书店，1989年版，第139页。

② 鲁迅：《致许寿裳》，载王世家、止庵编：《鲁迅著译编年全集》第3卷，北京：人民出版社，2009年版，第68页。

129

调也得要唱它一下子。"① 国人自身也要真正觉醒，从"死守帝国遗奴的本分"上"超升为民国的国民"，而"今后唯一的救亡之道，觉醒者唯一的工作，便是唤醒国人"。② 钱玄同说："唤醒的教育，消极方面是'除国贼'，积极方便是请德先生（Democracy）、赛先生（Science）、穆姑娘（Moral）来给咱们建国。大多数的国人受过这个教育，奴性逐渐消灭，人性逐渐发展，久而久之，人人都能明了自己有处理政治之天职和抵御外侮之义务，则国才有保得住的希望，帝国主义才有反抗得成功的希望。"③

## 二、"创巨痛深"而有"慷慨忧国之士"

创造新国是改变国运，须凭借的应对运思就是将改造中国与改造世界相结合。鲁迅说："无破坏即无新建设，大致是的；但有破坏却未必即有新建设。"④ 像卢梭、尼采等人，他们"不单破坏，而且是扫除，是大呼猛进，将碍脚的旧轨道不论整条或碎片，一扫而空"⑤，然而"中国很少这一类人，即使有之，也会被大众的唾沫淹死"⑥。兵连祸结时，有的是"寇盗式的破坏"，太平时却是"奴才式的破坏"，在主子的刀斧下修补老例，其结果是相同的，都是"只能留下一片瓦砾，与建设无关"。⑦ 通过观人、省己，可

---

① 钱玄同：《关于反抗帝国主义》，载钱玄同著：《钱玄同文集》第 2 卷，北京：中国人民大学出版社，1999 年版，第 177 页。

② 同 ①，第 180—181 页。

③ 同 ①，第 181 页。

④ 鲁迅：《再论雷峰塔的倒掉》，载王世家、止庵编：《鲁迅著译编年全集》第 6 卷，北京：人民出版社，2009 年版，第 43 页。

⑤ 同 ④，第 43—44 页。

⑥ 同 ④，第 44 页。

⑦ 同 ④，第 45 页。

知"凡言动中，思想中，含有借此据为己有的朕兆者是寇盗，含有借此占些目前的小便宜的朕兆者是奴才，无论在前面打着的是怎样鲜明好看的旗子"①。这两类破坏者，都不是我们所需要的，我们需要的是"革新的破坏者"。鲁迅说："瓦砾场上还不足悲，在瓦砾场上修补老例是可悲的。我们要革新的破坏者，因为他内心有理想的光。"②

在梁启超看来，爱国观念起于国与国之间的比较与竞争。他说："我中国……四万万同胞自数千年来同处于一小天下之中，未尝与平等之国相遇，盖视吾国之外无他国焉。故吾曰：其不知爱国者，由不自知其为国也。故谓其爱国之性质隐而未发则可，谓其无爱国之性质则不可。"③

以甲午海战前后情况为例。甲午以前，"吾国之士夫忧国难、谈国事者几绝焉"，但中东一役战败后，因"割地偿款，创巨痛深"，才渐起"慷慨忧国之士"，多有"谋保国之策者"，这并非"今优于昔"，而是因为"昔者不自知其为国，今见败于他国，乃始自知其为国也"。④他认为，爱国就是欲使所爱之国强大。如何才能使国家强大呢？梁启超提出联合与教育两个方面的考虑。他说："夫爱国者，欲其国之强也。然国非能自强也，必民智开，然后能强焉；必民力萃，然后能强焉。故由爱国之心而发出之条理不一其端，要之必以联合与教育二事为之起点。一人之爱国心，其力甚微，合众人之爱国心，则其力甚大。此联合之所以为要也。空言爱国，无救于国，若思救之，必藉人才。此教育之所以为要也。"⑤就海外而言，各埠会

---

①　鲁迅：《再论雷峰塔的倒掉》，载王世家、止庵编：《鲁迅著译编年全集》第 6 卷，北京：人民出版社，2009 年版，第 45 页。

②　同①，第 45 页。

③　梁启超：《爱国论》，载梁启超著，汤志钧、汤仁泽编：《梁启超全集》第 1 集，北京：中国人民大学出版社，2018 年版，第 692 页。

④　同③，第 692 页。

⑤　同③，第 693 页。

馆及其所办学校，分别寓有联合、教育之意。

梁启超进一步提出大联合、大教育观念。比会馆更大的联合是商会，英国人正是靠商会之力，才得以拓印度、开广东。梁启超由此想到："故今日为海外商民计，莫如设一大商会，合各埠之人通为一气，共扶商务，共固国体……内之可张大国权，外之可以扩充商利，此最大之业也。"①所谓大教育，即"学以救我中国"的"政学"。

据《左氏春秋》记载，曹刿论战、郑韦高犒师、子产立约等事，均可见中国早有人怀家国之诚。梁启超说："盖三代以前，君与民之相处，实如家人妇子焉，依于国家而各有其所得之权利，故亦对于国家而各有其应尽之义务。人人知此理，人人同此情，此爱国之心，所以团结而莫解也。"②

1840年之后很长时间，中国人的译著，主要在宗教、科学、历史、政治、法律等领域。"宗教书是传教士自动的事业。格致书是当日认为枪炮兵船的基础的。历史、法制的书是要使中国了解西洋国情的。此外的书籍，如文学的书，如哲学的书，在当时还没有人注意，这也是很自然的。当日的中国学者总想西洋的枪炮固然利害，但文艺哲理自然远不如我们这五千年的文明古国了。"③严复和林纾补救了这一缺憾，"严复是介绍西洋近世思想的第一人，林纾是介绍西洋近世文学的第一人"，而"自从《天演论》出版（一八九八）以后，中国学者方才渐渐知道西洋除了枪炮兵船之外，还

---

① 梁启超：《爱国论》，载梁启超著，汤志钧、汤仁泽编：《梁启超全集》第1集，北京：中国人民大学出版社，2018年版，第692页。

② 同①，第696页。

③ 胡适：《五十年来中国之文学》，载胡适著、季羡林主编：《胡适全集》第2卷，合肥：安徽教育出版社，2003年版，第274页。

有精到的哲学思想可以供我们的采用"。[①]

  钱穆10岁时，老师钱伯圭先生即引导他思考中国文化走向问题。他在晚年回忆说："余此后读书，伯圭师此数言常在心中。东西文化孰得孰失，孰优孰劣，此一问题围困住近一百年来之全中国人，余之一生亦被困在此一问题内。而年方十龄，伯圭师即耳提面命，揭示此一问题，如巨雷轰顶，使余全心震撼。从此七十四年来，脑中所疑，心中所计，全属此一问题。余之用心，亦全在此一问题上。余之毕生从事学问，亦皆伯圭师此一番话有以启之。"[②] 受华紫翔暑假古文讲习班的影响，钱穆此后便"由治文学转入理学，极少存文学与理学之门户分别。治王学乃特从《拔本塞源之论》得有领悟。又其后乃知阳明《拔本塞源之论》，亦从朱子《大学章句·序》转来"。

  面对变局，新历史考证学派王国维、陈寅恪、陈垣、顾颉刚等人，马克思主义史学家郭沫若、范文澜、翦伯赞、吕振羽、侯外庐等人，都深思力索；冯友兰后曾集联名志："阐旧邦以辅新命，极高明而道中庸。"这些都承继史学经世传统，也体现了史学家的自觉担当意识。

  郭沫若研究古代史时的深沉史识在于："对于未来社会的待望逼迫着我们不能不生出清算过往社会的要求。古人说：'前事不忘，后事之师。'认清楚过往的来程也正好决定我们未来的去向。"[③] 他认为，支配中国学界多年的胡适的《中国哲学史大纲》，"对于中国古代的实际情形，几曾摸着了

---

  ① 胡适：《五十年来中国之文学》，载胡适著、季羡林主编：《胡适全集》第2卷，合肥：安徽教育出版社，2003年版，第274页。

  ② 钱穆：《〈八十忆双亲〉师友杂忆》，北京：生活·读书·新知三联书店，1998年版，第46页。

  ③ 郭沫若：《〈中国古代社会研究〉自序》，载郭沫若著作编辑出版委员会编：《郭沫若全集》"历史编"第1卷，北京：人民文学出版社，1990年版，第6页。

一些儿边际？社会的来源既未认清，思想的发生自无从说起"①，史学研究范式应该从原来的"整理"转向"批判"："'整理'的究极目标是在'实事求是'，我们的'批判'精神是要在'实事之中求其所以是'。'整理'的方法所能做到的是'知其然'，我们的'批判'精神是要'知其所以然'。'整理'自是'批判'过程所必经的一步，然而它不能成为我们所应该局限的一步。"②

# 第二节　使命：维系国脉

近代的觉醒是全面的，觉醒后的改造方案也是立体而多样的。从文化上寻求革命的内在动力，是一种值得肯定的深沉关怀。近代以来，中国文化生态是论战中蕴成新的时代内涵，突出的时代主题也不断由原来的体用论转向塑魂诉求的红色主线。

## 一、文化论战：彰显"觉醒年代"的时代精神

近代"觉醒年代"的时代精神，可由近代以来的三次文化论战参解。

近代第一次文化论战，乃是 1890 年代的中西学论战，"中学"一词出现，所谓"中学为体，本学为用"。

戊戌变法前，谭嗣同、梁启超在湖南宣传民权平等时，曾廉（1856—

---

① 郭沫若：《〈中国古代社会研究〉自序》，载郭沫若著作编辑出版委员会编：《郭沫若全集》"历史编"第 1 卷，北京：人民文学出版社，1990 年版，第 7 页。

② 同①。

1928，字伯隅，湖南邵阳人）便从维护传统纲常的立场予以批驳。他说："变夷之议，始于言技，继之以言政，益之以言教，而君臣父子夫妇之纲，茫然尽矣。君臣父子夫妇之纲废，于是天下之人视其亲长亦不啻水中之萍，泛泛然相值而已。悍然忘君臣父子之义，于是乎忧先起于萧墙。"①

张之洞在《劝学篇》中提出"中学为体，西学为用"命题，意在坚执传统纲常名教的基本价值系统不能动摇，维护既有的清朝封建统治秩序，以中国传统文化为本，以西方科学技术为辅。他说："中学为内学，西学为外学；中学治身心，西学应世事。"②他以"伦纪""圣道""心术"视为不可变的"道""本"，实际上是以"内圣外王之道"统摄"器"层面的西学。这一主张远较顽固派死守祖宗家法、盲目排外之举为开明，在学习西方技术上更推展出 19 世纪 50 至 60 年代的洋务运动，从而促成中国近代化过程中的第一轮高潮，被认为是中国走向近代的开端。但"中体西用"论者实际上并未找出中国传统文化与西方近代文明之间的有机联系，在二者的融合机制上缺乏实际的操作方案。

近代第二次文化论战，乃是 1905 年的"国粹与欧化之争"，"中学"被"国粹"取代。

章太炎著《国故论衡》，又作了《国学概论》的演讲，大讲国学，有借国学国族的倡导以反清排满的意味。钱玄同曾肯定晚清的国粹思潮的重要影响，在于它"对于国故研究之新运动，进步最速，贡献最多，影响于社会政治思想文化者最钜"③。刘梦溪说："章太炎很早就使用国学的概念，

---

① 曾廉：《籲庵集》卷 13《上杜先生书》。

② （清）张之洞：《劝学篇·外篇·会通第十三》，载苑书义，孙华峰，李秉新主编：《张之洞全集》，石家庄：河北人民出版社，1998 年版，第 9767 页。

③ 钱玄同：《刘申叔先生遗书序》，载刘师培：《刘申叔先生遗书》上，南京：江苏古籍出版社，1997 年，第 28 页。

而且终生未尝或离。不过国学在章太炎先生那里，是作为革命的一种手段来使用的。"①

近代第三次文化论战，乃是民国初年的"中西文化竞争"论战，国粹又被"国故""国学"取代。

从历史进化论的眼光来看，《新青年》杂志和《吴虞文录》上的批孔文章，虽然因为不太关心孔子思想的社会背景而显得缺乏历史观念，但其主旨在于反对不合现代生活的传统思想，并未从根本上否定孔子思想和儒家之道的历史价值。

文字是语言、思想的物质载体，文言是古代学术典籍的主要载体，中华传统文化的核心精髓主要都以文言形式载之竹帛、纸版。无论从内容还是从形式看，文言都绝非"死文字"。文言与白话各有胜场，都是中华文化载体，理应并行不悖。钱玄同说："因为嘴里讲的叫做'话'，也叫做'语'，笔下写的叫做'文'，古人既用古语写成文章，今人就该用今语写成文章。"②所以，要爱国，"过去的'鸟国粹'应该连根拔除，所以周公、孔子以及一切圣帝明王之道在所必摈"③。

1917年1月，胡适在《新青年》上发表《文学改良刍议》，提出了不用典、不用陈套语、不讲对仗、不避俗字俗语、须讲求文法之结构、不做无病呻吟、不摹仿古人、须言之有物等改革文学的八项主张，提倡用白话文代替文言文。随后，陈独秀发表《文学革命论》，提出文学革

---

① 刘梦溪：《章太炎与国学》，载氏著《大师与传统：中国文化与传统40小讲》，北京：中国青年出版社，2007年版，第112页。

② 钱玄同：《新文体》，载钱玄同著：《钱玄同文集》第1卷，北京：中国人民大学出版社，1999年版，第299页。

③ 钱玄同：《关于反抗帝国主义》，载钱玄同著：《钱玄同文集》第2卷，北京：中国人民大学出版社，1999年版，第181页。

命的三大主张：（一）"推倒雕琢的阿谀的贵族文学，建设平易的抒情的国民文学"；（二）"推倒陈腐的铺张的古典文学，建设新鲜的立诚的写实文学"；（三）"推倒迂晦的艰涩的山林文学，建设明了的通俗的社会文学"。①

二十世纪初，不少学人提出"世界语"的设想。陈独秀、陈百年二人都以为"世界语"是应该有的。在关于 Esperanto 讨论中，区声白、孙蒂仲主张全力提倡，钱玄同积极鼓吹，刘半农、唐俟、周启明、沈尹默亦不反对。钱玄同在同友人编小学教科书时，深切地觉得中国文字"庞杂汗漫"而难以适用。他说："我个人的意见，以为中国文字不足以记载新事新理；欲使中国人智识长进，头脑清楚，非将汉字根本打消不可。"② 他以为，汉字废除后，表汉语的记号"自然以采用罗马拼音为最便于写识"。他还说："中国今后果能一面采用一种外国文，作为第二国语，以求学问，一面将中国语改用拼音，以适于普通说话，粗浅记载之用，则教育上可谓得到很好的一种工具了。"③

钱玄同指出，因为中国方音庞杂，同音字多，文法不精密，缺乏新学名词，改用拼音的方案实行起来比较难。不过，做学问发表著作，可以用第二国语做；普通应用及浅俗书报方面，仍可沿用旧文字。"在文章的方面，用国语来做；在读音的方面，用注意字母注起来；在书写的方面，渐渐的废去楷书、行书专写草书，或更采用许多简笔字"，这并非"蝙蝠派""骑墙派"去"两面讨好"的做法，而"只要是存补救或改革旧文字

---

① 陈独秀：《文学革命论》，载《独秀文存》卷1《论文》，上海：上海书店，1989年版，第136页。

② 钱玄同：《关于 Esperanto 讨论的两个附言》，载钱玄同著：《钱玄同文集》第1卷，北京：中国人民大学出版社，1999年版，第212页。

③ 同②，第213页。

之心"。①

钱玄同主张，在不得不用方言时便用方言来补助，中国话不够用时便用外国话来补助。他说："无论何种语言文字，凡是有载思想学术的能力的，都是很庞杂不纯的。那纯而不杂的，惟有那文化的初开，思想简单的时候，或者可以做得到。到了彼此一有交通，则语言即有混合；学问日渐发达，则字义日有引申；一义转注为数语，一语假借为数义，那就要庞杂不纯了。愈混合，则愈庞杂，则意义愈多；意义愈多，则应用之范围愈广；这种语言文字，就愈有价值了。"② 所以，"国语的杂采古语和今语，普通话和方言，中国话和外国话而成，正是极好的现象，极适宜的办法"③。对于白话中混入文言、学术术语混入外国原名，可从小学校实行起，因为它们已经成为习惯用语了。他说："我以为文字者，不过语言事物的记号而已。甲国此语无记号，乙国有之，就该采乙国的记号来补阙。若说外来语侵入足以破坏国粹，则惟有厉行闭关政策不与世界交通，学内山苗蛮之办法而已。至于Esperanto，虽非旦夕间遽能实行，然我辈亦何妨于改良汉文之余暇，提倡提倡呢？"④

钱玄同自言道："若玄同者，于新学问，新智识，一点也没有。自从十二岁起到二十九岁，东撞西摸，以盘为日，以康瓠为周鼎，以瓦釜为黄钟，发昏做梦者整整十八年。自洪宪纪元，始知一个响霹雳震醒迷梦，始知国粹之万不可保存，粪之万不可不排泄：愿我可爱可敬的支那青年做二十

---

① 钱玄同：《罗马字与新青年》，载钱玄同著：《钱玄同文集》第 1 卷，北京：中国人民大学出版社，1999 年版，第 285 页。
② 钱玄同：《新文体》，载钱玄同著：《钱玄同文集》第 1 卷，北京：中国人民大学出版社，1999 年版，第 299—300 页。
③ 同②，第 300 页。
④ 钱玄同：《汉文改革之讨论》，载钱玄同著：《钱玄同文集》第 1 卷，北京：中国人民大学出版社，1999 年版，第 259 页。

世纪的文明人，做'中华民国'的新国民，撕毁十九世纪以前的'脸谱'（脸谱不是二十世纪的东西，就是'马二先生'也是这样说）。打破二十四部家谱相斫旧的老例。"①

从国故整理的实际情况看，只是经史子集的整理，并未扩大到农艺、工艺、医药等领域，"充其量只是一种报告，是一种旧价值的重新估评，并不是一种新价值的创造。它在一个时代的文化的进展上，所效的贡献殊属微末"②。

钱玄同说："'中国的学术'这个名词太广泛了，其中包含许许多多相反的分子，我们当崇拜它时，便在它中间分出'正'与'伪'，'雅'与'俗'来，只捧住那自己认为'正'或'雅'的'拳拳服膺'，那认为'伪'或'俗'的便一脚踢开。"③吴稚晖主张将线装书扔进毛厕去，这大概是针对国故整理而发。至于吴稚晖说国故可以整理，但须迟至三十年以后。钱玄同则以为不必有这样的时间限制，当时胡适、梁启超、顾颉刚、徐旭生、唐擘黄诸人整理国故是很好的事情，"有他们来整理国故，则青年学子想知道中国历史（广义的），就可以看他们整理成就的著作，不必白费气力去看那万难看懂的古书了"④。

1925年5月，钱玄同奉送胡适《学衡》第38期，希望胡适看了其中吴宓二文、景昌极一文的昏乱议论和思想后，好勇于做"思想界底医生"，

---

① 钱玄同：《保护眼珠与换回人眼》，载钱玄同著：《钱玄同文集》第1卷，北京：中国人民大学出版社，1999年版，第281页。

② 郭沫若：《整理国故的评价》，载郭沫若著作编辑出版委员会编：《郭沫若全集》"文学编"第15卷，北京：人民文学出版社，1990年版，第161—162页。

③ 钱玄同：《敬答穆木天先生》，载钱玄同著：《钱玄同文集》第2卷，北京：中国人民大学出版社，1999年版，第188页。

④ 钱玄同：《赋得国庆》，载钱玄同著：《钱玄同文集》第2卷，北京：中国人民大学出版社，1999年版，第211—212页。

"打些思想界底防毒针和消毒针"。他说："我底意思，也不至于如吴老先生那样激烈，以为'整理国故'便不应该。但我对于你确有些'不足'（不是'不满意'）之想，便是好久不看见你做'思想界底医生'了。我希望你做《中国哲学史》、我希望你做《中国佛学史》、我希望你做《国语文学史》，但我尤其希望你做《评东西文化及其哲学》《科学与人生观序》这类性质底文章。钱玄同是'银样蜡枪头'，心有余而力没有（还配不上说'不足'），尽管叫嚣跳突，发一阵子牢骚，不过赢得一班猪猡冷笑几声而已，所以不得不希望思想学问都很优越的人们来干一下子。鲁迅、吴稚晖诸人以外，我总还希望有胡适之其人也来出马也。"[1]

20 世纪 30 年代也发生了一场明确社会性质、革命任务的思想论战，被看作"纳启蒙于救亡轨道的现代思想史的第二个里程"。这次论战，把科玄论战中建立的"科学的人生观"号召具体化、革命化了，把人们改造社会的目标引向"应为土地革命、为反帝反封建而生活而斗争"了。[2]

## 二、立本与塑魂：挽救世道人心

针对"不利自他""无益社会国家""于人生将来又毫无意义""已经失了存在的生命和价值"的不合情理的节烈，鲁迅发愿"要自己和别人，都纯洁聪明勇猛向上。要除去虚伪的脸谱。要除去世上害己害人的昏迷和强暴"，"要除去于人生毫无意义的苦痛。要除去制造并赏玩别人苦痛的昏

---

① 钱玄同：《致胡适》，载钱玄同著：《钱玄同文集》第 1 卷，北京：中国人民大学出版社，1999 年版，第 115 页。

② 李泽厚：《记中国现代三次学术论战》，载氏著《中国现代思想史论》，天津：天津社会科学院出版社，2003 年版，第 67 页。

迷和强暴"，"要人类都受正当的幸福"。①

（一）重立大本：从体用论谈起

用中外传统智慧解决各自面临的现代问题，是一个人类将永远面临的重大的开放性的理论问题。对这一"永远在途中"的理论问题的回答，必然涉及到"体用"论的新解释、新表达，以及解决的新方案。但是，谁之体？何为用？即使在当今也仍然是可以继续探讨的大课题。

从历史上看，体、用的意涵有多重，"中学"与"西学"应各有其"体"其"用"，不同学者的体用观有不同的强调面向。张之洞以观念形态、政治体制、三纲五伦为"体"；李泽厚则以为，不管是孔子的"中学"还是马克思的"西学"，追根到底都不是"体"，所谓"体"应该是社会存在的本体，首先应以社会生产和生产方式为"体"。②他说："如果承认根本的'体'是社会存在、生产方式、现实生活，如果承认现代大工业和科技才是现代社会存在的'本体'和'实质'，那么，生长在这个'体'上的自我意识或'本体意识'（或'心理本体'）的理论形态，即产生、维系、推动这个'体'的存在的'学'，它就应该为'主'，为'本'，为'体'。"③他的结论是：如果就近现代的观念与政制变革而言，大概可以说是"西学为体，中学为用"，即："只有充分了解这作为'国情'的传统，才能清醒地注意到，首先不要使'西学'被中国本有的顽强的'体'和'学'——从封建小生产方式、农民革命战争到上层孔孟之道和种种国粹所俘虏、改造或同化掉。

---

① 鲁迅：《我之节烈观》，载王世家、止庵编：《鲁迅著译编年全集》第 3 卷，北京：人民出版社，2009 年版，第 59 页。
② 李泽厚：《漫说"西体中用"》，载氏著《中国现代思想史论》，天津：天津社会科学院出版社，2003 年版，第 330 页。
③ 同②，第 333 页。

相反，要用现代的'西体'——从科技、生产力、经营管理制度到本体意识（包括马克思主义和各种其他重要思想、理论、学说、观念）来努力改造'中学'，转换中国传统的文化心理结构，有意识地改变这个积淀。"① 改变传统的积淀，既不是全盘承继，也非全盘抛弃，而是"在新的社会存在的本体基础上，用新的本体意识来对传统积淀或文化心理结构进行渗透，从而造成遗传基因的改换"②。

若以价值目标与革新治理来解释"体"与"用"，则可以价值观念系统为体，而政治制度为用；若以主体补充解释"体"与"用"，则在中国步入世界大历史并向西方学习的过程中，可以中国文化为体，以西方文化为用。③

梁启超分西学为政学、艺学，主张学西学应"以政学为主义，以艺学为附庸"④。严复指出，西方"以自由为体，以民主为用"⑤，自由是一种精神价值追求，民主是一种制度设计，自然科学技术如汽机兵械之类"皆其形下之粗迹"，及最精之天算格致之学亦"非命脉之所在"。他说："其命脉云何？苟扼要而谈，不外于学术则黜伪而崇真，于刑政则屈私以为公而已。斯二者，与中国理道初无异也。顾彼行之而常通，吾行之而常病者，则自由不自由异耳。"⑥ 中国历来圣贤"深畏"自由之言，所以也"从未尝立以

---

① 李泽厚：《漫说"西体中用"》，载氏著《中国现代思想史论》，天津：天津社会科学院出版社，2003 年版，第 335 页。

② 同①，第 335 页。

③ 以当前政治实践而论，美国前总统特朗普曾提出"美国优先"的政治理念，其实也是一种现代美国式的"体用"表达。

④ 梁启超：《与林迪臣太守书》，载梁启超著，汤志钧、汤仁泽编：《梁启超全集》第 19 集，北京：中国人民大学出版社，2018 年版，第 297 页。

⑤ 严复：《原强》，载王栻主编《严复集》，北京：中华书局，1986 年版，第 11 页。

⑥ 严复：《论世变之亟》，载王栻主编《严复集》，北京：中华书局，1986 年版，第 2 页。

为教"。

严复批驳"中体西用"论在逻辑上和实践上的双重缺陷，认为无论是"中学为体，西学为用"还是"西政为本，西艺为末""其可能造成""牛体马用""马体牛用"的谬误。他说："善夫金匮裘可桴孝廉之言曰：体用者，即一物而言之也。有牛之体，则有负重之用；有马之体，则有致远之用。未闻以牛为体，以马为用者也。中西学之为异也，如其种人之面目然，不可强谓似也。故中学有中学之体用，西学有西学之体用，分之则并立，合之则两亡。"[1] 既然中体西用论"文义违舛""固已名之不可言"，哪还能望其"言之而可行"呢？[2] 要求西用，还必须借西体。《外交报》载排外之言，他以为"与其言排外，诚莫若相勖于文明"，他的理由是："果文明乎，虽不言排外，必有以自全于物竞之际；而意主排外，求文明之术，傅以行之，将排外不能，而终为文明之大梗"。[3]

从现代文明进程与国际交往而论，"有了科学，然后有器，有了西人精益求精的商业精神，才有今日人人欢迎的舶来货品。"[4] 林语堂曾讥刺国粹家的迂腐。他说："国粹家每每要效辜鸿铭的故智，虽然身穿用洋针洋线洋布所做的衣服，足上着西洋袜机所制的机器袜，看的又是用西洋机器所造的纸料及用西洋机器印成的报纸，走的又是西洋机器辗成的柏油路，坐的又是西洋机器造成的舟车，却一味要鄙夷物质，矜伐吾国固有的精神文明。"[5] 林语堂还从当时中西文明比较的视野批评"中体西用论"的怪谬

---

① 严复：《与〈外交报〉主人书》，载王栻主编《严复集》，北京：中华书局，1986 年版，第 558—559 页。

② 同①，第 559 页。

③ 同①，第 558 页。

④ 胡适《我们对于西洋近代文明的态度》附录《机器与精神》（林语堂），载胡适著、季羡林主编：《胡适全集》第 3 卷，合肥：安徽教育出版社，2003 年版，第 21 页。

⑤ 同④，第 21—22 页。

不通。他说："西人有这种通于改进的精神，才有这种精益求精的物质上的发达，我们若还要一味保存东方精神文明，去利用西方的物质，遵守'中学为体西学为用'狗屁不通的怪话（体用本来不能分开，譬如以胃为体以肝为用，这成什么话），恐怕连拾人牙慧都拾不起来，将来还是非永远学海上寓公手里拿着一部《大学》《中庸》（体）去坐西人所造的汽车（用）不成。《大学》《中庸》尽管念的熟烂了，汽车还是自己制造不出来，除了买西洋汽车，没有办法。"①西方机器文明代表一种新的精神，东方人应该学习，而"将来的世界恐怕还是掌在机器文明的洋鬼子的手中。就使机器文明应该诋毁，应该修正补充，也不是封建时代的手艺文明人所配来诋毁的。"②

国粹家想保存东方文明，但实际上却做不到，所以林语堂在演讲中不免质疑这是"精神文明"呢还是"精神落伍"呢。他还说："我们须明白，今日中国，必有物质文明，然而才能讲到精神文明，然后才有余闲及财力来保存国粹。"③

钱玄同等人批评那些"开倒车的论调"的"文妖"们。因为"那种文妖是多数昏蛋们的代表，那种开倒车的论调是多数昏蛋们的昏心思的结晶"④，当这些"文妖"们在高位欲行专制手段来统一思想时，对于他们的攻击便已不再仅当作昏蛋的代表，他们本人也要竭力反驳。钱玄同说："其所以要竭力攻击他者，他的思想昏乱，言论背谬，倒还在其次；最可恶的，

---

① 胡适《我们对于西洋近代文明的态度》附录《机器与精神》（林语堂），载胡适著、季羡林主编：《胡适全集》第3卷，合肥：安徽教育出版社，2003年版，第22页。

② 同①，第23页。

③ 同①，第24页。

④ 钱玄同：《在劭西先生的文章后面写几句不相干的话》，载钱玄同著：《钱玄同文集》第2卷，北京：中国人民大学出版社，1999年版，第249页。

便是窃据高位，凭藉权势，要用专制的手段来统一思想。"①

（二）西洋化："全盘西化"与"拥抱"马克思主义

如果从外缘输入的角度看，"全盘西化"与"拥抱"马克思主义都是向外国汲取经验的广义的西洋化。他们重要的共同之点，还在于对国内传统文化的批评。

陈独秀曾撰《今日中国之政治问题》，主张彻底地否定传统文化。他说："无论政治、学术、道德、文章，西洋的法子和中国的法子，绝对是两样，断断不可调和牵就的……若是决计革新，一切都应该采用西洋的新法子，不必拿什么国粹、什么国情的鬼话来捣乱。"②他在《敬告青年》一文中说："世称近世欧洲历史为'解放历史'：破坏君权，求政治之解放也；否认教权，求宗教之解放也；均产说兴，求经济之解放也；女子参政运动，求男权之解放也。"③而所谓"解放"，就是要人们去"脱离夫奴隶之羁绊，以完其自主自由之人格"。④

陈独秀以为，巴黎和会未能解决好山东问题，中国国民应该有两种彻底的觉悟：一是"不能单纯依赖公理的觉悟"，二是"不能让少数人垄断政权的觉悟"。⑤陈独秀说："我们因为山东问题，应该发生对外对内两种彻底的觉悟。由这彻底的觉悟，应该抱定两大宗旨，就是：强力拥护公理，平

① 钱玄同：《在劭西先生的文章后面写几句不相干的话》，载钱玄同著：《钱玄同文集》第 2 卷，北京：中国人民大学出版社，1999 年版，第 250 页。
② 陈独秀：《今日中国之政治问题》，载《独秀文存》卷 1，上海：上海书店，1989 年版，第 224 页。
③ 陈独秀：《敬告青年》，载《独秀文存》卷 1，上海：上海书店，1989 年版，第 3 页。
④ 同③。
⑤ 陈独秀：《山东问题与国民觉悟》，载《独秀文存》卷 1，上海：上海书店，1989 年版，第 644 页。

民征服政府。"① 如何有效地吸纳外缘文化成果，还需要有更好的取径。在此，王明的"苏化"和"全盘西化"所暴露的问题，对本节所述的文化新生论题仍有相当的借鉴意义。

首先，来看一下王明的"苏化"主张。据现在的研究成果可知，王明自以为了解苏联的经验，不调查了解中国的具体情况，一切照搬外国经验，照抄马克思、恩格斯、列宁的现成结论。王明只背得书本结论，仅凭词句的理解，在中国搞所谓的百分之百的布尔什维克化，是脱离实际的荒唐之举。在他实际担任党中央领导职务期间，几乎将中国革命带到全面失败的边缘。

其次，结合《改造我们的学习》来看一下毛泽东对"言必称希腊"者的批判。所谓"言必称希腊"，就是指生搬硬套外来的东西，不重视本国现状的教条主义倾向。

在抗日战争的相持阶段，延安开展整风运动。毛泽东连续作报告和写文章批判以王明为首的左倾错误，重点是教条主义和经验主义，其中就有《改造我们的学习》。细查一下，毛泽东在文中共四处提到"希腊"。

第一处说："许多马克思列宁主义的学者也是言必称希腊，对于自己的祖宗，则对不住，忘记了。"这里明显是从理论知识背景方面指责王明们"言必称希腊"，只知背诵马列词句而数典忘祖。

第二处说："有些人对于自己的东西既无知识，于是剩下了希腊和外国故事，也是可怜得很，从外国故纸堆中零星地捡来的。"这里特别指出很多中国共产党人不认真学习，不懂中国共产党的历史和鸦片战争以来的中国历史。

第三处是从革命斗争实践方面说的："只懂得希腊，不懂得中国，对于

---

① 陈独秀：《山东问题与国民觉悟》，载《独秀文存》卷1，上海：上海书店，1989年版，第646页。

中国昨天和前天的面目漆黑一团。"直接批评的对象是缺乏实际斗争经验的王明等人，间接批评的对象则是"共产国际"，指他们不谙中国国情。

第四处是说给延安干部听的："不单是懂得希腊就行了，还要懂得中国；不但要懂得外国革命史，还要懂得中国革命史；不但要懂得中国的今天，还要懂得中国的昨天和前天。"

王明们言必称某些马列著作的词句，言必称共产国际和苏联的指示，结果是与中国实际的情况越来越偏离。某种程度上，他离五四新文化运动中所蕴成的好传统越来越远。

毛泽东在《新民主主义论》中极力表彰了五四新文化运动在文化方面的"革命"意义。他说："五四运动所进行的文化革命则是彻底地反对封建文化的运动，自有中国历史以来，还没有过这样伟大而彻底的文化革命。当时以反对旧道德提倡新道德、反对旧文学提倡新文学为文化革命的两大旗帜，立下了伟大的功劳。"[1] 这既点出近代中国文化新生的内生优势，也为文化新生指明了方向。

在中国话语生成的脉络中，越来越彰显这样一个特点：只有拥抱马克思主义，才实现了从早期的立大本思维（即所谓"立本"）到后来不断坚实化的塑魂（即新世纪所谓的"马魂"）的转换。

## 本章小结

新文学运动本质上带有在西方思潮碾压式"冲击"下的一种压抑性"反

---

① 毛泽东著：《新民主主义论》，载《毛泽东选集》第 2 卷，北京：人民出版社，1991年版（2008 年重印），第 700 页。

应"的特性，它在将传统士大夫文学蔑称为"旧文学""死文学"并予以弃绝的同时，终因矫枉过正而背离守成创新的稳健之途。在有所"破"上的过度宣扬，亦使其所"立"上根系未稳，极易落入以西论中、迷失自我的价值评价陷阱。

何谓根本的改造？如果将近代主题简化为救亡与启蒙二途的话，那么或许不少近代知识人更看重文化的力量。比如，钱玄同就会认为根本的改造不在救亡，可能更在于启蒙。他说："从前提倡革命的人们（孙中山、吴稚晖数先生除外），其目的仅在救亡。救亡固然是极应该的，但革命的目的决不在此。以此为革命的目的，实在是根本大错误……我以为现在的中国，无论国强国弱，国危国安，国存国亡，革命总是不可以已。吾人一息尚存，革命之志总不容少懈。何以故？以中国人为根本败类的民族，有根本改造之必要故。至于一时的国势危殆，算不得什么大不了的事，以此为革命的目的，真所谓目光如豆，宁有是处！"[①]

正是因为他们的"初心"与"使命"仍萦绕于传统的家国情怀与天下担当，他们作为"中国同志"了解"中国国情"、直面《中国问题》、解决"中国问题"时，便吸纳了双重的文化本体——世界范围内的现代政治文明及中国历史上以儒学为主干的文化传统。如此以来，他们关心国族命运，深察时势，自觉担当，在"国故"反省、"国粹"批判中促使"国学"重建成为一种日益自觉的思潮，从而促成了中国文化的日新又新。

在章太炎表达自己的"国故"概念时，其意主要似乎并不在于意存褒贬。然而，随着近代知识人国学意识中价值判断的意味越来越浓重，其中的"粹"化意识、"国故"观念，不断被后代学人附加了新的时代意义，

---

① 钱玄同：《回语堂的信》，载钱玄同著：《钱玄同文集》第2卷，北京：中国人民大学出版社，1999年版，第151页。

饱含了弘扬民族精神的深情，终于促成了其后各个历史阶段的"文化热""国学热"等局面。

总之，近代的国学自觉，始于对"国故"问题的反省与研究，又在新的学术生态中不断向前推进。1920 年，胡适撰成《新思潮的意义》，认为"现在许多人自己不懂得国粹是什么东西，却偏要高谈'保存国粹'"，言下之意是，如果要谈国粹，必须有一个新方向。他的主张是，"用评判的态度""科学的精神"，对"旧有的学术思想"进行"积极"的"整理国故的工夫"。这样才能分清哪些是"国粹"，哪些是"国渣"。① 对于"国故"，即使像"旧物""故纸堆"等，也需要经过艰难的整理、细密的排查和科学的研究，才能让其负载的文化关切彰显出来。

最后，"觉醒年代"知识人对"国"字头课题的探讨，包括"国性"追问、"国故"反省、"国粹"批判与"国学"重建，都一再提醒我们注意以下问题：究竟"国故"是广义地用来指称一种文化传统，还是仅解释为传统的学术、固有的民族精神、旧的学问；如何看待 20 世纪初期的国故论争等等。重新思考这些问题，对于我们今天深度诠释中国百年文化转进中民族文化的自觉与自信问题、确立国学复兴课题的重要议题、重建中国古典学等方面，都有不可忽视的作用。

---

① 胡适：《新思潮的意义》，载胡适著、季羡林主编：《胡适全集》第 1 卷，合肥：安徽教育出版社，2003 年版，第 699 页。

# 第五章
# 政治改造

　　中国古代专制日久，惟官令是从，老百姓除纳税诉讼外，不知国家为何物，不知政治为何事。在陈独秀看来，这足以说明中国需要来一场"政治的觉悟"。他说："吾国欲图世界的生存，必弃数千年相传之官僚的专制的个人政治，而易以自由的自治的国民政治也。"[①] 国民政治、立宪政体能否实现，根本的条件在于"多数国民能否对于政治，自觉其居于主人的主动的地位"，"自居于主人的主动的地位，则应自进而建设政府，自立法度而自服从之，自定权利而自尊重之"。[②]

## 第一节　主义：从论争到现实

　　新文化运动时期，中国走什么道路、遵行什么样的主义问题，成为讨论的热点之一。1915 年，梁启超自言近二十年来过的是政治生涯，凡所言论，无非政治。他说："吾亦尝欲借言论以造成一种人物，然所欲造成者，

---

　　① 陈独秀：《吾人最后之觉悟》，载《独秀文存》卷 1，上海：上海书店，1989 年版，第 53—54 页。

　　② 同①，第 54 页。

151

则吾理想中之政治人物也。吾之作政治谭也，常为自身感情作用所刺激，而还以刺激他人之感情，故持论亦屡变，而往往得相当之反响。"[1] 他们的讨论，开始还只是学理论争，后来不断引向行动纲领的祈向，最终转向了现实的政治行动。

## 一、问题与主义

当时有种较普遍也非常朴素的认识，即将"社会主义"视为与"社会"相关的主义。"除了科学社会主义即马克思主义之外，还有空想社会主义、基尔特社会主义、无政府主义、修正主义、新村主义、泛劳动主义、工读主义以及合作主义，而无政府主义中还有什么无政府个人主义、无政府共产主义、无政府工团主义、社会的无政府主义，等等，都打着'社会主义'旗号，时蜂拥而来。"[2] 以下略述几点与"问题与主义之争"的主义问题。

### （一）论辩：各种主义登场

近代早期，在顽固派、洋务派、维新派之间展开了旗帜鲜明的大论辩。论辩有三大主题，即"要不要变法""要不要兴民权""要不要兴新学"，而"要不要兴民权"则是其核心问题。

顽固派以为中国的问题不在于制度，而在人心。褚成博《变法宜先变心折》说："当今之世，非无治法之患，实无人心之患。"[3] 他们应对问题的

---

① 梁启超：《吾今后所以报国者》，载梁启超著，汤志钧、汤仁泽编：《梁启超全集》第9集，北京：中国人民大学出版社，2018年版，第170页。

② 丁守和：《中国现代史论》，北京：中国社会科学出版社，1980年版，第179页。

③ 褚成博：《变法宜先变心折》，《坚正堂折稿》第2卷，第18页。

仍是老一套办法，即"总以正人心，培国脉为本"①。在不可变国脉、治法的观念方面，洋务派亦是认可的。张之洞说："夫不可变者，伦纪也，非法制也；圣道也，非器械也；心术也，非工艺也。"②洋务派的新政，多局限在器物层面上的修修补补，即使触及教育与人才方面，也大都尚未上升到对文化、制度的根本性变革层面，更未满足兴民权的先进诉求。当康有为看到洋务运动"补漏之无成功"，便提出"别立堂基，涤除旧弊"的主张。③

维新派以为，"夫变者，古今之公理"④，"昨日之新，至今日而已旧；今日之新，至明日而又已旧。所谓新理新事，必更有新于此者"⑤。维新派主张兴民权，设议院，进行制度改革。设议院即可畅通言路，解决重大疑难问题："上自君主，下自缙绅，皆得演说机要，互相辩论，国有大事，尤于此定其操纵之权，虽君主不得而相强，而君民之间，仍复浃洽……以故国家无决难之疑，言路无壅蔽之患。"⑥

严复将设议院看作新政的关键。他说："设议院于京师，而令天下郡县各公举其守宰。是道也，欲民之忠爱必由此，欲教化之兴必由此，欲地利之尽必由此，欲道路之辟、商务之兴必由此，欲民各束身自好而争濯磨于

---

① 李秉衡：《奏陈管见折》，《李忠节公奏议》第 10 卷，第 8 页。

② （清）张之洞：《劝学篇·外篇·变法第七》，载苑书义，孙华峰，李秉新主编：《张之洞全集》，石家庄：河北人民出版社，1998 年版，第 9747 页。

③ 康有为：《外衅危迫分割洊至急宜及时发愤大誓臣工开制度新政局折》，载康有为撰；姜义华，张荣华编校：《康有为全集》第 4 集，北京：中国人民大学出版社，2007 年版，第 13 页。

④ 梁启超：《变法通议自序》，载梁启超著，汤志钧、汤仁泽编：《梁启超全集》第 1 集，北京：中国人民大学出版社，2018 年版，第 21 页。

⑤ 谭嗣同：《湘报后序上》，载《谭嗣同全集》，北京：生活·读书·新知三联书店，1954 年版，第 137 页。

⑥ 赵而霖：《开议院论》，载中国史学会主编：《中国近代史资料丛刊·戊戌变法（三）》，上海：上海人民出版社，1957 年，第 195 页。

善必由此。呜呼，圣人复起，不易吾言矣。"①种族之所以强、所以立是可以判断的。"盖生民之大要三，而强弱存亡莫不视此：一曰血气体力之强，二曰聪明智虑之强，三曰德行仁义之强。是以西洋观化言治之家，莫不以民力、民智、民德三者断民种之高下，未有三者备而民生不优，亦未有三者备而国威不奋者也。"②所以，"今日要政"必统于三方面，即鼓民力、开民智、新民德，三者是"自强之本"。中国历来所可凭以自信者，在新的境遇下，均自黯然失色。"然则神州九万里地，四十京之民，此廓廓者徒土荒耳，是蚩蚩者徒人满耳。尚自诩冠带之民，灵秀之种，周孔所教，礼义所治，诸君聊用自娱则可耳，何关人事也耶！"③

对于兴民权、设议院的维新主张，顽固派和洋务派都表示反对。张之洞在《劝学篇》中不无担忧，"使民权之说一倡，愚民必喜，乱民必作，大乱四起"④。民权意识起来以后，人心不古，必引致乱局。而设立议院，必会触及君主专制制度。如果中国不幸设立议院，那么"设议院而废君，大逆不道之事多矣"⑤，所以，"民主万不可设，民权万不可重，议院万不可变通"⑥。

1919年4月，张东荪给欧游的梁启超、张君劢等人写信，要他们注意研究欧洲社会主义问题。⑦当年9月1日，张东荪在上海创办《解放与

---

① 严复：《原强修订稿》，载王栻主编《严复集》，北京：中华书局，1986年版，第31—32页。

② 同①，第18页。

③ 同①，第20页。

④ （清）张之洞：《〈劝学篇〉正权》，载苑书议、孙华峰、李秉新主编：《张之洞全集》，石家庄：河北人民出版社，1998年版，第9722页。

⑤ 《宾凤阳等上王益吾院长书》，载（清）苏舆编：《翼教丛编》卷5，上海：上海书店，2002年版，第146页。

⑥ 《王干臣吏部〈实学平议〉》，载（清）苏舆编：《翼教丛编》卷3，上海：上海书店，2002年版，第52页。

⑦ 瞿秋白：《俄乡纪程》，《瞿秋白文集》第1辑，北京：人民出版社，1954年版，第23—24页。

改造》，大张旗鼓地宣传社会主义。12 月，他发表《我们为什么要讲社会主义？》，认为中国目前应努力朝着社会主义这个浑朴的趋向渐进。他后来还有《社会主义思想运动概论》等相关著作。陈独秀曾邀请他参加筹备上海共产主义小组。1920 年，梁启超将《解放与改造》更名为《改造》。作为杂志的灵魂人物，梁启超、张君劢、张东荪等坚持改良主义的立场。

胡适不太赞成人们滥用抽象名词。胡适说："他们有时候用一个抽象名词来替代许多事实；有时候又用一大串抽象名词来替代思想；有时候同一个名词用在一篇文章里可以有无数的不同的意义。"[①] 抽象名词的滥用，造成理解上的困难，混淆了许多事实。所以，胡适提倡白话文，但他并不希望别人给他戴上反封建的帽子。胡适说："如果我做过什么'争斗'，我打的是骈文、律诗、古文，是死的文字，是某种某种混沌的思想，是某些某些不科学的信仰，是某个某个不人道的制度。这些东西各有很长的历史，各有他的历史演变的事实，都是最具体的东西，都不能用一个抽象名词（如'封建主义'）来解释他们，形容他们，或概括他们。"[②] 用一个抽象名词来替代许多具体的历史事实，"这毛病是笼统，是混沌，是抹煞事实。"[③] 滥用一个意义可广可狭的名词，"无心犯的是粗心疏忽，有心犯的是舞文弄法"，"在思想上，它造成懒惰笼统的思想习惯；在文字上，它造成铿锵空洞的八股文章。这都是中国几千年的文字障的遗毒。古人的文字，谈空说有，说性谈天，主静主一，小部分都是'囊风囊雾''捕风捉影'的名词变戏法"。[④]

胡适曾著《多研究些问题，少谈些主义》，蓝知非、李大钊撰长文进

---

① 胡适：《今日思想界的一个大弊病》，载胡适著、季羡林主编：《胡适全集》第 22 卷，合肥：安徽教育出版社，2003 年版，第 299 页。

② 同①，第 300 页。

③ 同①，第 301 页。

④ 同①，第 303 页。

行商榷。李大钊以为，"问题"不能脱离"主义"，因为社会问题的解决必须依靠社会上"多数人共同的运动"。我们要想解决的这个问题，首先应该设法让它成为社会上"多数人共同的问题"。他说："要想使一个社会问题，成了社会上多数人共同的问题，应该使这社会上可以共同解决这个那个社会问题的多数人，先有一个共同趋向的理想、主义，作他们实验自己生活上满意不满意的尺度（即是一种工具）。那共同感觉生活上不满意的事实，才能一个一个的成了社会问题，才有解决的希望。"① 要研究的问题，只有和社会上多数人发生密切关系，才是真正的解决，这样的问题才会有实际影响。所以，"我们的社会运动，一方面固然要研究实际的问题，一方面也要宣传理想的主义"②，"问题"与"主义"二者的关系是交相为用、并行不悖的。高谈"主义"、理想没有什么不可以，"只要能寻一个地方去实验，不把他作了纸上的空谈，也能发生些工具的效用，也会在人类社会中有相当的价值。不论高揭什么主义，只要你肯竭力向实际运动的方面努力去作，都是对的，都是有效果的"。③ 确实有些言论，偏于纸上空谈，少涉实际问题，但是只要以后改向实际，都还有希望见成效。他还说："大凡一个主义，都有理想与实用两面……我们只要把这个那个的主义，拿来作工具，用以为实际的运动，他会因时、因所、因事的性质情形生一种适应环境的变化……现代的社会，主义包含着许多把他的精神变成实际的形式使合于现在需要的企图。"④ 专事空谈之人，没有看到"主义"适应实际的可能性，便难免于危险。但这危险，"只怕不是主义的本身带来的，是空

---

① 李大钊：《再论问题与主义》，载中国李大钊研究会编注：《李大钊全集》第3卷，第1页。

② 同①，第2页。

③ 同①，第3页。

④ 同①，第3页。

谈他的人给他的"。

1919 年 8 月，胡适在《每周评论》第 36 号发表《三论问题与主义》，认为二人对自己的思想有发挥，也有匡正之处。胡适说："他们都说主义是一个'共同趋向的理想'（李君的话），是'多数人共同行动的标准，或是对于某种问题的进行趋向或态度'（蓝君的话）。这种界说，和我原文说的话，并没有冲突。我说：'主义初起时，大都是一种救时的具体主张。后来这种主张，传播出去，传播的人，要图简便，便用一两个字来代表这种具体的主张，所以叫他做某某主义。主张成了主义，便由具体的计划，变成一个抽象的名词。'我所说的是主义的历史，他们所说的是主义的现在的作用。"[①] 从古代老子的无为主义，到今天的布尔什维主义，所有的主义起初都是一种"救时的具体主张"，妄人们偏要忘却这一层，迷信抽象名词的弱点。胡适说："多研究些具体的问题，少谈些抽象的主义。一切主义，一切学理，都该研究，但是只可认作一些假设的见解，不可认作天经地义的信条；只可认作参考印证的材料的，不可奉为金科玉律的宗教；只可用作启发心思的工具，切不可用作蒙蔽聪明、停止思想的绝对真理。如此方才可以渐渐养成人类的创造的思想力，方才可以渐渐使人类有解决具体问题的能力，方才可以渐渐解放人类对于抽象名词的迷信。"[②]

胡适虽不赞成人们空谈抽象的主义，但对"输入学说和思潮的事业"却极为赞成。"一种主义发生时的社会政治情形越记的明白详细，那种主义越容易懂得完全，那种主义的参考作用也就越大。所以我说输入学说时，

---

① 胡适：《三论问题与主义》，载胡适著、季羡林主编：《胡适全集》第 21 卷，合肥：安徽教育出版社，2003 年版，第 198 页。
② 同①，第 207 页。

应该注意那发生这种学说的时势情形。"① 因为"学说是时代的产儿，但是学说又还代表某人某人的心思见解"，"我们须要知道凡是一种主义，一种学说，里面有一部分是当日时势的产儿，一部分是论主个人的特别性情、家世的自然表现，一部分是论主所受古代或同时的学说影响的结果"②；"论主"为佛学术语，指主张某种学说的人，"论主"的思想与本人的才性、家世、受教育经验等相关；所以，除了注意学说发生的社会背景，还须注意"论主"的生平事实和他所受的学术影响。

另外，他认为，"输入学说时应该注意每种学说所已经发生的效果"。"因为一种主张，到了成为主义的地步，自然在思想界、学术界，发生一种无形的影响，围范许多人的心思，变化许多人的言论行为，改换许多制度风俗的性质，这都是效果并且是很重要的效果……我们观察这种效果，便可格外明白各种学说所涵的意义，便可格外明白各种学说的功用价值。"③

胡适还从效果上来看待马克思主义的功用价值。他说："即如马克思主义的两个重要部分：一是唯物主义的历史观，一是阶级竞争说。（他的'赢余价值说'，是经济学④的专门问题，此处不易讨论）唯物的历史观，指出物质文明与经济组织在人类进化社会史上的重要，在史学上开一个新纪元，替社会学开无数门径，替政治学说开许多生路：这都是这种学说所涵意义的，不单是这学说本身在社会主义运动史上的关系了。这种唯物的历史观，能否证明社会主义的必然实现，现在已不成问题，因为现在社会主义的根

---

① 胡适：《四论问题与主义——论输入学理的方法》，载胡适著、季羡林主编：《胡适全集》第 21 卷，合肥：安徽教育出版社，2003 年版，第 214 页。

② 同①，第 215 页。

③ 同①，第 216 页。

④ 同①，第 216 页。

据地，已不靠这种带着海智儿臭味的历史哲学了。但是这种历史观的附带影响——真意义——是不可埋没的。又如阶级战争说指出有产阶级与无产阶级不能并立的理由，在社会主义运动史与工党发展史上固然极重要。但是这种学说，太偏向伸明'阶级的自觉心'一方面，无形之中养成一种阶级的仇视心，不但使劳动者认定资本家为不能并立的仇敌，并且使许多资本家也觉劳动者真是一种敌人。这种仇视心的结果，使社会上本来应该互助而且可以互助的两种大势力，成为两座对垒的敌营，使许多建设的救济方法成为不可能，使历史上演出许多本不须有的惨剧。这种效果固然是阶级竞争说本来的涵义，但是这些涵义实际表现的效果，都应该有公平的研究和评判，然后能把原来的主义的价值与功用一一的表现出来。"①

胡适把自己所说的三种方法总括为"历史态度"，他说："凡对于每一种事物制度，总想寻出他的前因与后果，不把他当作一种来无踪去无影的孤立东西，这种态度就是历史的态度。我希望中国的学者，对于一切学理，一切主义，都能用这种历史的态度去研究他们。"②

胡适以为，国故学研究必须注意比较的研究。他说："懂得了近世社会主义的政策，自然不能不佩服王莽、王安石的见解和魄力了。"③胡适将王莽看作是"一千九百年前的一个社会主义者"。他说："王莽受了一千九百年的冤枉，至今还没有公平的论定。他的贵本家王安石虽受一时的唾骂，却早已有人替他伸冤了。然而王莽确是一个大政治家，他的魄力和手腕远在王安石之上。我近来仔细研究《王莽传》及《食货志》及《周礼》，才

---

① 胡适：《四论问题与主义——论输入学理的方法》，载胡适著、季羡林主编：《胡适全集》第21卷，合肥：安徽教育出版社，2003年版，第217页。

② 同①。

③ 胡适：《〈国学季刊〉发刊宣言》，载胡适著、季羡林主编：《胡适全集》第2卷，合肥：安徽教育出版社，2003年版，第16页。

知道王莽一班人确是社会主义者。"①

在胡适看来，王莽改制中实行的市平、收滞货等五均之制，都是"国家社会主义"的政策；"六筦之令"反映了"当日的政治家确能了解'国家社会主义'的精意"，因为"六筦都是民间的'公共用具'，私人自做，势必不能；若让少数富贾豪民去做，贫民必致受他们的剥削。社会主义者所以主张把这种'公共用具'一切收归社会（或国家）办理。这个意思，即是王莽政策的用意，那是无可疑的了。"②

胡适对德国古典哲学、马克思等人的思想学说也有了初步的了解。比如，胡适将马克思看作是黑格尔学派的左派。胡适说："最有势力的海格尔学派早已分裂了：'右'派的早已变成卫道忠君的守旧党了；'左'派的，在宗教的方面，有佛尔巴赫（Feuerbach，1804—1866）与斯道拉斯（Strauss）的大胆的批评；在社会和政治方面，有马克思（Marx，1818—1883）与拉萨尔（Lassalle，1825—1864）的社会主义。"③

胡适指出，十九世纪中叶以后的新宗教信条是社会主义。他说："十八世纪的新宗教信条是自由、平等、博爱。十九世纪中叶以后的新宗教信条是社会主义。这是西洋近代的精神文明，这是东方民族不曾有过的精神文明。"④ 胡适还说："十九世纪以来，个人主义的趋势的流弊渐渐暴白于世了，资本主义之下的苦痛也渐渐明瞭了。远识的人知道自由竞争的经济制度不能达到真正'自由、平等、博爱'的目的。向资本家手里要求公道的

---

① 胡适：《王莽——一千九百年前的一个社会主义者》，载胡适著、季羡林主编：《胡适全集》第 2 卷，合肥：安徽教育出版社，2003 年版，第 19 页。

② 同①，第 24 页。

③ 胡适：《五十年来之世界哲学》，载胡适著、季羡林主编：《胡适全集》第 2 卷，合肥：安徽教育出版社，2003 年版，第 346 页。

④ 胡适：《我们对于西洋近代文明的态度》，载胡适著、季羡林主编：《胡适全集》第 3 卷，合肥：安徽教育出版社，2003 年版，第 10 页。

待遇，等于'与虎谋皮'。救济的方法只有两条大路：一是国家利用其权力，实行裁制资本家，保障被压迫的阶级；二是被压迫的阶级团结起来，直接抵抗资本阶级的压迫与掠夺。于是各种社会主义的理论与运动不断地发生"十八世纪的新宗教信条是自由、平等、博爱。十九世纪中叶以后的新宗教信条是社会主义。这是西洋近代的精神文明，这是东方民族不曾有过的精神文明。"①

李大钊曾指出，在群众运动的时代，各种"主义"多半"带着招牌的性质"，从而成为群众运动的"隐语"与"旗帜"。一些人便假冒牌号，像刀剪上"旺麻子"之混"王麻子"、茶叶上"汪正大"之混"王正大"一样，因当时社会主义的"名辞"在社会上很流行，安福派便跟风假冒。不能因为安福派也来讲社会主义，我们便停止了"正义的宣传"。他说："因为有了假冒牌号的人，我们愈发应该一面宣传我们的主义，一面就种种问题研究实用的方法，好去本着主义作实际的运动，免得阿猫、阿狗、鹦鹉、留声机来混我们，骗大家。"②

当有人以为"美国的物质发展终有到头的一天；到了物质文明破产的时候，社会革命便起来了"时，胡适却说："我可以武断地说：美国是不会有社会革命的，因为美国天天在社会革命之中。这种革命是渐进的，天天有进步，故天天是革命。"③他还说："从前马克思派的经济学者说资本愈集中则财产所有权也愈集中，必做到资本全归极少数人之手的地步。但美国

---

① 胡适：《我们对于西洋近代文明的态度》，载胡适著、季羡林主编：《胡适全集》第 3 卷，合肥：安徽教育出版社，2003 年版，第 10—11 页。

② 李大钊：《再论问题与主义》，载中国李大钊研究会编注：《李大钊全集》第 3 卷，第 4 页。

③ 胡适：《漫游的感想》，载胡适著、季羡林主编：《胡适全集》第 3 卷，合肥：安徽教育出版社，2003 年版，第 39 页。

近年的变化却是资本集中而所有权分散在民众。"① 工人持股，成为股东，成为小资本家，既然"人人都可以做有产阶级，故阶级战争的煽动不发生效力"②。

胡适比较注重事实，他说："学者似乎应该尊重事实。若事实可以推翻学说，那么，我们似乎应该抛弃那学说，另寻更满意的假设。"③ 还说："世间的大问题决不是一两个抽象名词（如'资本主义''共产主义'等等）所能完全包括的。最要紧的是事实。现今许多朋友却只高谈主义，不肯看看事实。"④ 日本的经济学家福田德三到欧洲游历回国后，不再主张妥协的、缓和的社会政策了，他以为只有两条路可走，不是纯粹的马克思派社会主义，就是纯粹的资本主义，没有第三条路。胡适建议他到美国看看，也许可以看见第三条路。福田摇头说："美国我不敢去，我怕到了美国会把我的学说完全推翻了。"可见，福田的态度也是不顾事实，高谈主义。孙中山曾引外国俗语说"社会主义有五十七种，不知那一种是真的。"胡适接着引申说："岂但社会主义有五十七种？资本主义还不止五百七十种呢！拿一个'赤'字抹杀新运动，那是张作霖、吴佩孚的把戏。然而拿一个'资本主义'来抹杀一切现代国家，这种眼光究竟比张作霖、吴佩孚高明多？"⑤

胡适对苏联也有一定的认识，并将其看作是空前的伟大政治新试验。1926 年胡适访苏，便将见闻与感想写信给朋友。他看到的苏联正在做一个"空前的伟大政治新试验"，是一个"有理想、有计画、有方法的大政治试

---

① 胡适：《漫游的感想》，载胡适著、季羡林主编：《胡适全集》第 3 卷，合肥：安徽教育出版社，2003 年版，第 39 页。
② 同①，第 40 页。
③ 同①，第 42 页。
④ 同①，第 42 页。
⑤ 同①，第 42—43 页。

验"①。他在莫斯科遇见美国芝加哥大学教授 Merriam，谈到了苏联体裁和政策。胡适说："他说，狄克推多向来是不肯放弃已得之权力的，故其下的政体总是趋向愚民政策。苏俄虽是狄克推多，但他们却真是用力办新教育，努力想造成一个社会主义的新时代。依此趋势认真做去，将来可以由狄克推多过渡到社会主义的民治制度。"②

胡适说："我是一个实验主义者，对于苏俄之大规模的政治试验，不能不表示佩服……在世界政治史上，从不曾有过这样大规模的'乌托邦'计画居然有实地试验的机会。求之中国史上，只有王莽与王安石做过两次的'社会主义的国家'的试验；王莽那一次尤可佩服。他们的失败应该更使我们了解苏俄的试验的价值。"③ 他还说："去年许多朋友要我加入'反赤化'的讨论，我所以迟疑甚久，始终不加入者，根本上只因我的实验主义不容我否认这种政治试验的正当，更不容我以耳为目，附和传统的见解与狭窄的成见。"④ 胡适也正是基于实验主义的立场，希望能通过对苏俄的政治试验的观察调查，真切、全面地评价其价值。苏俄的大试验成绩如何，"这个问题须有事实上的答案，决不可随便信任感情与成见。"⑤

从文学角度看历史，只是对历史观一个局部性的认识。胡适说："历史可有种种的看法，唯心的，唯物的，唯人的，唯英雄的……各种看法。我现在对于中国历史的看法，是从文学方法的，文学的名词方面的，是要把

---

① 胡适：《欧游道中寄书》，载胡适著、季羡林主编：《胡适全集》第 3 卷，合肥：安徽教育出版社，2003 年版，第 51 页。

② 同 ①，第 50—51 页。

③ 同 ①，第 51 页。

④ 同 ①，第 51 页。

⑤ 同 ①，第 52 页。

它当作英雄传，英雄诗，英雄歌，一幕英雄剧，而且是一幕英雄悲剧来看。"①

## （二）平民主义

1919年，李大钊发表《我的马克思主义观》，宣称自己完全信仰马克思主义。1919年撰《青年与农村》，即指出："要想把现代的新文明，从根底输入到社会里面，非把知识阶级与劳工阶级打成一气不可。"②1923年，他以马克思主义为指导，发表《平民主义》，以为中国的出路在于通过劳农结合，实行无产阶级专政，建立平民政权。在他看来，作为一种潮流，平民主义"崛起于欧洲，流被于美洲，近更借机关炮、轮船、新闻、电报的力量，挟着雷霆万钧的声势，震醒了数千年间沉沉睡梦于专制的深渊里的亚洲"，现在已经成为"时代的精神""惟一的权威者"，正如罗马教在中世纪的欧洲所处的地位一样。③虽然从译语上看，Democracy曾被译为"民本主义""民主主义""民治主义""唯民主义""德谟克拉西"等，均各有其弊。为了便于"通俗了解"起见，李大钊将其译为"平民主义"。

现代的平民主义，不再是"属于人民、为人民、由于人民的政治"（government of the people, for the people, by the people），而是"属于人民、为人民、由于人民的执行"（administration of the people, for the people, by the people）；不再是对人的统治，而是对事物的管理。④现代政治或社会所要求的解放运动，无论是人民对于国家、地方对于中央、殖民地对于宗主

---

① 胡适：《中国历史的一个看法》，载胡适著、季羡林主编：《胡适全集》第13卷，合肥：安徽教育出版社，2003年版，第109页。

② 李大钊：《青年与农村》，载中国李大钊研究会编注：《李大钊全集》第2卷，第304页。

③ 李大钊：《平民主义》，载中国李大钊研究会编注：《李大钊全集》第4卷，第114页。

④ 同③，第121页。

国、弱小民族对于强大民族、农夫对于地主、工人对于资本家，还是妇女对于男子、子弟对于亲长等所要求的解放运动，都是"平民主义化"的运动。

在通往"世界大同的通衢"上，与个性解放运动相伴而生的是大同团结运动。"联邦主义"在当时是"最适合于复合、扩大、殊异、驳杂生活关系的新组织"①，因此它可以造成一种"新联合"。李大钊说："我们可以断言现在的世界，是联邦化的世界，亦是'平民主义'化的世界；将来的世界组织，亦必为联邦的组织，'平民主义'的组织。联邦主义，不过是'平民主义'的另一形态罢了。"②

现代国际主义运动中，中产阶级推动的国际主义运动，像国际联盟或世界联邦的提议或设想，在帝国主义时代恐怕只是一种奢望。"资本主义存在一天，帝国主义即存在一天。在帝国主义冲突轧轹之间，一切反对战争的企图，都成泡影，一切国际的会议，都不过是几个强国处分弱小民族权利分配的机关罢了。"③帝国主义与平民主义不能共存，真正的联合不是帝国主义的联合，而是平民主义的联合。另一种是劳动阶级的国际主义运动，主张阶级斗争，建立劳动阶级的国际联合，这一种更可能成为未来国际大联合的方向。

从阶级内容上看，平民主义是无产阶级的"工人政治"，因此，平民主义与社会主义密切相关。社会主义的目的，在于破除"统治与服属的关系"，所以，"当中产阶级平民政治的特色，私有制的规制完全废除至全失其复活的可能，社会主义的精神在实行社会主义制度之下普及于一般的时候，真正的'工人政治'，便自然的实现"④。当工人政治完全实现时，也

---

①　李大钊：《平民主义》，载中国李大钊研究会编注：《李大钊全集》第4卷，第123页。

②　同①，第124—125页。

③　同①，第126页。

④　同①，第131页。

便消灭了阶级制度，完成了无产阶级阶级专政的任务，"工人政治"的统治意义也将渐渐消灭，事物管理代替了人身的统治，这样"真正的工人政治"，才是"纯正的平民主义"。

杜威来华讲学，提倡"平民主义的教育"，将教育普及到广大平民身上，并试图用"教育的方法"化解激烈的阶级矛盾。杜威说："现在世界的社会问题还没有解决，那过激主义如风起云涌，这是什么缘故呢？寻根究底，就是平民没有受着切于生活的教育。""世界社会问题的最后解决，不在增加工资，也不在减短做工时间，实在普及平民教育。"①

杜威反对"养成知识贵族""养成服从古训"的旧式封建贵族，强调"个性教育"，提倡学生自治。这些主张，与"五四"前后中国学生界讨论教育活动中的"自动教育"与"自律辅导主义"，在精神上是一致的。1919 年 11 月 14 日，北京高等师范学校废除学监，成为学生自治会，杜威、蔡元培等都参加了。蔡元培还以为学生的自治精神还可以向国民辐射，"一定可以提起国民自治的精神"。

## 二、文化：红色意蕴的生成

在有些意义域中，颜色蕴含政治隐喻、革命隐喻。在近代中国，世界局势引领革命潮流，革命洪流引发"颜色认同"，以李大钊为代表的革命理论先行者们当时已将红色与革命进行了深度结合。顾名思义，我们也可以把当时的革命潮流称为"颜色革命"。

李大钊曾说："在今日群众运动的时代，这个主义、那个主义多半是群

---

① 杜威：《平民主义的教育》，载《当代名人新演讲集》，上海：上海广文书局，1922 年 3 月再版，第 32—33 页。

众运动的隐语、旗帜，多半带着招牌的性质。既然带着招牌的性质，就难免招假冒牌号的危险。"[①]第一次世界大战的胜利，被李大钊认为人道主义的胜利、平和思想的胜利、公理的胜利、自由的胜利、民主主义的胜利、社会主义的胜利、Bolshevism 的胜利、"赤旗"的胜利、世界劳工阶级的胜利、二十世纪新潮流的胜利。[②]他激情满怀地说："由今而后，到处所见的，都是 Bolshevism 战胜的旗。到处所闻的，都是 Bolshevism 的的凯歌的声。人道的警钟响了！自由的曙光现了！试看将来的环球，必是赤旗的世界！"[③]1919 年 7 月，时不常会听到某处创立一个劳农共和国、某国建立了一个共产党的政府的消息，李大钊针对此种现象说道："他们的旗，都是'赤旗'。他们的兵，都是'赤军'。这种的革命，人都叫作'赤革命'。这样演下去，恐怕世界都要变成赤色。"[④]

1919 年 9 月，李大钊论赤色和青色道："世界上的军阀、财阀，怕赤（赤军的赤）色。中国现在的官僚政府怕青（青年的青）色。这都是他们眼里的危险颜色。"[⑤]中国正需要青年起来进行革命。李大钊说："人说政治革命是白革命，社会革命是赤革命。我说无论是白是赤，总在本质稍有光明的国家，才能发见这样鲜明的颜色。像我们中国这样黑暗的国家，对于世界革命的潮流，不问他是白是赤，一味作盲目的抗拒。等到潮流逼进了

---

① 李大钊：《再论问题与主义》，载中国李大钊研究会编注：《李大钊全集》第 3 卷，第 4 页。

② 李大钊：《Bolshevism 的胜利》，原载《新青年》第 5 卷第 5 号，1919 年 1 月；今参中国李大钊研究会编注：《李大钊全集》第 2 卷，第 259 页。

③ 同②，第 263 页。

④ 李大钊：《赤色的世界》，原载《每周评论》第 29 号，1919 年 7 月 6 日；今参中国李大钊研究会编注：《李大钊全集》第 2 卷，第 357 页。

⑤ 孤松：《赤色青色》，原载《新生活》第 6 期，1919 年 9 月 28 日；今参中国李大钊研究会编注：《李大钊全集》第 3 卷，第 55 页。

门，大家仍是昏沉沉的在黑尘中乱滚，白革命会变成灰色，赤革命会变成黑色。辛亥以后的军阀政客，已竟把个中国弄成灰色了，盼望以后你们不要把中国再弄成黑色才好。"①黑暗压迫光明，光明驱除黑暗。"鲜明的颜色"象征着光明，赤色、白色象征着革命，革命行动必然带来光明未来。

从文化衍生的轨迹看，李大钊等早期社会主义者的文化隐喻之思，成为后来红色文化及社会主义新文化的重要基因。

首先，就红色文化而言，它主要有三重核心意蕴：（一）从政治层面上看，红色文化表现为反抗压迫，追求自由；反对专制，追求民主；（二）从经济层面上看，红色文化表现为"耕者有其田"，关切民生；（三）从社会目标上看，红色文化表现为启迪民智，反抗黑暗，追求光明。

红色与白色，形成相对的政治隐喻。红色一边的，有红军，包括地方武装有赤卫队和工农暴动队。毛泽东指出，1927年秋至1928年，一系列的"革命失败，得了惨痛的教训，于是有了南昌起义、秋收起义和广州起义，进入了创造红军的新时期"②。此外，还有红色政权，以苏维埃、红旗等为象征，以当家作主人为政治目标。而白色一边的，有白军、白色恐怖等。1927年9月，中共中央临时政治局会议通过的《关于"左派国民党"及苏维埃口号问题议决案》即指出，"现在群众看国民党的旗帜是资产阶级地主反革命的象征，白色恐怖的象征，空前未有的压迫与屠杀的象征"③。

红色政权，从根本上解决"红旗到底打得多久"的问题。1928年5月

---

① 李大钊：《灰色的中国》，原载《每周评论》第30号，1919年7月13日；今参中国李大钊研究会编注：《李大钊全集》第2卷，第366页。

② 毛泽东：《战争和战略问题》，载《毛泽东选集》第2卷，北京：人民出版社，1991年版（2008年重印），第548页。

③ 参中共中央文献研究室、中央档案馆编：《建党以来重要文献选编》（一九二一——一九四九）第4册，北京：中央文献出版社，2011年版，第507页。

20 日，在宁冈茅坪召开湘赣边界党的第一次代表大会，成立边界特委，选举毛泽东为书记，会上毛泽东分析了中国革命形势，对这一问题进行了回答。同年 10 月 4 日，边界党的第二次代表大会通过了毛泽东起草的《政治问题和边界党的任务》，论证了白色政权包围中小块红色政权为什么能够存在并日益发展的问题，形成了"工农武装割据"的思想。

1927 年 10 月至 1928 年底，在井冈山地区，"一国之内，在四围白色政权的包围中间，产生一小块或若干小块的红色政权区域，在目前的世界上只有中国有这种事。"① 毛泽东说："边界的红旗子，业已打了一年，虽然一方面引起了湘鄂赣三省乃至全国豪绅阶级的痛恨，另一方面却渐渐引起了附近省份工农士兵群众的希望。"② 他还说："边界红旗子始终不倒，不但表示了共产党的力量，而且表示了统治阶级的破产，在全国政治上有重大的意义。"③

中国民主主义的先行者孙中山，曾利用军阀打军阀，提出"联俄、联共、扶助农工"，国共合作，红色革命意象空前一致。但是，国共合作遭破坏后，国民党政权的血腥屠杀洗掉了原来那些仅存的红色因素。1927 年 9 月，中共中央临时政治局会议认为国民党已被资产阶级军阀变成"政治的尸首"，便做出《关于"左派国民党"及苏维埃口号问题议决案》④，决定今后组织群众革命斗争，不再"在国民党的旗帜下进行"；共产党的任务，

---

① 毛泽东：《井冈山的斗争》，载《毛泽东选集》第 1 卷，北京：人民出版社，1991 年版（2008 年重印），第 57 页。

② 同①，第 81 页。

③ 同①，第 81 页。

④ 原载 1927 年 9 月 30 日《中央通讯》第 6 期，1989 年收入中共中央党校出版社出版的《中共中央文件选集》第 3 册，今参中共中央文献研究室、中央档案馆编：《建党以来重要文献选编》（一九二一——一九四九）第 4 册，北京：中央文献出版社，2011 年版，第 507—508 页。

不仅要宣传苏维埃的思想，"并且在革命斗争新的高潮中应成立苏维埃"。

1920 年 11 月 25 日，毛泽东复信罗章龙，强调"主义"在共同行动中的重要性。他说："尤其要有一种为大家共同信守的'主义'，没有'主义'，是造不成空气的……主义譬如一面旗子，旗子立起了，大家才有所指望，才知所趋赴。"[①] 革命的行动要有革命的理论作指导，主义是引领行动的旗子，主义决定方向、凝聚力量。

其次，在社会主义新文化方面，则需要重新思考毛泽东的相关论断。

毛泽东在深刻检讨中国旧文化时，认为不能人为"割断历史"，必须吸收"外国的进步文化"，从古今中西的大格局、世界文明的大视野出发，找准了中国文化发展的民族化、科学化、大众化的新方向。

1940 年，毛泽东在《新民主主义论》中总结说："中国现时的新政治新经济是从古代的旧政治旧经济发展而来的，中国现时的新文化也是从古代的旧文化发展而来，因此，我们必须尊重历史，决不能割断历史。"[②] 又说："中国应该大量吸收外国的进步文化，作为自己文化食粮的原料，这种工作过去还做得很不够。这不但是当前的社会主义文化和新民主主义文化，还有外国的古代文化，例如各资本主义国家启蒙时代的文化，凡属我们今天用得着的东西，都应该吸收。"[③] 在学习西方时，不仅要有开阔的胸襟与视野，还要有辩证的分析与取舍。他说："决不能生吞活剥地毫无批判地吸收。所谓'全盘西化'的主张，乃是一种错误的观点。形式主义地吸收外国的东西，在中国过去是吃过大亏的。中国共产主义者对于马克思主义在

---

① 转引自中共中央文献研究室编：《毛泽东年谱》（一八九三——一九四九）上卷，北京：中央文献出版社，1993 年版，第 79—80 页。

② 毛泽东著：《新民主主义论》，载《毛泽东选集》第 2 卷，北京：人民出版社，1991 年版（2008 年重印），第 708 页。

③ 同②，第 706—707 页。

中国的应用也是这样，必须将马克思主义的普遍真理和中国革命的具体实践完全地恰当地统一起来，就是说，和民族的特点相结合，经过一定的民族形式，才有用处，决不能主观地公式地应用它……中国文化应有自己的形式，这就是民族形式。民族的形式，新民主主义的内容——这就是我们今天的新文化。"① 强调新文化的民族形式、民族特点，就是主张"中华民族的尊严和独立"。

中国近代出现的这洪大的红色"新思潮"，代表了中国文化转型的新样态。胡适曾把当时近两三年来的新杂志和报纸介绍的种种西洋新学说，作为"输入学理"的重要内容，如《新青年》的"易卜生号""马克思号"，《民铎》的"现代思潮号"，《新教育》的"杜威号"等。②

胡适看到，新思潮缘起于人们对旧有学术思想的不满。胡适说："若有人能把这个问题的各方面都细细分析出来，加上评判的研究，指出不满意的所在，提出新鲜的救济方法，自然容易引起许多人的注意。起初自然有许多人反对。但是反对便是注意的证据，但是兴趣的表示。试看近日报纸上登的马克思的《赢余价值论》，可有反对的吗？可有讨论的吗？没有人讨论，没有人反对，便是不能引起人注意的证据。研究问题的文章所以能发生效果，正为所研究的问题一定是社会人生最切要的问题，最能使人注意，也最能使人觉悟。悬空介绍一种专家学说，哪《赢余价值论》之类，除了少数专门学者之外，决不会发生什么影响。但是我们可以在研究问题里面做点输入学理的事业，或用学理来解释问题的意义，或从学理上寻求解决问题的方法。用这种方法来输入学理，能使人于不知不觉之中感

① 毛泽东著：《新民主主义论》，载《毛泽东选集》第2卷，北京：人民出版社，1991年版（2008年重印），第707页。

② 胡适：《新思潮的意义》，载胡适著、季羡林主编：《胡适全集》第1卷，合肥：安徽教育出版社，2003年版，第694页。

受学理的影响。不但如此，研究问题最能使读者渐渐的养成一种批评的态度，研究的兴趣，独立思想的习惯。十部'纯粹理性的评判'，不如一点评判的态度；十篇'赢余价值论'，不如点研究的兴趣；十种'全民政治论'，不如一点独立思想的习惯。"①

虽然胡适并不看好马克思的学说，以为它不过是一种不切实用的专家之论，并不能引起人们的注意；但可贵的是，胡适从当时学术思潮的发展状况着眼，已经注意到马克思剩余价值学说的引入，他也许是最早研究这种新学说在中国早期传播的学人之一。当然，也正是由于他关注的是马克思学说在中国的早期传播，他便未能较好地预计后期引发的效果，从而在理论上过早下结论，显得有些草率。

如果从中国文化心理结构上看，包括红色文化生成的中国文化转型还离不开中国固有的儒学基础。李泽厚说："中国儒家的实用理性能不怀情感偏执，乐于也易于接受外来的甚至异己的事物。也正因为如此，五四时代才有上述那种在其他民族文化里所没有出现过的全盘性的反传统的思想、情感、态度和精神。也正因为如此，中国现代知识分子可以毫无困难地把马克思摆在孔夫子之上。所以包括五四时期那种全盘性反传统的心态倒又恰恰是中国实用理性传统的展现。从积极方面说，这是为了救国，为了启蒙，为了唤醒大众。当时先进的中国知识分子认为必须激烈地彻底地抨击孔孟舍弃传统，才有出路。这不是为个体超越或来生幸福的迷狂信仰，它是经过理智思考过的有意识的选择，所以这仍然是积极入世以求社会、国家的生存发展的实用理性、儒学精神的表现。从消极方面说，它没有那种非理性的宗教情感的阻挡、干扰和抵制，也是因为实用理性并非宗教信仰

---

① 胡适：《新思潮的意义》，载胡适著、季羡林主编：《胡适全集》第 1 卷，合肥：安徽教育出版社，2003 年版，第 696 页。

的缘故。"①

在陈独秀看来，传统儒家社会所主张的民本主义与近代西方提倡的民主主义有着根本不同。西方民主主义主张以人民为主体，然而民本主义却根本没有这一观念，其"所谓民视民听、民贵君轻，所谓民为邦本，皆以君主之社稷——即君主祖遗之家产为本体，此等仁民、爱民、为民之民本主义（民本主义，乃日本人以影射民主主义者也。其或运用西文 Democracy 而未敢公言民主者，回避其政府之干涉耳），皆自根本上取消国民之人格，而与以人民为主体、由民主义之民主政治，绝非一物"②。

近代觉醒语境下的国学资源，其人民性、民族性意涵被不断放大，最后促成其红色意蕴的生成。现在看来，不是没有原因的。

## 第二节　政府论与改良派

富国强兵是中国近代知识人苦苦追寻的目标。为了有效推进中国政治改造，近代知识人在建立什么样的政府、什么的政体方面，提出了种种方案。

### 一、政府愿景：从联邦到"好政府主义"

早期维新派认识到，要改变中国积贫积弱的局面，必须在讲求武备同列强"兵战"的同时，进行"商战"，"借商以强国，借兵以卫国"。此外

---

① 李泽厚：《漫说"西体中用"》，载氏著《中国现代思想史论》，天津：天津社会科学院出版社，2003 年版，第 319 页。

② 陈独秀：《再质问〈东方杂志〉记者》，载《独秀文存》卷 1，上海：上海书店，1989 年版，第 329 页。

还要革新政治，建立君主立宪制，创构政府愿景。

## （一）"强有力的政府"：收统一集权之效

郑观应的《盛世危言》深察近代洋务运动、清廷吏治之弊，主观革新朝政，开设议院，兴办新学，设立商部，实行"商战"，发展民族资本主义工商业，表达了我国最早一批改良主义者的思想主张。

据《康南海自编年谱》载，自 1890 年始，康有为在广州万木草堂开讲，讲授孔学、佛学、宋明学、史学和西学，"大发求仁之义，而讲中外之故，救中国之法"。在弟子陈千秋、梁启超的协助下，康有为于 1891 年刊行《新学伪经考》，以为"六经"为孔子编著的今文经，而东汉以后的古文经则是刘歆为王莽篡汉张目而伪造的；于 1897 年刊行《孔子改制考》，以孔子为假托尧、舜、文、武的"改制圣王"。康有为把"公羊三世说"推演成"据乱世"、"升平世"（"小康"）、"太平世"（"大同"）的三世进化模式，为变法提供了合理性论证，为维新运动做好了理论准备。

前述康有为两书的刊行，动摇了儒家经典数千年的神圣地位，打开了经典研究的自由之路，在当时引起学术界的极大震动，被梁启超喻为"思想界一大飓风"[①]，像"火山大喷火""大地震"[②]。此著一出，根本动摇了清学的正统派的立脚点，古书的价值亦须重新评估了。然而，亦有人表示其影响"未足倾动士林"[③]。康有为用西学杂糅于今文经学，将孔子看成"民主圣人"，确实存在着理论上的不自洽性。翁同龢说《新学伪经考》不过是"说经家一野狐也"（《翁文恭公日记》卷三四）。这也说明了康有为学

---

① 梁启超：《清代学术概论》，上海：上海古籍出版社，1998 年版，第 78 页。
② 同①，第 79 页。
③ 胡思敬：《戊戌履霜录》第 2 卷《康有为搆乱始末》，载沈云龙主编《近代中国史料丛刊》第 45 辑，胡思敬著《退庐全集》，台北：文海出版社，1970 年影印本，第 1551 页。

说的确有某些局限性。

从康、梁到蔡锷等，都主张维护强有力的中央政府，以为"非有强健有力之政府，不足以巩固邦基"①，"不足以维持国脉"。蔡锷主张"以巩固国权为主义"，因为"国权巩固，国力自张，然后有发达民权之可言"。他说："非集权统一不足以伸张国力，保障民权，非有强有力之政府，又不足以收统一集权之效也。"②像对待袁世凯当总统一样，梁启超就曾有过"和袁，慰革，逼满服汉"的计划。他们对乱局痛定思痛，提出"强有力的政府论"，代表了民初革命先驱的秩序构想。③

面对武人政治造成的混乱局面，有人主张联邦制，有人提出"联省自治"。梁启超曾提倡"省宪运动"，主张"裁兵或废兵"。孙中山也指出，"和平之要，首在裁兵"，化兵为工。他主张发扬"固有道德"，学习欧美长处。从 1924 年 1 月 27 日始，孙中山开始系统讲演三民主义，每周一次，民族主义六讲、民权主义六讲、民生主义讲了四讲暂停。

孙中山认为，当时中国处在比"完全殖民地"还要低的"次殖民地"，随时都可能遭遇亡国灭种的危险。他号召"四万万人的大力量，共同去奋斗"。要恢复中华民族历史上的强盛地位，就必须一方面发扬中国"固有的道德、知识和能力"，另一方面还要学习"欧美的长处"，这样"才可以和欧美并驾齐驱"。孙中山说，马克思的学说"是集几千年来人类思想的大成"。马克思是"社会病理家"，而不是一个"社会生理家"。共产主义是民生主义的"好朋友"，"民生主义就是共产主义，就是社会主义"。

辛亥革命后，孙中山为挽救民主共和，先后进行了"二次革命"、护国、

---

① 曾业英编：《蔡松坡集》，上海：上海人民出版社，1984 年版，第 646 页。

② 同①，第 237 页。

③ 可参左双文、张炳辉：《蔡锷"强有力政府论"初探》，《广东社会科学》1997 年第 3 期。

护法等斗争，但他并未唤起民众，而是依靠军阀牵制军阀，使自己的"初心"一再相违。他在《建国方略》中回顾说："夫去一满洲之专制，转生出无数强盗之专制，其为毒之烈，较前尤甚。于是而民愈不聊生矣！溯夫吾党革命之初心，本以救国救种为志，欲出斯民于水火之中，而登之衽席之上也。今乃反令之陷水益深，蹈火益热，与革命初衷大相违背……故先作学说，以破此心理之大敌，而出国人之思想于迷津……万众一心，急起直追，以我五千年文明优秀之民族，应世界之潮流，而建设一政治最修明、人民最安乐之国家，为民所有、为民所治、为民所享者也。则其成功，必较革命之破坏事业为尤速、尤易也。"①

胡适说："打倒军阀的第一步是建设在省自治上面的联邦的统一国家。凡反抗这个旗帜的，没有不失败的。"②不能希望中央裁制军阀，只能通过增加地方的实权，达到制衡甚至推翻军阀的目的。另外，他还抨击殖民暴政。胡适为越南人潘佩珠（别名潘是汉）的著作写序时说："法兰西民族素以'自由，平等，人类胞与'三大纲自豪，然而他们对安南人的手段真可算是人类史上的一大耻辱。我们从前读古书上说秦始皇的虐政，有什么'偶语诗书者弃市'的话，总有点不相信，不料我们倒在十九世纪二十世纪法兰西民族定的安南刑律第六十七条'二人以上商议其行为谓之阴谋'一句里寻着了这句古话的注脚了。"③"人类胞与"，今多译作"博爱"。

黎元洪曾下令，说"地方自治，原为立宪国家根本要图"，胡适以为

---

① 孙中山：《建国方略》，载中山大学历史系孙中山研究室、广东省社会科学院历史研究所、中国社会科学院近代史研究所中华民国史研究室合编：《孙中山全集》第6卷，北京：中华书局，1985年版，第158—159页。

② 胡适：《联省自治与军阀割据》，载胡适著、季羡林主编：《胡适全集》第2卷，合肥：安徽教育出版社，2003年版，第483页。

③ 胡适：《〈天乎帝乎〉序》，载胡适著、季羡林主编：《胡适全集》第2卷，合肥：安徽教育出版社，2003年版，第421页。

这是在有意避免"联省自治"。胡适说:"'地方自治'是对'中央集权'而言,究竟还含有一个'中央政府'的观念。'联省自治'是以自各治区域为单位,不必一定承认一个中央政府;况且近年的'联省自治'的运动——或喊声——确是反对中央政府的一种表示。怪不得北京政府此时有意避免这个名目了。"①

胡适也曾主张"协商的割据论",1925年间他同朋友们交流看法时,被笑为行不通的"书生之见"。胡适以为,协商既行不通,"机关枪对打"就行得通吗?他说:"认真说来,我是主张'那比较平和比较牺牲小些'的方法的。我以为简单说来,近世的历史两个不同的方法:一是苏俄今日的方法,由无产阶级专政,不容有产阶级的存在。一是避免'阶级斗争'的方法,采用三百年来'社会化'(Socializing)的倾向,逐渐扩充享受自由享受幸福的社会。这方法,我想叫他做'新自由主义'(New Liberalism)或'自由的社会主义'(Liberal Socialism)。"②他对"共产党的朋友"所持的"自由主义是资本主义的政治哲学"的观点表示反对,以为这是"历史上不能成立的话"。他的理由是:"自由主义的倾向是渐次扩充的。十七八世纪,只是贵族争得自由。二十世纪应该是全民族争得自由的时期。这个观念与自由主义有何冲突?为什么一定要把自由主义硬送给资本主义?"③

中国典章制度以君主专权为代表,但其设立及内容均有一定的理由,

---

① 胡适:《这一周》,载胡适著、季羡林主编:《胡适全集》第2卷,合肥:安徽教育出版社,2003年版,第531页。
② 胡适:《欧游道中寄书》,载胡适著、季羡林主编:《胡适全集》第3卷,合肥:安徽教育出版社,2003年版,第57页。
③ 胡适:《欧游道中寄书》,载胡适著、季羡林主编:《胡适全集》第3卷,合肥:安徽教育出版社,2003年版,第58页。

不能"一概抹杀"。章太炎还说："就是将来建设政府，那项须要改良，那项须要复古，必得胸有成竹，才可以见诸施行。至于中国特别优长的事，欧美各国所万不能及的，就是均田一事，合于社会主义。"①

## （二）"好政府主义"

1914 年，章士钊发表《学理上之联邦论》等一系列有关政体的文章，以西方学说结合中国政治实际，宣扬联邦制可以用舆论力量达到革命目的，为当时思考中国革命有影响的代表。20 世纪 20 年代，胡适等人提出"好政府主义"的主张。这是当时最有代表性的政府愿景主张。

1922 年 5 月，蔡元培、梁漱溟、胡适、王宠惠、罗文干、汤尔和等16 人在《努力周报》第 2 期上刊发《我们的政治主张》一文，提出要组织"好政府"以"作为现在改革中国政治的最低限度的要求"。②他们以为，所谓"好政府"，"在消极的方面是要有正当的机关可以监督防止一切营私舞弊的不法官吏。在积极的方面是两点：（一）充分运用政治的机关为社会全体谋充分的福利；（二）充分容纳个人的自由，爱护个性的发展。"③他们还提出今后政治改革的三原则：一个"宪政的政府"，一个"公开的政府"，一种"有计画的政治"。中国政治之所以败坏，"好人自命清高"是一个重要原因。社会上的优秀分子应该做"奋斗的好人"，出来和恶势力作斗争，组织"好政府"，这才是"政治改革的唯一下手工夫"。④

---

① 章太炎：《在东京留学生欢迎会上之演讲》，载上海人民出版社编、章念驰编订：《章太炎全集·演讲集》，上海：上海人民出版社，2015 年版，第 10 页。

② 蔡元培、胡适等：《我们的政治主张》，载胡适著、季羡林主编：《胡适全集》第 2 卷，合肥：安徽教育出版社，2003 年版，第 422 页。

③ 同②，第 422 页。

④ 同②，第 423 页。

1922 年 9 月，在吴佩孚支持下，王宠惠、罗文干、汤尔和等人入阁，王宠惠任国务总理。他们都曾在《我们的政治主张》上签名，都属于亲英美派，却被当时称为无党无派的"好人"，他们所组建的政府也就被称为"好人政府"。这个听命于吴佩孚的"好人政府"，"除了进行卖国借款，帮军阀忙军饷，替军阀任免官吏以外，连一个治安警察条例都不能取消"①，只存在了三个多月就倒台了。这说明，"武人政治下，任何改良主义都无实现之可能"②。

实际上，在帝国主义殖民侵略和军阀割据下，"想以'好人努力'的方法将政治整理向宰制势力利益的反面，这不是呆小子的梦想，便是骗子手的谎诺"③。作为一种改良主义，制宪救国活动具有抵制中国共产党根本改造中国及其民主革命纲领的性质。"革命彻底成功，方有彻底的民主的宪法。"④"好人政治"成为后来被人当作挖苦的话头。胡适后来说："我们在那篇宣言里，本不曾下'好人'的定义。至少有两个方面：一是人格上的可靠，一是才具上可以有为……好人政治的含义是：进可以有益于国，退可以无愧于人。"⑤

胡适自认为无党无派，并以此批评政治，建议政府改革。胡适说："我们都没有党籍，也都没有政治派别。我们的唯一目的是对国家尽一点忠心。所以我们的政治主张不用任何党义作出发点。我们的出发点是中国的实在

---

① 田诚：《真不愧好人奋斗》，《向导》第 9 期，1922 年 11 月 8 日出版。

② 和森：《近日政潮的内幕》，《向导》第 12 期，1922 年 12 月 6 日出版。

③ 君宇：《王博士台上生活应给"好人努力"的教训》，《向导》第 5 期，1922 年 10 月 11 日出版。

④ 巨缘：《国会选举制宪统一的噩梦》，《向导》第 34 期，1923 年 8 月 1 日出版。

⑤ 胡适：《这一周》，载胡适著、季羡林主编：《胡适全集》第 2 卷，合肥：安徽教育出版社，2003 年版，第 577 页。

需要，我们的根据是中国的实在情形。"① 对于是否组织政党以及对执政党的态度，胡适说："我们不想组织政党，不想取什么政党而代之，故对现在已得中国政治权的国民党，我们只有善意的期望与善意的批评。我们期望它努力做的好。因为我们期望它做的好，故愿意时时批评它的主张、组织和实际的行为。批评的目的是希望它自身改善。"② 在国家的组织形式上，他们主张联邦式的统一国家。③

胡适在《为学生运动进一言》中曾指出："一个开明的政府应该努力做到使青年人心悦诚服的爱戴，而不应该滥用权力去摧残一切能纠正或监督政府的势力。"④ 胡适说："好政府主义，既不把政府看作神权的，亦不把政府看作绝对的有害无利的，只把政府看作工具，故亦谓之工具的政府观。"⑤ 政府是一种工具，"乃由人民的组织渐渐扩大而来。"⑥ "政府是人造的一种工具，他的缘起，是为的大众的公共的需要。那么适应于公共的需要的，便是好政府了。"⑦ 好政府主义有三个基本理念：（一）人类是造工具的动物，政府是工具的一种；（二）这一工具是有组织有公共目的的权力；（三）这一工具的效能可促进社会全体的进步。⑧ 这一工具主义的政府观的益处在于：第一，可得到评判的标准；第二，可得到民治的原理；第三，可得到

---

① 胡适：《我们对于政治的主张》，载胡适著、季羡林主编：《胡适全集》第 21 卷，合肥：安徽教育出版社，2003 年版，第 383 页。

② 同①，第 383 页。

③ 同①，第 385 页。

④ 转引自胡适《再论学生运动》，载胡适著、季羡林主编：《胡适全集》第 22 卷，合肥：安徽教育出版社，2003 年版，第 425 页。

⑤ 胡适：《好政府主义》，载胡适著、季羡林主编：《胡适全集》第 21 卷，合肥：安徽教育出版社，2003 年版，第 257 页。

⑥ 同⑤，第 257 页。

⑦ 同⑤，第 258 页。

⑧ 同⑤，第 260 页。

革命的原理。这三点可以作为好政府主义的引申义。<sup>①</sup>要实现好政府主义，至少要具备几个重要条件：（一）要觉悟政治的重要；（二）要有公共的目标；（三）要有好人的结合。<sup>②</sup>

胡适说："政府要靠政策行为博取舆论的支援，而不靠控制来获取人民的支持。"<sup>③</sup>"争取言论自由我们最重要的是要得到政府的谅解，得到各地方政府的谅解。政府当然不愿意你批评，但要得到政府谅解，必须平时不发不负责的言论……公正而实际，说老实话，说公平话，不发不负责的高论，是善意的。久而久之，可以使政府养成容忍批评的态度。"<sup>④</sup>

胡适政治上主张改良主义，不承认政治上有什么根本的解决。胡适说："我们因为不信根本改造的话，只信那一点一滴的改造，所以我们不谈主义，只谈问题；不存大希望，也不致于大失望。我们观察今日的时代，恶因种的如此之多，好人如此之少，教育如此之糟，决没有可使人可以充分满意的大改革。我们应该把平常对政治的大奢望暂时收起，只存一个'得尺进尺，得寸进寸'的希望，然后可以冷静地估量那现实的政治上的变迁。"<sup>⑤</sup>

## （三）无政府主义

近代以来，为回答现实"逼"出来的理论问题，解决中国的实际问题。

---

① 胡适：《好政府主义》，载胡适著、季羡林主编：《胡适全集》第 21 卷，合肥：安徽教育出版社，2003 年版，第 260—261 页。

② 同①，第 261—262 页。

③ 胡适：《新闻独立与言论自由》，载胡适著、季羡林主编：《胡适全集》第 22 卷，合肥：安徽教育出版社，2003 年版，第 758 页。

④ 同③，第 761 页。

⑤ 胡适：《这一周——十一年六月至十二年四月》，载胡适著、季羡林主编：《胡适全集》第 2 卷，合肥：安徽教育出版社，2003 年版，第 515 页。

与社会改造中追求个性解放、个人自由相应，新文化运动时期一部分中国学人开始关注无政府主义，主张通过社会革命实现个人的绝对自由。因为无政府主义抨击旧制度，又同青年追求个体解放相吻合，便很容易被视为有马克思主义同类同性质的革命倾向，因此吸引了很多人的关注。李大钊曾受克鲁泡特金《互助论》的影响，将互助论作为马克思主义阶级斗争学说的重要补充。[①] 毛泽东也正是因为读了一些无政府主义的小册子，而赞同无政府主义者的许多主张。[②]

无政府主义是由那些到日本、法国的留学生和反清的流亡者引介到中国的。从其思想主张上看，无政府主义者主张自由的生产管理，主张将"一切生产机关，委诸自由人的自由联合管理"，而不是将生产资料收归国有、进行有计划地生产。因为它反对封建专政，反对国家与威权，所以被反动派视为"洪水猛兽"。20世纪初中国成立的无政府主义社团，有无政府主义同志社、晦鸣学社、心社、实社、奋斗社、进化社等。这些社团创办的刊物有70多种。

无政府主义正统派代表人物黄凌霜、区声白，以《进化》刊物为阵地，以克鲁泡特金的"互助论"为学理依据，既反对资产阶级专政的"现在的国家"，也反对无产阶级专政的"未来的国家"。[③] 在他们看来，国家是人类互相"仇视""嫉妒"而"相侵相夺相杀相害"的根据，与人类"互助"的本能相背，所以他们宣称"我们不承认资本家的强权""我们一样的不承认劳动者的强权"。[④] 应该废除一切国家和权威，立即实行"各尽所能

---

① 李大钊说："这是后的阶级竞争，是改造社会组织的手段。这互助的原理是改造人类精神的信条。我们主张物心两面的改造，灵肉一致的改造。"参李大钊《阶级竞争与互助》，载《每周评论》1919年7月6日。

② ［美］斯诺：《西行漫记》，北京：生活·读书·新知三联书店，1979年版，第128页。

③ 《国家、政治、法律》，《新青年》第8卷第3号，1920年11月出版。

④ 《我们反对"布尔扎维克"》，《奋斗》第2号，1920年2月出版。

各取所需"的分配原则，实现"完全平等""绝对自由"的"无政府共产主义"。

对此，《新青年》《共产党》载马克思主义者的论辩性文章指出，"我们的最终目的，也是没有国家的。不过我们在阶级没有消灭以前，却极力主张要国家，而且是主张要强有力的无产阶级专政的国家的"。在实现无国家的共产主义以前，先须有一个推翻有产阶级的国家、建设无产阶级的国家的阶段。必须巩固无产阶级的"禁止掠夺的国家，排除官僚的政治，废止资本家财产私有的法律"，才能"防止"资产阶级的"阴谋活动"和复辟。相反，无政府主义者不能提供实现理想社会的保证，他们"不主张用强力，不主张阶级战争，天天不要国家、政治、法律，天天空想自由组织的社会的出现……便再过一万年，那被压迫的劳动阶级也没有翻身的机会"[①]。

刘师复等人是将无政府主义当作一种理想的社会设计方向。在他们看来，"'无政府'以反对强权为要义，故现社会凡包含有强权性质之恶制度，吾党一切排除之扫除之。本自由平等博爱之真精神，以达于吾人所理想之无地主、无资本家、无寄生者、无首领、无官吏、无代表、无家长、无军队、无监狱、无警察、无裁判所、无法律、无宗教、无婚姻制度之社会。斯时也，社会上惟有自由，惟有互助大义，惟有工作之幸乐。"[②]

无政府主义者在分配制度上的超越性诉求，也极难实现。因为只有"社会的生产力达到无限制的程度，生产物十分丰富，取之不尽，用之不竭"，才能保证"各取所需"的可行性。[③]

---

[①] 陈独秀:《谈政治》，载《新青年》第 8 卷第 1 号，1920 年 9 月出版。

[②] 刘师复:《无政府共产主义同志社宣言书》，转引自彭明《五四运动史》，北京：人民出版社，1984 年，第 599 页。

[③] 李达:《社会革命底商榷》，《共产党》第 2 号，1920 年 12 月出版。

马克思主义者还指出，人类社会的自由总是相对的，不是绝对的，根本不存在所谓个人的"绝对自由"。在未来的社会主义社会中，自由也还有组织纪律和集中统一，也不可能是绝对的。

在国语教育的推行上，虽然主要是由私人和团体组织的民间力量在起着中坚作用，但政府的力量也应该重视。胡适说："推行国语教育，只凭政府一纸空文，是不行的。从民国八年教育部办一个国语统一筹备会，到现在不过一年半，能推行到这步田地，实在是私人和团体组织种种机关——像这个国语讲习所等——来竭力推行的力量，不是政府的力量。很可喜。然而我是主张有政府的，政府是一种工具。就把国语来讲，政府一纸空文，可以抵得私人几十年的鼓吹。凡私人做不到的事，一定要靠政府来做。"①

在胡适关注中，甚至还有无政府主义论者的"花边新闻"。吴辟疆是胡适老友吴虞的四女儿，曾投在胡适门下，后由胡适担保推荐前往美国留学。可是，出国不久她便与已有妻室的四川籍参议员潘力山（大道）同居。这事在国内引起轩然大波，引发了吴虞与以卫道者自居的徐炯等人纷争。胡适写信劝慰吴虞说："先生廿年来日与恶社会宣战，恶社会现在借刀报复，自是意中之事"。他还说："从前英国的高德温（Godwin）主张无政府主义，主张自由恋爱，后来他的女儿爱了诗人薛莱（Shelley），跟他跑了。社会的守旧党遂借此攻击他老人家，但高德温的价值并不因此减损。当时那班借刀报复的人，现在谁也不提起了！"② 这从一个侧面似乎可以说明无政府主义的革命并不彻底，它多停留在思想主张上，在社会革命层面上的

① 胡适：《国语运动的历史》，载胡适著、季羡林主编：《胡适全集》第20卷，合肥：安徽教育出版社，2003年版，第417页。

② 胡适：《寄吴又陵先生书》，载胡适著、季羡林主编：《胡适全集》第1卷，合肥：安徽教育出版社，2003年版，第756页。

实效是薄弱的、无力的。

无政府主义在国内或留法勤工俭学青年中的影响虽不可不谓大，但很快就遭遇了马克思主义，并在大论战中败北。更为激进的马列主义逐渐占了上风，成为主导性意识形态。蔡和森说："和森为极端马克思派，极端主张：唯物史观，阶级战争，无产阶级专政。所以对于初期的社会主义，乌托邦的共产主义，不识时务穿着理想的绣花衣裳的无政府主义，专主经济行动的工团主义、调和劳资以延长资本政治的吉尔特社会主义以及修正派的社会主义，一律排斥批评，不留余地。以为这些东西都是阻碍世界革命的障碍物……而尤其深恶痛绝掺杂中产阶级思潮的修正派、专恃议院行动的改良派、动言特别情形特别背景以及专恃经济变化说的投机派，以为叛逆社会党、爱国社会党都是这些东西的产物。"[①]

## 二、新青年的责任：建设"青春中国""少年中国"

青年是国家的未来，社会要发展，全依赖青年元气的培养，全靠新青年承担起建设富有青春气息新中国的责任。

### （一）培育青年元气

1915 年 9 月，陈独秀在上海创办《青年杂志》，从第 2 卷改名《新青年》。陈独秀在《青年杂志》创刊号上发表《敬告青年》，高举"科学"和"民主"的旗帜，号召青年勇于承担，奋起自救。他说："国人而欲脱蒙昧时代，羞为浅化之民也，则急起直追，当以科学与人权并重。"[②]

---

① 蔡和森：《马克思学说与中国无产阶级》，原载《新青年》第 9 卷第 4 号。
② 陈独秀：《敬告青年》，载《独秀文存》卷 1，上海：上海书店，1989 年版，第 9 页。

陈独秀反思辛亥革命后的情势，看到国人依然"备受专制政治之痛苦"，以为"吾国欲图世界的生存，必弃数千年相传之官僚的专制的个人政治，而易以自由的自治的国民政治"①；国民不能寄希望于所谓的"良善政府"或"伟人大老"的恩赐，应该提升国民的政治自觉，"自居于主人的主动的地位"。②1916年2月15日《青年杂志》已经发表了陈独秀的《吾人最后之觉悟》，该文宣称："吾人果欲于政治上采用共和立宪制，复欲于伦理上保守纲常阶级制，以收新旧调和之效，自家冲撞，此绝对不可能之事。盖共和立宪制，以独立、平等、自由为原则，与纲常阶级制为绝对不可相容之物，存其一必废其一。"③伦理的觉悟乃最后之觉悟。而中国之伦理，主要在经学之中。

1917年，李大钊撰文指出，"今日世界之问题，非只国家之问题，乃民族之问题也。而今日民族之问题，尤非苟活残存之问题，乃更生再造之问题也"，所以他高揭"新中华民族主义之赤帜"，令吾族少年昭示"光华之理想""崇严之精神"，以"促进少年中华之投胎复活"。④他希望中国能像19世纪的欧洲那样，"国民的精神既已勃兴，而民族的运动遂继之以起"⑤。他认识到"民族兴亡，匹夫有责"，虽"欧风美雨，咄咄逼人"，新中华民族的少年，也应当"雄飞跃进"以肩此大任。⑥

1919年5月，陈独秀已注意到当权的"少数阔人"，当他们面对新潮

---

① 陈独秀：《吾人最后之觉悟》，载《独秀文存》卷1，上海：上海书店，1989年版，第53—54页。

② 同①，第54页。

③ 同①，第55页。

④ 李大钊：《新中华民族主义》，原载《甲寅》日刊，1917年2月19日；今参中国李大钊研究会编注：《李大钊全集》第1卷，第284页。

⑤ 同④，第284页。

⑥ 同④，第286页。

提倡者的挑战时开始发生转变，"渐渐从言论到了实行时代"。曾声称不谈政治的陈独秀很快便谈起了政治，以为"用革命的手段建设劳动阶级（即生产阶级）的国家，创造那禁止对内对外一切掠夺的政治法律，为现代社会第一需要"。[①]实际上，早在《青年杂志》创刊的第一期上，陈独秀撰文称赞人权说、生物进化论和社会主义这一"近世三大文明"。在陈独秀的视野中，他对西方近世文明是熟悉的，甚至带有热情拥抱之的欢迎态度。他后来撰文强调指出，"你谈政治也罢，不谈政治也罢，除非逃在深山人迹绝对不到的地方，政治总会寻着你的"[②]。

1919年底，陈独秀在《新青年》第7卷发表了杂志的宣言，在前两条即可见他们的政治主张与社会启蒙的某种自觉，具体如下：

> 我们相信世界上的军国主义和金力主义，已经造了无穷罪恶，现在是应该抛弃的了。
>
> 我们相信世界各国政治上、道德上、经济上因袭的旧观念中，有许多阻碍进化而且不合情理的部分。我们想求社会进化，不得不打破"天经地义""自古如斯"的成见；决计一面抛弃此等旧观念，一面综合前代贤哲、当代贤哲和我们自己所想的，创造政治上、道德上、经济上的新观念，树立新时代的精神，适应新社会的环境。[③]

1922年，梁启超撰文，将国家、社会与青年的进步与元气的培养结合起来进行分析。他说："二三十年来，社会革新的动机，不是没有，为什么还要为此种旧社会的恶空气所盘踞呢？我认为青年固有的元气，在此中没

---

① 陈独秀:《宪法与孔教》,《新青年》第2卷第3号。

② 陈独秀:《谈政治》,《新青年》第8卷第1号。

③ 陈独秀:《〈新青年〉宣言》,载《独秀文存》卷1,上海:上海书店,1989年版,第365页。

有加倍培养，用工太少，元气变做客气，不久就消磨尽净，国家不进步的原因，在此，青年不进步的原因，也在此。"① 关于如何培养青年的元气的方法，梁启超提出戒早婚、节欲望、勿骛虚荣三个消极条件，以及深造一门学问、注重职业选择、选择高尚的娱乐、练习常劳动、靠朋友鞭策、有自己的人生观等六条积极条件。

1926 年，钱玄同在给刘半农的信中说："我有一个牢不可破的见解：我以为老顽固党要卫道，我们在主义上虽然认他们为敌人，但有时还可以原谅他们（自然要在他们销声匿迹草间偷活的时候才能原谅他们），因为他们是'古人'是'僵尸'。最可恶的，便是有一种二三十岁的少年，他们不向前跑，不去寻求光明：有的听见人家说'线装书应该扔下毛厕三十年'或'中国的旧文化在今日全不适用'的话便要气炸了肺，对于捧坤角逛窑子这类混帐事体认为大可做得，而对于青年男女（尤其是学生）为极正当极合理的恋爱反要大肆讥嘲；有的效法张丹斧做《太阳晒屁股赋》那种鸟勾当，专做不负责任没有目的的恶趣味的文字。我对于这种少年，是无论何时何地绝对不愿与之合作的。"②

1940 年，孙楷第在一篇序中谈到政治与人生的密切关时说：

> 盖人虽不参加政治者，其生活实无时无事不受政治支配。以纯粹学者言，当承平之时，践台阁，拥节旄，轩冕之盛，学者不与。逢抵巇之运，因时会，立功名，无畏之赐，学者不与。似与政治关系浅矣。而其实不然。昔刘知幾修国史，正直不阿。宗楚客嫉之，谓诸史官曰：

---

① 梁启超：《青年元气之培养》，载梁启超著，汤志钧、汤仁泽编：《梁启超全集》第 15 集，北京：中国人民大学出版社，2018 年版，第 447 页。

② 钱玄同：《疑古玄同与刘半农抬杠——"两个宝贝"》，载钱玄同著：《钱玄同文集》第 2 卷，北京：中国人民大学出版社，1999 年版，第 264—265 页。

"此人作书如是，欲置我何地？"知几郁结不申，因屡求解史任。夫承平时纲维不立，则学者著书不得行其志。此承平时学者生活之不得不受政治支配也。韦述修史有名。家聚书二万卷，铅椠虽御府不逮。及禄山之乱，两京陷贼，玄宗幸蜀。述抱国史藏于南山。经籍资产，焚剽殆尽。夫学者沉酣书史，固不必责以干济之事。其所以贡献于国家社会者，唯此著作耳。及其遭逢乱世，则经籍文物，平时所资以从事著作者，已全不可保。是当国家承平之时，学者不得与他人同其荣；艰难时却不得不与他人同其厄。此乱世学者生活之尤不得不受政治支配也。史官悲其遇，因谓"此道非趋时之具，其穷也宜"。夫知"此道非趋时之具，其穷也宜"，则学者有以自处矣。观寅恪先生之南驰苍梧瘴海，未作穷愁之志，犹能出其所长，考订遗编。援庵先生之索居燕市，犹甘寂寞著书，名篇大文，日出不已。则知学者之安时守道，哀乐不足萦其心，无时无地不可著书明矣。今人不能自修，往往诿之于时，以为吾非不愿著作也，奈时势不允何。呜呼！士君子亦在自致耳，孰谓时势能困人哉！①

由上可知，无论世乱世治，学者均不能自外于政治。虽然如此，学者仍有自处之道，因简择在己，便可著述明志。

青年有多种，诚如鲁迅所说："近来很通行说青年；开口青年，闭口也是青年。但青年又何能一概而论？有醒着的，有睡着的，有昏着的，有躺着的，有玩着的，此外还多。但是，自然也有要前进的。"②那些有为的青年是"要前进"的，他们的责任是要认清国民性，改造国民性，而应采取

---

① 孙楷第：《评〈明季滇黔佛教考〉》，载氏著《沧州后集》，北京：中华书局，2009 年版，第 253 页。原载 1940 年《昆明日报·图书季刊》。
② 鲁迅：《导师》，载王世家、止庵编：《鲁迅著译编年全集》第 6 卷，北京：人民出版社，2009 年版，第 218 页。

的改造方法之一，便是要"以眼还眼，以牙还牙"。鲁迅说："可惜中国人但对于羊显凶兽相，而对于凶兽则显羊相，所以即使显着凶兽相，也还是卑怯的国民。这样下去，一定要完结的。"① 对于如何救治国民的"卑怯"，鲁迅也指出相应的方法。他说："我想，要中国得救，也不必添什么东西进去，只要青年们将这两种性质的古传用法，反过来一用就够了：对手如凶兽时就如凶兽，对手如羊时就如羊！"② 青年们应该主动起来，勇敢面对，将魔鬼赶回它们应该呆的地狱里去。

为了让青年发声，鲁迅创办了《莽原》。他说："我早就很希望中国的青年站出来，对于中国的社会，文明，都毫无忌惮地加以批评，因此曾编印《莽原周刊》，作为发言之地，可惜来说话的竟很少。"③ 鲁迅说："那时觉醒起来的知识青年的心情，是大抵热烈而悲凉的。即使寻到点光明，径一周三，却是分明地看见了周围的无涯际的黑暗。"④ 无边的黑暗中，不能忘记摸索，不放弃寻觅。"绝望之为虚妄，正与希望相同。"⑤ 虽处于悲凉、空虚中而不免于"彷徨"，而且也常常会"呐喊"几声。他写过《过客》，其中的过客明知前面是坟仍然要走，就是在"反抗绝望"，"因为我以为绝望而反抗者难，比因希望而战斗者更勇猛，更悲壮"。⑥ 鲁迅表达了在孤独中

---

① 鲁迅：《忽然想到（七）》，载王世家、止庵编：《鲁迅著译编年全集》第6卷，北京：人民出版社，2009年版，第216页。

② 同①，第216页。

③ 鲁迅：《〈华盖集〉题记》，载王世家、止庵编：《鲁迅著译编年全集》第6卷，北京：人民出版社，2009年版，第555页。

④ 鲁迅：《〈中国新文学大系〉小说二集序》，载王世家、止庵编：《鲁迅著译编年全集》第18卷，北京：人民出版社，2009年版，第98—113页。

⑤ 鲁迅：《希望》，载王世家、止庵编：《鲁迅著译编年全集》第6卷，北京：人民出版社，2009年版，第3—4页。

⑥ 鲁迅：《致赵其文》，载王世家、止庵编：《鲁迅著译编年全集》第6卷，北京：人民出版社，2009年版，第157页。

的抗议。

鲁迅曾说："假如将韬略比作一间仓库罢，独秀先生的外面竖起一面大旗，大书道：'内皆武器，来者小心！'但那门却开着的，里面有几支枪、几把刀，一目了然，用不着提防。适之先生的是紧紧地关着门，门上贴一条小纸条道：'内无武器，请勿疑虑。'这自然可以是真的，但有些人——至少我是这样的人——有时总不免要侧着头想一想。"这话有其倾向性，但仍颇传神，两人一张扬而近于虚张声势，一防卫心重而谨言慎行，大体不差。

鲁迅常常反省自己，以为自己的反抗，"却不过是偏与黑暗捣乱"；自己的思想中"本有许多矛盾"，"或者是'人道主义'与'个人的无治主义'的两种思想的消长起伏"；"我为自己和为别人的设想，是两样的"，原因即在于自己的"思想太黑暗"，"但是究竟是否真确，不得而知，所以只能在自身试验，不能邀请别人"。① "黑沉沉"的现实，"不知是日是夜"。在沉重的现实苦难和无尽的黑暗中，鲁迅感受到了孤独与悲凉，他彷徨于无地，又在绝地中反击。他冲进"无物之阵"中，面对那些"杀人不见血的武器"，他"举起了投枪"。"无物之阵"中的敌人，是"那些头上有各种旗帜，绣出各样好名称：慈善家，学者，文士，长者，青年，雅人，君子……头下有各样外套，绣出各式好花样：学问，道德，国粹，民意，逻辑，公义，东方文明……"② 在抗议中，在战斗时，他的思想深刻，反击有力。从思想特点上看，"他把具有具体现实内容的对'社会罪恶愤怒的抗议'，与具有

---

① 鲁迅：《致许广平》（1925 年 5 月 30 日信），载王世家、止庵编：《鲁迅著译编年全集》第 6 卷，北京：人民出版社，2009 年版，第 241 页。

② 鲁迅：《这样的战士》，载王世家、止庵编：《鲁迅著译编年全集》第 6 卷，北京：人民出版社，2009 年版，第 529 页。

超越社会的形上人生孤独感融合在一起"。①

鲁迅的孤独与反击，与后来西方社会孕育的、反映个人荒谬感、失落与烦厌情结的存在主义思潮，虽有一定的相似性，却有着迥然不同的新内容。诚如李泽厚所说，"鲁迅当时还没有，后来他也不知道欧洲的存在主义思潮。但即使知道了，他也仍然不会是现代存在主义者"，那是因为，"鲁迅毕竟置根在中国社会的现实土地上，对'社会罪恶愤怒的抗议'和人道主义的历史使命感，要远远大于个体存在的意义寻求。个体的那种现代的荒谬、畏惧、烦厌、孤独，在民族危亡、搏斗剧烈的环境和时刻中，毕竟不能占据中心地位。鲁迅刚强忠挚、爱憎鲜明，基本上和实质上是积极入世的人格个性，无疑也是使鲁迅的形上感受具有着现实战斗内容的重要因素。"②

抗议的孤独，也自有其文化根源。因为"中国人不但'不为戎首'，'不为祸始'，甚至于'不为福先'。所以凡事都不容易有改革；前驱和闯将，大抵是谁也怕得做"，"所以中国一向就少有失败的英雄，少有韧性的反抗，少有敢单身鏖战的武人，少有敢抚哭叛徒的吊客；见胜兆则纷纷聚集，见败兆则纷纷逃亡"。③

中国学术转型，离不开天才的横空出世，更离不开社会的宽大之气。鲁迅说："我独不解中国人何以于旧状况那么心平气和，于较新的机运就这么疾首蹙额；于已成之局那么委曲求全，于初兴之事就这么求全责备？"④

---

① 李泽厚：《胡适 陈独秀 鲁迅》，载氏著《中国现代思想史论》，天津：天津社会科学院出版社，2003 年版，第 113 页。

② 同①，第 113 页。

③ 鲁迅：《这个与那个（三—四）》，载王世家、止庵编：《鲁迅著译编年全集》第 6 卷，北京：人民出版社，2009 年版，第 536 页。

④ 同③，第 537 页。

对于后起者，不能用"彰明较著的或改头换面的禁锢"，而应该予以宽怀待之。鲁迅呼唤天才，引释尼采的"超人"理论，呼吁大家都来做培养天才的泥土。鲁迅说："做土要扩大了精神，就是收纳新潮，脱离旧套，能够容纳，了解那将来产生的天才；又要不怕做小事业，就是能创作的自然是创作，否则翻译，介绍，欣赏，读，看，消闲都可以。以文艺来消闲，说来似乎有些可笑，但究竟较胜于戕贼他。"[1] 鲁迅相信文艺对国民性改造的积极作用，即使在消闲中也发生着潜移默化的作用。

通过"绝地"抗议与反击，鲁迅希望实现一个可以稍显自由的理想社会。他说："世上如果还有真要活下去的人们，就先该敢说，敢笑，敢哭，敢怒，敢骂，敢打，在这可诅咒的地方击退了可诅咒的时代！"[2]

自由的理想社会的实现，需要推进思想革命，追求思想自由。

胡适说："建设时期最根本的需要是思想革命，没有思想革命，则一切建设皆无从谈起。而要完成思想革命，第一步即须予人民以思想的自由。"[3] 思想须革命，因为传统的思想方法和思想习惯已不符合现代的需要。"中国古来思想之最不适合于现代环境的，就是崇尚自然"[4]，它包括无为、无治、高谈性理、无思无虑、不争不辩、知足等。在思想方法和习惯方面，对于物来顺应的镜子式思想、根本上不思想、高谈主义而不研究等要通过思想革命进行铲除。

---

[1]　鲁迅：《未有天才之前——一九二四年一月十七日在北京师范大学附属中学校友会讲》，载王世家、止庵编：《鲁迅著译编年全集》第 5 卷，北京：人民出版社，2009 年版，第 440 页。

[2]　鲁迅：《忽然想到（五）》，载王世家、止庵编：《鲁迅著译编年全集》第 6 卷，北京：人民出版社，2009 年版，第 167 页。

[3]　胡适：《思想革命与思想自由》，载胡适著、季羡林主编：《胡适全集》第 21 卷，合肥：安徽教育出版社，2003 年版，第 453 页。

[4]　同[3]，第 454 页。

胡适说："思想所以解决问题，须要搜集材料，寻求证据，提出反证，再加上分析试验的功夫。"① 还说："从前的弊端既在于不思想，或没有深的思想，那末纠正之道便是'思想之'，而思想自由就是鼓励思想的最好方法。无论古今中外，凡思想可以自由发表，言论不受限制的时候，学术就能进步，社会就能向上，反之则学术必要晦塞，社会必要退化。现在中国事事有待于建设，对于思想应当竭力鼓励之，决不可以加以压抑。因为今日没有思想的自由，结果就没有真正的思想，有之则为：（一）谄媚阿谀的思想，（二）牢骚怨愤的思想。这两种思想，是只能破坏，不能建设的。"②

思想自由是争取的，思想革命是一切建设行动的前提。胡适说："思想如同技术，非经过锻炼不可，没有思想自由，就没有思想革命，没有思想革命，就无从建设一切。就即使有了建设，也只是建在沙土之上，决无永久存在之理。"③

胡适说："要把自由看做空气一样的不可少。"④ 那么，什么是自由？胡适说："所谓自由就是不受外力的无理约束，不做傀儡，一切动作、思想、信仰，都由于自己作主，也就西洋人所指解放的意思。所谓自由主义，就是人类历史上争取自由、爱护自由、扩大自由、发展自由的大运动。"⑤ 胡适说："'自由'在中国古文里的意思是'由于自己'，就是'不由于外力'。在欧洲文字里，'自由'含有'解放'之意，是从外力裁制之下解放出来。

① 胡适：《思想革命与思想自由》，载胡适著、季羡林主编：《胡适全集》第21卷，合肥：安徽教育出版社，2003年版，第455页。
② 同①，第456页。
③ 同①，第456页。
④ 胡适：《新闻独立与言论自由》，载胡适著、季羡林主编：《胡适全集》第22卷，合肥：安徽教育出版社，2003年版，第757页。
⑤ 胡适：《自由主义在中国》，载胡适著、季羡林主编：《胡适全集》第22卷，合肥：安徽教育出版社，2003年版，第752页。

中国禅宗和尚爱说'治病解缚'，自由在历史上意义是'解缚'。解除了束缚，方才可以自由自在。"① 章太炎说："'自由平等'的愿望，是人类所公同的，无论那一种宗教，也都标出这四个字。自由平等见于佛经，'自由'在佛经称为'自在'。庄子发明自由平等之义，在《逍遥游》《齐物论》二篇。'逍遥游'者，自由也；'齐物论'者，平等也。但庄子底自由平等，和近人所称的，又有些不同。"②

什么是自由主义？胡适说："自由主义的最浅显的意思是强调的尊重自由……自由主义就是人类历史上那个提倡自由，崇拜自由，争取自由，充实并推广自由的大运动。世间的民族，在这个大运动里，努力有早晚，成功有多有少。在这个大运动里，凡是爱自由的，凡是承认自由是个人发展与社会进步的基本条件的，凡是承认自由难得而易失，故必须随时随地勤谨护视培养的，都是自由主义者。"③ 在许多人的心目中，自由主义因主张不流血的政治改革，故被称为"不革命主义""和平改革主义"。"总结起来，自由主义的第一个意义是自由，第二个意义是民主，第三个意义是容忍——容忍反对党，第四个意义是和平的渐进的改革。"④

中国有其自由主义的思想传统，"中国讲自由，历史很久，远在二千五百年前的老子，就开辟了自由主义风气之路。世界上也只有希腊和中国，具有自由主义的思想最早。"⑤ 胡适说："从老子、孔子打开了自由思想的风

① 胡适：《自由主义是什么？》，载胡适著、季羡林主编：《胡适全集》第22卷，合肥：安徽教育出版社，2003年版，第726页。

② 章太炎：《国学十讲》，载上海人民出版社编、章念驰编订：《章太炎全集·演讲集》，上海：上海人民出版社，2015年版，第335—336页。

③ 同①，第725页。

④ 胡适：《自由主义》，载胡适著、季羡林主编：《胡适全集》第22卷，合肥：安徽教育出版社，2003年版，第740页。

⑤ 胡适：《自由主义在中国》，载胡适著、季羡林主编：《胡适全集》第22卷，合肥：安徽教育出版社，2003年版，第752页。

气，二千多年的中国思想史、宗教史，时时有争自由的急先锋，有时还有牺牲生命的殉道者。孟子的政治思想可以说是全世界折自由主义的最早一个倡导者……在二千多年历史上，每到了宗教与思想走进了太黑暗的时代，总有大思想家起来奋斗，批评，改革。"①汉代的桓谭、王充、张衡，齐梁之间的范缜，唐代的傅奕、韩愈，明代的王阳明、李卓吾，后来的颜李学派，都是重要代表。孔子的"有教无类"启发中国自由主义思想之路，王充的《论衡》是世界上争取自由最早的珍籍。胡适说："我们的圣人孔夫子在二千五百年前，就提倡'有杀身以成仁，毋求生以害仁'，这是我们的传统。在中国历史上有独立的思想、独立的人格而殉道的人不少。方孝孺就是为主张，为信仰，为他的思想而杀身成仁的一个人。"②还说："方孝孺当时提倡无为的英国式的君主宪政没有成功，言论自由没有成功而被杀；但明太祖删灭《孟子》失败，明成祖要毁灭方孝孺的政治思想也失败了。可见专制魔王要想消灭自由思想都是消灭不了的。"③

中国虽有宝贵的思想自由传统，有杀身殉道的高贵品格，"但是东方自由主义运动始终没有抓住政治自由的特殊重要性，所以始终没有走上建设民主政治的路子。"④胡适说："中国历代自由最大的失败，就是只注意思想言论学术的自由，忽略了政治的自由。所谓政治自由，就是要实现真正的民主政治，否则一切基本自由都是空的。"⑤"我们古代也曾有'天

---

① 胡适：《自由主义》，载胡适著、季羡林主编：《胡适全集》第22卷，合肥：安徽教育出版社，2003年版，第735页。
② 胡适：《蔡元培先生生日纪念会开会词》，载胡适著、季羡林主编：《胡适全集》第22卷，合肥：安徽教育出版社，2003年版，第820页。
③ 同②，第821页。
④ 同①，第736页。
⑤ 胡适：《自由主义在中国》，载胡适著、季羡林主编：《胡适全集》第22卷，合肥：安徽教育出版社，2003年版，第753页。

视自我民视，天听自我民听''民为邦本''民为贵，社稷次之，君为轻'的民主思想。我们也曾在二千年前就废除了封建制度，做到了大一统的国家，在这个大一统的帝国里，我们也曾建立一种全世界最久的文官考试制度，使全国才智之士有参加政府的平等制度。但，我们始终没有法可以解决君主专制的问题，始终没有建立一个制度来限制君主的专制大权。"①

胡适说："民主政治能有今日的成功，却不能不归功于安格鲁－撒克逊民族。自从他们先生发明了代议制，成文宪法，和无记名投票，一切自由才能渐获保障。"②只有安格鲁－撒克逊民族发展出了代议政治、成文宪法、无记名投票，容忍反对党，保障少数人的权利等等。"向来的政治斗争不是东风压了西风，就是西风压了东风，被压的人是没有好日子过的，但近代西方的民主政治却渐渐养成了一种容忍异己的试题与风气。"③

胡适担任驻美大使时，访问史学教师白尔教授，这位平生最注意人类争自由的历史 80 多岁老人告诉他说："我年纪越大，越觉得容忍比自由还更重要。"为什么容忍比自由还更重要呢？"因为容忍就是自由的根源，没有容忍，就没有自由可说了。至少在现代，自由的保障全靠一种互相容忍的精神，无论是东风压了西风，是西风压了东风，都是不容忍，都是摧残自由。"④美国开国前期有争自由的名言"不自由，毋宁死"，原文见于 1755 年 Patrick Henry 所说的"给我自由，否则给我死"（Give me liberty, or give

① 胡适：《自由主义》，载胡适著、季羡林主编：《胡适全集》第22卷，合肥：安徽教育出版社，2003年版，第736—737页。
② 胡适：《自由主义在中国》，载胡适著、季羡林主编：《胡适全集》第22卷，合肥：安徽教育出版社，2003年版，第753页。
③ 同①，第737页。
④ 同①，第738页。

me death.）胡适查到王应麟《困学纪闻》卷十七载有范仲淹《灵乌赋》正有"宁鸣而死，不默而生"一句，以为此句"当时往往专指谏诤的自由，我们现在叫做言论自由。"①范仲淹的这句自由观的表达，比亨利的要早 740 年，可视为"中国争自由史上的一段佳话"。范仲淹的《灵乌赋》可视为"九百多年前一个中国政治家争取言论自由的宣言。"②胡适还总结说："从中国向来知识分子的最开明的传统看，言论的自由，谏诤的自由，是一种'自天'责任，所以说，'宁鸣而死，不默而生'。从国家与政府的立场看，言论的自由可以鼓励人人肯说'忧于未形，恐于未炽'的正论危言，来替代小人们天天歌功颂德、鼓吹升平的滥调。"③

## （二）青年的政治观与爱国念

如何改造国民性格，增进民族自强自信，是近代知识人共同关注的问题。此处先从梁启超所主张的"少年中国"的人生观谈起。

梁启超从现代国家与民族主义理论视野出发，深信国民一体。他说："在民族主义立国之今日，民弱者国弱，民强者国强，殆如影之随形，响之应声，有丝毫不容假借者。"④早在 1900 年 2 月，梁启超就在《清议报》上发表了《少年中国说》。他针对日本"袭译欧西人之言"而称中国为"老大帝国"的说法，自言"心目中有一少年中国在"⑤，希望中国少年起来

---

① 胡适：《"宁鸣而死，不默而生"——九百年前范仲淹争自由的名言》，载胡适著、季羡林主编：《胡适全集》第 22 卷，合肥：安徽教育出版社，2003 年版，第 778 页。

② 同①，第 781 页。

③ 同①，第 782 页。

④ 梁启超：《新民说》，载梁启超著，汤志钧、汤仁泽编：《梁启超全集》第 2 集，北京：中国人民大学出版社，2018 年版，第 535 页。

⑤ 梁启超：《少年中国说》，载梁启超著，汤志钧、汤仁泽编：《梁启超全集》第 2 集，北京：中国人民大学出版社，2018 年版，第 221 页。

"制出将来之少年中国"①，从而改变现有面貌。梁启超说："欲断今日中国为老大耶，为少年耶，则不可不先明'国'字之意义。夫国也者，何物也？有土地，有人民，以居于其土地之人民而治其所居之土地之事。自制法律而自守之，有主权，有服从，人人皆主权者，人人皆服从者。夫如是，斯谓之完全成立之国。地球上之有完全成立之国也，自百年以来也。完全成立者，壮年之事也；未能完全成立而渐进于完全成立者，少年之事也。故吾得一言以断之曰：欧洲列邦在今日为壮年国，而我中国在今日为少年国。"②他以为，"造成今日之老大中国者，则中国老朽之冤业也；制出将来之少年中国者，则中国少年之责任也"③，"故今日之责任不在他人，而全在我少年"④，只有少年聪明、勇敢、独立、自强、进步，才能为中国造就光明的前景。

梁启超曾自勉道："人生于天地之间，各有责任。知责任者，大丈夫之始也；行责任者，大丈夫之终也；自放弃其责任，则是自放弃其所以为人之具也。是故人也者，对于一家而有一家之责任，对于一国而有一国之责任，对于世界而有世界之责任。"⑤旁观者之所以为成"最可憎可鄙之人"，就在于他们放弃了责任。

对青年期望更大的是李大钊。李大钊以为应内练自强自新本领，外汲尼采、培根、马克思主义等新思维。

首先，自新才能自强。1916年，李大钊写《青春》一文，由宇宙之青

---

① 梁启超：《少年中国说》，载梁启超著，汤志钧、汤仁泽编：《梁启超全集》第2集，北京：中国人民大学出版社，2018年版，第224页。

② 同①，第222页。

③ 同①，第224页。

④ 同①，第224页。

⑤ 梁启超：《呵旁观者文》，载梁启超著，汤志钧、汤仁泽编：《梁启超全集》第2集，北京：中国人民大学出版社，2018年版，第226页。

春而及自我之青春，由春光而思"高尚之理想""圣神之使命""远大之事业""艰巨之责任"，希望青年能"饮尝青春之甘美，浃浴青春之恩泽，永续青春之生涯，致我为青春之我，我之家庭为青春之家庭，我之国家为青春之国家，我之民族为青春之民族"。[1]他呼吁青年循蹈"青春之大道"，"本其理性，加以努力，进前而勿顾后，背黑暗而向光明，为世界进文明，为人类造幸福，以青春之我，创建青春之家庭，青春之国家，青春之民族，青春之人类，青春之地球，青春之宇宙，资以乐其无涯之生"。[2]李大钊力倡青年当告别"白首之中国"，"谋所以致之回春为之再造"[3]，这与梁启超告别"老大之中国"而呼唤"少年中国"的追求是相一致的。

其次，学习外国智慧，以尼采超人意志鼓舞民气，以马克思主义为旗帜呼唤民族新生。1916年，他介绍尼采思想，以为尼采"倡言超人哲学，鼓吹英雄主义，赞美力之享乐，高唱人格之权威，宣传战争之福音，而欲导现代文明于新理想主义之域"，他的学说"颇能起衰振敝"，对于"最拘形式，重因袭，囚锢于奴隶道德"的中国，"尤中心鼓舞青年之精神，奋发国民之勇气"。[4]培根的"四假象说"，对于"历史传袭最久，举国昏昏皆为崇拜偶像之人"的中国而言，亦可以作破除偶像、"感奋"国民之助。[5]另外，他还关注欧洲各国社会党的和平运动、俄国大革命，比较法俄革命，研讨暴力、强力与政治。1918年底，他撰写《庶民的胜利》《Bolshevism

---

① 李大钊：《青春》，原载《新青年》第2卷第1号，1916年9月1日；今参中国李大钊研究会编注：《李大钊全集》第1卷，第182页。

② 同①，第192页。

③ 同①，第186页。

④ 李大钊：《介绍哲人尼杰》，原载《晨钟报》1916年8月22日，今参中国李大钊研究会编注：《李大钊全集》第1卷，第177页。

⑤ 李大钊：《倍根之偶像说》，原载《晨钟报》1916年8月31日，今参中国李大钊研究会编注：《李大钊全集》第1卷，第181页。

的胜利》，以为第一次世界大战胜利后，庶民为打败军国主义而庆祝，从政治上取得民主主义的胜利，社会上则是劳工主义战胜资本主义，今后世界人民都成了庶民，都成了工人；而面对这等世界的新潮流、新纪元，"我们应该准备怎么能适应这个潮流，不可抵抗这个潮流"①。

1919 年 7 月，李大钊、王光祈等正式组建"少年中国学会"。李大钊旗帜鲜明地指出：我们的理想，是创造一个"少年中国"，而"少年运动"是能不能创造的保证。大家应该拿出"少年精神"，求同存异，携手同行，"沿着那一线清新的曙光，向光明方面走"②，在"少年运动"中共同创造"灵肉一致"的"少年中国"。"少年运动"包括精神改造运动和物质改造运动两方面。在精神改造方面，要"本着人道主义的精神，宣传'互动''博爱'的道理，改造现代堕落的人心，使人人都把'人'的面目拿出来对他的同胞；把那占据的冲动，变为创造的冲动；把那残杀的生活，变为友爱的生活；把那侵夺的习惯，变为同劳的习惯；把那私营的心理，变为公善的心理"。精神改造要与物质改造相结合，还要"本着勤工主义的精神，创造一种'劳工神圣'的组织，改造现代游惰本位、掠夺主义的经济制度，把那劳工的生活，从这种制度下解放出来，使人人都须作工，作工的人都能吃饭"。③

1919 年 3 月，胡适在演讲中指出，中国有几种人生观是"少年中国"的仇敌，包括：醉生梦死的无意识生活，静坐会、坐禅学佛的、退缩的人生观，野心的投机主义。少年人生观必须有以下几种要素：（一）须有批评的精神；（二）须有冒险进取的精神，"这个世界是给我们活动的大舞台，

---

① 李大钊：《庶民的胜利》，原载《新青年》第 5 卷第 5 号，1919 年 1 月；今参中国李大钊研究会编注：《李大钊全集》第 2 卷，第 256 页。

② 李大钊：《"少年中国"的"少年运动"》，原载《少年中国》第 1 卷第 3 期，1919年 9 月 15 日，参中国李大钊研究会编注：《李大钊全集》第 3 卷，第 11 页。

③ 同②，第 12 页。

我们既上了台，便应该老着面皮，拼着头皮，大着胆子，干将起来；那些缩进后台去静坐的人都是懦夫，那些袖着双手只会看戏的人，也都是懦夫。这个世界岂是给我们静坐旁观的吗？那些厌恶这个世界，梦想超生别的世界的人，更是懦夫，不用说了"①；（三）须要有社会协进的观念。"少年的中国，中国的少年，不可不时时刻刻保存这种批评的、冒险进取的、社会的人生观。"②梁启超看到，"西国之人所以强者无他焉，一国之人各尽其主人之职而已"，"大抵家国之盛衰兴亡，恒以其家中、国中旁观者之有无多少为差。国人无一旁观者，国虽小而必兴；国人尽为旁观者，国虽大而必亡"。③他认为，中国四万万人皆旁观者，旁观的情形有六种：（一）无脑筋的"浑沌派"；（二）漠然自私的"为我派"；（三）以为天下无可为之事、仅会咨嗟太息的"呜呼派"；（四）立于人后肆意冷言热语批评的"笑骂派"；（五）以为无可为之事的"暴弃派"；（六）有旁观之实而不居其名的"待时派"。这六派之中，第一派为"不知责任之人"，其他五派为"不行责任之人"，"知而不行，与不知等耳，且彼不知者犹有冀焉，冀其他日之知而即行也；若知而不行，则是自绝于天地也"，所以最应深责后五派。④国人尤其是青年，应当增强主人意识。

要救国，不能停留在口号上，要落实到事业上，体现在行动上。胡适说："民族主义是爱国的思想。"⑤中国五千年历史中充满"不光荣的失败历

---

① 胡适：《少年中国之精神》，载胡适著、季羡林主编：《胡适全集》第 21 卷，合肥：安徽教育出版社，2003 年版，第 168 页。

② 同①，第 169 页。

③ 梁启超：《呵旁观者文》，载梁启超著，汤志钧、汤仁泽编：《梁启超全集》第 2 集，北京：中国人民大学出版社，2018 年版，第 227 页。

④ 同③，第 230 页。

⑤ 胡适：《中国历史的一个看法》，载胡适著、季羡林主编：《胡适全集》第 13 卷，合肥：安徽教育出版社，2003 年版，第 109 页。

史"，在"这一出五千年的英雄悲剧，我们看见我们的老祖宗继续和环境奋斗，经过了种种失败与成功。"①

1926年7月，胡适在出国前发表的演说中指出"救国"的两个途径。其一，是"以人格救国"，既然"社会送给名誉与我们，我们就应该本着我们的良心、知识、道德去说话"。②其二，是"以学术救国"。胡适说："日本很小的一个国家，现在是世界四大强国之一。这不是偶然的，是他们一般人都尽量的吸收西洋的科学、学术才成功的。你们知道无论我们要作什么，离掉学术是不行的。"③"在世界混乱的时候，有少数的人，不为时势转移，从根本上去作学问，不算什么羞耻的事。"④"希望我们的同学朋友注意，我们的责任是在研究学术以贡献于国家社会。"⑤

高梦旦曾写信给胡适，讨论"五四"时期北京学生罢课一事，以为这是在求学的范围以内做救国的事业，可算是在近年学生运动史上开一个新纪元。胡适当时没有回复，上海五卅运动时，胡适开始反思学生运动与时局的关系。他说："我们观察这七年来的'学潮'，不能不算民国八年的五四事件与今年的五卅事件为最有价值。这两次都不是有什么作用，事前预备好了然后发动的；这两次都只是一般青年学生的爱国血诚，遇着国家的大耻辱，自然爆发；纯然是烂缦的天真，不顾利害地干将去，这种'无所为而为'的表示是真实的，可爱敬的。"⑥学生因受重大问题的刺激，进

---

① 胡适：《中国历史的一个看法》，载胡适著、季羡林主编：《胡适全集》第13卷，合肥：安徽教育出版社，2003年版，第110页。

② 胡适：《学术救国》，载胡适著、季羡林主编：《胡适全集》第20卷，合肥：安徽教育出版社，2003年版，第139页。

③ 同②，第139页。

④ 同②，第139页。

⑤ 同②，第142页。

⑥ 胡适：《爱国运动与求学》，载胡适著、季羡林主编：《胡适全集》第3卷，合肥：安徽教育出版社，2003年版，第820页。

发了爱国情感，先是投票表决不罢课，后来便不能不罢课参加救国运动，表现了学生运动的牺牲精神。

胡适以为，学生的精神虽然可贵，却不是根本的解决方法。他说："但群众的运动总是不能持久的。这并非中国人的'虎头蛇尾''五分钟的热度'。这是世界人类的通病。所谓'民气'，所谓'群众运动'，都只是一时的大问题刺激起来的一种感情上的反应。感情的冲动是没有持久性的；无组织又无领袖的群众行动是最容易松散的。"① 还说："所谓'民气'，无论在中国，在欧美，都是这样；突然而来，悠然而去。"②

在这里，胡适把"民气"解读为一时"热度"是大可商榷的。不过，群众运动确实要有组织、有领导才不至于松散而易退。他在下文提出的"民气"与政府外交之间的关系，却有不少卓识。胡适说："我们要知道，凡关于外交的问题，民气可以督促政府，政府可以利用民气：民气与政府相为声援方才可以收效。没有一个像样的政府，虽有民气，终不能单独成功。因为外国政府决不能直接和我们的群众办交涉；民众运动的影响（无论是一时的示威或是较有组织的经济抵制）终是间接的。一个健全的政府可以利用民气作后盾，在外交上可以多得胜利，至少也可以少吃点亏。若没有一个能运用民气的政府，我们可以断定民众运动的牺牲的大部分是白白地糟蹋了的。"③ 胡适以为，救国事业是一件顶大的事业，非短时间所能解决，"帝国主义不是赤手空拳打得倒的"，"救国的事业须要有各色各样的人才；真正的救国的预备在于把自己造成一个有用的人才。"④ 他把成才看作更根

---

① 胡适：《爱国运动与求学》，载胡适著、季羡林主编：《胡适全集》第 3 卷，合肥：安徽教育出版社，2003 年版，第 820 页。

② 同①，第 821 页。

③ 同①，第 821 页。

④ 同①，第 822 页。

本的工作。胡适说："认清了你'性之所近，而力之所能勉'的方向，努力求发展，这便是你对国家应尽的责任，这便是你的救国事业的预备工夫。国家的纷扰，外间的刺激，只应该增加你求学的热心与兴趣，而不应该引诱你跟着大家去呐喊。呐喊救不了国家。即使呐喊也算是救国运动的一部分，你也不可忘记你的事业有比呐喊重要十倍百倍的。你的事业是要把你自己造成一个有眼光有能力的人才。"①

胡适一生多次称赞易卜生戏剧和易卜生的名言。他说："易卜生说'你的最大责任是把你这块材料铸造成器'。学问便是铸器的工具。抛弃了学问便是毁了你们自己。"② 他还说："易卜生说得好'真正的个人主义在于把你自己这块材料铸造成个东西'。他又说，'有时候我觉得这个世界好像大海上翻了船，最要紧的是救出我自己'。在这个高唱国家主义的时期，我们要很诚恳的指出，易卜生说的'真正的个人主义'正是到国家主义的唯一大路。救国须从救出你自己下手！"③ 他化用易卜生的名句，希望学生在国际政局震荡、国运危急之际把锻炼成才看作根本要务，救国先救己。他在最后说："我们只希望大家知道，在一个扰攘纷乱的时期里跟着人家乱跑乱喊，不能就算是尽了爱国的责任，此外，还有更难更可贵的任务；在纷乱的喊声里，能立定脚跟，打定主意，救出你自己，努力把你这块材料铸造成个有用的东西！"④

1948 年 6 月，胡适收到一名北大大一学生的信，谈到经历沦陷、内战

① 胡适：《爱国运动与求学》，载胡适著、季羡林主编：《胡适全集》第 3 卷，合肥：安徽教育出版社，2003 年版，第 823 页。
② 胡适：《中国公学十八年级毕业赠言》，载胡适著、季羡林主编：《胡适全集》第 3 卷，合肥：安徽教育出版社，2003 年版，第 826 页。
③ 同①，第 822—823 页。
④ 同①，第 824 页。

后的悲哀、伤心与绝望。胡适回信之余，另撰文又提到青年努力的方向。他说："悲观是不能救国的，呐喊是不能救国的，口号标语是不能救国的，责人而自己不努力是不能救国的。我在二十多年前最爱引易卜生对他的青年朋友说的一句话，'你要想有益于社会，最好的法子莫如把你自己这块材料铸造成器'。我现在还要把这句话赠送给一切悲观苦闷的青年朋友。社会国家需要你们做最大的努力，所以你们必须把自己这块材料铸造成有用的东西，方才有资格为社会国家努力。"①

胡适"救国先救己"的主张，引来不少议论。他于1925年9月在《现代评论》第2卷第42期上说："对于今日的群众运动，利用的有人，煽动的有人，但是'指导'的却很少。我们明知自命'负有指导之责者'是要挨骂的；但我们忍不住了，不能不说几句良心逼迫的话。"②胡适重申道："我并没有'根本否认群众运动的价值'；我只想指出，救国事业不是短时间能做到的，而今日学生们做的群众运动却只能有短时间的存在；救国是一件重大事业，需要远大的预备，而跟着大家去呐喊却只能算是发发牢骚，出出气，算不得真正的救国事业。"③在国运危亡之际，"民气"不仅可以表现在赤手空拳地罢工抵货、喊声咒骂地宣传请愿，更可以这样进行：（一）青年学生应该注重有秩序的组织，这是群众运动的基础；（二）应该注重学识的修养，不愧为学生，为革命活动打基础。④

1920年初，孙中山写给海外的国民党同志一封信，是为《致海外国民

---

① 胡适：《青年人的苦闷》，载胡适著、季羡林主编：《胡适全集》第22卷，合肥：安徽教育出版社，2003年版，第722页。

② 胡适：《刘熙关于〈爱国运动与求学〉的来信附言》，载胡适著、季羡林主编：《胡适全集》第21卷，合肥：安徽教育出版社，2003年版，第348页。

③ 同②，第348页。

④ 同②，第349页。

党同志函》。孙中山在信中高度赞扬了五四运动的意义：

> 自北京大学学生发生五四运动以来，一般爱国青年，无不以革新
> 思想为将来革新事业之预备。于是蓬蓬勃勃，发抒言论。国内各界舆
> 论，一致同倡。各种新出版物，为热心青年所举办者，纷纷应时而出，
> 扬葩吐艳，各极其致，社会遂蒙绝大之影响。虽以顽劣之伪政府，犹
> 且不敢撄其锋。此种新文化运动，在我国今日，诚思想界空前之大变
> 动。推原其始，不过由于出版界之一二觉悟者从事提倡，遂至舆论放
> 大异彩，学潮弥漫全国，人皆激发天良，誓死为爱国之运动。倘能继长
> 增高，其将来收效之伟大且久远者，可无疑也。吾党欲收革命之成功，
> 必有赖于思想之变化，兵法"攻心"，语曰"革心"，皆此之故。故此
> 种新文化运动，实为最有价值之事。最近本党同志，激扬新文化之波
> 澜，灌溉新思想之萌蘖，树立新事业之基础，描绘新计划之雏形者，
> 则有两大出版物，如《建设》杂志、《星期评论》等，已受社会欢迎。[①]

五四学生爱国运动的直接影响是，山东问题得到部分解决、抵制日货、
日本交还山东方面的权利。其间接影响有："第一，五四运动引起全国学
生注意社会及政策的事业。以前的学生，不管闲事，只顾读书，政治之好
坏，皆与他们无涉。从此运动以后，学生渐知干预政治，渐渐发生政治的
兴趣了。"[②] 第二，学生界的出版物数量突然增加，而且"皆用白话文章发

---

① 孙中山：《致海外国民党同志函》，载中山大学历史系孙中山研究室、广东省社会科
学院历史研究所、中国社会科学院近代史研究所中华民国史研究室合编：《孙中山全集》第 5
卷，北京：中华书局，1985 年版，第 209—210 页。
② 胡适：《五四运动纪念》，载胡适著、季羡林主编：《胡适全集》第 21 卷，合肥：安
徽教育出版社，2003 年版，第 368 页。

表意见，把数年前的新文学运动，无形推广许多"①。第三，各学校设立平民学堂，教平民读书、看报，极大推动了平民教育的发展。第四，劳工运动亦随五四运动之后，到处发生。第五，妇女的地位亦因之而增高不少，妇女运动非独见于报章杂志，而且见诸实事，"中国的妇女，从此遂跨到解放的一条路上去了"②。第六，彼时的政党，皆知吸收青年分子，共同工作。

胡适说："五四运动为一种事实上的表现，证明历史上的一大原则，亦可名之曰历史上的一个公式。"这个公式即"凡在变态的社会与国家内，政治太腐败了，而无代表民意机关存在着；那末，干涉政治的责任，必定落在青年学生身上了。"胡适声称，"这是一个最正确的公式，古今中外，莫能例外。"③从东汉末年的三万太学生危言正论，不避豪强，酿成党锢之祸，到北宋末年太学生陈东等数万人伏阙请钦宗起用李纲而获准，到清末戊戌变法、辛亥革命是青年学生为中坚，再到西洋中古时少年创议改革、1848年少年亲赴革命，均证明这一公式的有效性。1923年1月19日，三千学生向议院请愿，被军警殴打，受重伤者十余人，受微伤者三百余人。胡适指出，这一事可"两言而决"，即"国会对教育界宣战；也就是恶政府对清议宣战！"④

胡适谈黄宗羲的学生运动思想，将《东林始末》和《社事始末》与当时的学生活动结合起来。他把《字海类编》的《东林始末》和《艺海珠尘》

① 胡适：《五四运动纪念》，载胡适著、季羡林主编：《胡适全集》第21卷，合肥：安徽教育出版社，2003年版，第368页。
② 同①，第369页。
③ 同①，第371页。
④ 胡适：《这一周》，载胡适著、季羡林主编：《胡适全集》第2卷，合肥：安徽教育出版社，2003年版，第589页。

中的《社事始末》看作"两部很激刺脑筋的书"。胡适说:"这两部书都可帮助我证明我的一个通则:'在变态的社会之中,没有可以代表民意的正式机关,那时代干预政治和主持正谊的责任必定落在知识阶级的肩膊上。'东汉末年的太学生,两宋的太学生,明末的东林和复社、几社,都是如此的。中年的智识阶级不肯出头,所以少年的学生来替他们出头了;中年的智识阶级不敢开口,所以少年的学生来替他们开口了。现在大家往往责备各省的学生干涉政治,酿成学潮;殊不知少年学生所以干政,正因为中年的智识阶级缩头袖手不肯干政。故安徽学生赶走李兆珍,包围省议会,酿成姜周流血之案,此正是安徽中年智识阶级的羞耻。故江苏学生包围省议会,赶跑议员,此正是江苏中年智识阶级的羞耻。故五四与六三之大牺牲,正是全国中年智识阶级的奇耻。"①

章太炎曾指出青年的四种弱点,告诫青年:不要把事情看得太容易,不要妄想凭藉已成的势力,不要虚慕文明,不要好高骛远。而 1919 年 3 月,胡适在少年中国学会筹备会上讲演时指出,这四条都是"消极的忠告",他自己决定"从积极方面提出几个观念"。②在分析当时中国人思想观念时,胡适说:"一般中国人现在最缺乏的就是一种正当的方法。因为方法缺乏,所以有下列的几种现象,(一)灵异鬼怪的迷信,如上海的盛德坛及各地的各种迷信;(二)谩骂无理的议论;(三)用'诗云子曰'作根据的议论;(四)把西洋古人当作无上真理的议论。"③胡适又说:"还有一种平常人不很注意的怪状,我且称他为'目的热'。'目的热'就是迷信一些空虚的大话,

---

① 胡适:《这一周》,载胡适著、季羡林主编:《胡适全集》第 2 卷,合肥:安徽教育出版社,2003 年版,第 586 页。

② 胡适:《少年中国之精神》,载胡适著、季羡林主编:《胡适全集》第 21 卷,合肥:安徽教育出版社,2003 年版,第 165 页。

③ 同②,第 165—166 页。

认为高尚的目的，全不问这种观念的意义究竟如何。今天有人说'我主张统一和平'，大家齐声喝彩，就请他做内阁总理；明天又有人说'和平统一'，大家又齐声叫好，就举他做大总统；此外还有什么'爱国'哪，'护法'哪，'孔教'哪，'卫道'哪……许多空虚的名词；意义不曾确定，也都有许多人随声附和，认为天经地义，这便是我所说的'目的热'。以上所说各种现象都是缺乏方法的表示。"① 要主张"少年中国"，就需要一种新的科学的方法，即要"注重事实""注重假设""注重证实"。② "少年的中国，中国的少年，不可不时时刻刻保存这种科学的方法，实验的态度。"③

1960年，当被台北的广播电视台记者安先生问到五四运动的起因是什么时，胡适回答说："五四运动，其实不是个运动，是在民国八年五月四日那一天发生的一些事情，当初并没有什么运动，也没有什么计划。"④ 他认为"'五四'本身决不是文艺复兴运动，而'五四'本身是爱国运动，完全是青年人爱国思想暴露啦，事先没有一点计划，不是一种运动……不过同时他一方面帮助我们的文艺复兴思想的运动，同时也可以算是害了我们这纯粹思想运动变成政治化啦，可以说变了质啦，在我个人看起来谁功谁罪，很难定，很难定，这是我的结论。"⑤ 这是胡适对比五四运动前后的情形得出的结论。具体而言，"我们从前作的思想运动，文学革命的运动，思想革新的运动，完全不注重政治，到了'五四'之后，大家看看，学生

---

① 胡适：《少年中国之精神》，载胡适著、季羡林主编：《胡适全集》第21卷，合肥：安徽教育出版社，2003年版，第166页。

② 同①，第166页。

③ 同①，第167页。

④ 胡适：《"五四"运动是青年爱国的运动》，载胡适著、季羡林主编：《胡适全集》第22卷，合肥：安徽教育出版社，2003年版，第795页。

⑤ 同④，第808页。

是一个力量，是个政治的力量，思想是政治的武器，从此以后，不但国民党的领袖孙中山先生，后来国民党改组，充分的吸收青年分子。在两年之后，组织共产党，拼命拉中国的青年人。同时老的政党，梁启超先生他们那个时候叫研究系，他们吸收青年。所以从此以后，我们纯粹文学的、文化的、思想的一个文艺复兴运动，有的时候叫新思想运动、新思潮运动、新文化运动、文艺复兴运动就变了质啦，就走上政治一条路上，所以现在那些小的政党都是那个时候出来的"。①

　　一般对五四运动的理解是广义的，像张熙若撰《国民人格之修养》一文，文中提到"民国六七年的五四运动"，这就是采用广义的理解。张文刊于 1935 年 5 月 5 日《大公报》上纪念五四运动的文章系列中，他在文章中所谈的"以个人的良心为判断政治上是非之最终标准""有养成忠诚勇敢的人格的用处"的"个人主义"，胡适以为就是"自由主义"。胡适说："我们在民国八九年之间，就感觉到当时的'新思潮''新文化''新生活'有仔细说明意义的必要。无疑的，民国六七年北京大学所提倡的新运动，无论形式上如何五花八门，意义上只是思想的解放与个人的解放。"② 他还说："蔡元培先生在民国元年就提出'循思想自由言论自由之公例，不以一流派之哲学一宗门之教义梏其心'的原则了。他后来办北京大学，主张思想自由、学术独立、百家平等。在北京大学里，辜鸿铭、刘师培、黄侃和陈独秀、钱玄同等同时教书讲学。别人颇以为奇怪，蔡先生只说'此思想自由之通则，而大学之所以为大也。'这样百家平等，最可以引起青年人

---

① 胡适：《"五四"运动是青年爱国的运动》，载胡适著、季羡林主编：《胡适全集》第 22 卷，合肥：安徽教育出版社，2003 年版，第 807 页。

② 胡适：《个人自由与社会进步——再谈五四运动》，载胡适著、季羡林主编：《胡适全集》第 22 卷，合肥：安徽教育出版社，2003 年版，第 283 页。

的思想解放。我们在当时提倡的思想，当然很显出个人主义的色彩。"①

# 本章小结

中国近代知识人之所以涌起研究中国国情的热潮，是因为他们不仅
"开眼"看到了世界、看到了世界中的中国，而且认清了天下格局，合理
地定位了自己的政治责任与道德义务。

1922年1月15日出版的团刊《先驱》发刊词以为，单有反抗的创造
精神，"若不知道中国客观的实际情形，还是无用的"，所以，"本刊的第
一任务是努力研究中国的客观的实际情形，而求得一最合宜的解决中国问
题的方案"。

1922年7月，中共"二大"宣言指出，无产阶级"去帮助民主主义革
命"，不是降服于资产阶级，这是结束封建制度和养成无产阶级真实力量
的必要步骤。最高纲领中有建立"劳农专政"的政治。

1922年9月党中央机关报《向导》周报在上海创刊。陈独秀在第2
期发表《造国论》，处在殖民地状况之下的中国，"还在'造国'时代"，
那些恢复法统、速制宪法、地方分权、整理财政、澄清选举等主张，不是
文不对题，便是隔靴搔痒。三年后，陈独秀还回顾说："我们以为真正的
民主政治固然是我们所需要，然而民主革命这个口号，未免偏于纯资产阶
级的，在殖民地半殖民地的经济地位，绝没有欧洲18世纪资产阶级的革
命之可能"，所以，"便改用'国民革命'来代替'民主革命'"②。

---

① 胡适：《个人自由与社会进步——再谈五四运动》，载胡适著、季羡林主编：《胡适全
集》第22卷，合肥：安徽教育出版社，2003年版，第284页。

② 《本报（〈向导周报〉）三年来革命政策之概观》，《向导》第128期，1925年9月7日
出版。

"中国同志研究中国国情"，是为了更好地回答"中国将往何处去？"这样的大问题。

1924 年 1 月，在广州召开了国民党"一大"，会议通过的《中国国民党第一次全国代表大会宣言》第一部分为"中国之现状"，其中分析了辛亥革命后的国情是"军阀之专横，列强之侵蚀，日益加厉"，所以进行国民革命，实行三民主义"为中国唯一生路"。宣言通过后，孙中山就此进行了演说，说明了过去"与军阀官僚相妥协，相调和"使革命"不免于失败"，今后要进行"彻底的革命"，对内"终要把军阀来推倒，把受压迫的人民完全来解放"，对外则联合世界人民"反抗帝国主义"的压迫。

鲁迅看了《一个青年的梦》，对于书中"人人都是人类的相待，不是国家的相待，才得永久和平，但非从民众觉醒不可"之语，极表赞同，相信"将来总要做到"的。现在国家这个东西依然存在，但"人的真性，却一天比一天的流露"，将来人们总会走出"国的鼓子"的蒙蔽。[①] 中国虽然还"没有多人大叫，半夜里上了高楼撞一通警钟"，却"也仿佛很有许多人觉悟了"，鲁迅依然担忧，"生怕是旧式的觉悟，将来仍然免不了落后"。[②]

1911 年辛亥革命，当时军中檄文、布告等，用的都是黄帝纪元。对此，钱玄同说："因为当时的革命军，本标揭'民族''民权''民生'三种革命，而以民族革命列在第一，所以檄文布告等等都带着'排满'的口气。那么用汉族的始祖来纪元，原是当然，毫不足怪。"[③]'中华民国'成立后，便改

---

① 　鲁迅：《〈一个青年的梦〉译者序》，载王世家、止庵编：《鲁迅著译编年全集》第 3 卷，北京：人民出版社，2009 年版，第 214 页。

② 　同①，第 215 页。

③ 　钱玄同：《论中国当用世界公历纪年》，载钱玄同著：《钱玄同文集》第 1 卷，北京：中国人民大学出版社，1999 年版，第 308—309 页。

用世界通用的阳历纪元了。如果再强迫全国都信孔教，采用孔子纪元，便有狭隘的民族主义的倾向了。纪年本来只是历史的一种符号，"因为符号这样东西里面，本来没有含着绝对的真理。只要简单易记，制作的时候又不含特别作用在内，甚么都可以用得。"[①]"基督纪年之为世界通用的纪年，是已经'约定俗成'的了。所以虽出于教徒之私，却是'宜'的"[②]，"世界通用基督纪年，是和基督教不相干的；中国若用基督纪年，就是用世界通用的公历纪年，于考古，于现代应用，都是极便利"[③]。

---

① 钱玄同：《论中国当用世界公历纪年》，载钱玄同著：《钱玄同文集》第 1 卷，北京：中国人民大学出版社，1999 年版，第 309 页。

② 同①，第 311 页。

③ 同①，第 315 页。

# 第六章

# 社会改造

相对于政治革命而言，社会改造更为根本。章太炎在清末曾提出："目下言论渐已成熟，以后是实行的时代。"这便首先要反思以往的革命行动。梁启超回顾太平天国运动以来的革命，以为洪秀全失败的原因多端，而"最失计者"，"莫如政治革命与宗教革命并行"；另外，"曾、胡诸公，所以死抗，半亦宗教之观念驱之"。他以为，洪、曾等人的举动，就像逆风行舟，还要张挂两帆，"一之已甚，两则更安能胜也！"[1] 钱玄同曾致信鲁迅，以为"要改良中国政治，须先改良中国社会"[2]。他们有人主张改造政府，提升行政效能，增进社会福利。

近代中国社会新旧杂陈，亟待全面改造——从政治救亡、经济自立，直到社会启蒙与文化自觉。近代知识人的可贵探索主要表现在：他们在批判旧传统与批判旧政权中对中国社会进行全面改造[3]，在社会启蒙、国族救

---

① 梁启超：《开明专制论》，载梁启超著，汤志钧、汤仁泽编：《梁启超全集》第5集，北京：中国人民大学出版社，2018年版，第335页。

② 钱玄同：《致鲁迅》，载钱玄同著：《钱玄同文集》第1卷，北京：中国人民大学出版社，1999年版，第15页。

③ 李泽厚先生以为，新文化运动的目标是启蒙，特色是批判旧传统，而反帝政治运动的目标是批判旧政权，两种运动很快便形成合流之势。但是五四时期启蒙与救亡并行不悖相得益彰的局面并没有延续多久，时代的危亡局势和剧烈的现实斗争，迫使政治救亡的主题又一次全面压倒了思想启蒙的主题。（参李泽厚：《启蒙与救亡的双重变奏》，载氏著《中国现代思想史论》，天津：天津社会科学院出版社，2003年版，第26页。）

亡中开创新机遇。近代有识之士试图通过社会革命推进政治改造，他们先是纠结于到底选择君主立宪还是民主共和的方案，后又期于达成维护国脉的方案，这可算是近代最具文明波澜的风景。

# 第一节　"最后觉悟的觉悟"：伦理改造

中国社会进入到现代，受传统家族主义观念的影响仍然较大，现代个体独立的个人主义观念仍然面临着重重迫压。

呼唤社会革新、启发民智、激励民气、唤起民众的觉醒与奋争，是"觉醒年代"的重要主题。陈独秀在1919年提出"最进步的政治，必是把社会问题放在重要地位，别的都是闲文"。

## 一、家族本位主义批判

近代以来的知识人身上有一种值得注意的思想倾向，他们相信文学在改良社会中的作用，相信文学创作中的道德意义与政治意义。诚如鲁迅所说："我们在日本留学时候，有一种茫漠的希望，以为文艺是可以转移性情，改造社会的。因为这意见，便自然而然的想到介绍外国新文学这一件事。但做这事业，一要学问，二要同志，三要工夫，四要资本，五要读者。"①

---

① 鲁迅：《域外小说集序》，载王世家、止庵编：《鲁迅著译编年全集》第3卷，北京：人民出版社，2009年版，第416页。

## （一）揭露家庭的"恶德"

胡适曾写《李超传》为一个"无名的短命女子"立传，一方面以为其"个人的志气可使人发生怜惜敬仰的心，并且他所遭遇的种种困难都可以引起全国有心人之注意讨论"①，其价值远比督军的墓志铭重要；另一方面，他认为可以借此来揭露"旧家庭的黑暗"，抨击"高压的家族制度"。20 岁的李超还不曾订婚，惹得哥嫂都不高兴，哥哥是承继的儿子，"都很想把他早早打发出门去，他们就算完了一桩心事，就可以安享他的家产了"②。李超在"环顾亲旧，无一心腹"的情景下，急急出门求学，以避去高压的婚姻，远离"家庭专制"（李超语）。李超自言其不平之故道："盖家兄为人惜财如璧，且又不喜女子读书，故生此闲论耳。"③胡适以为，李超的一生遭遇"可以用做无量数中国女子的写照，可以用做中国家庭制度的研究资料，可以用做研究中国女子问题的起点，可以算做中国女权史上的一个重要牺牲者"④；而研究她的一生，可以引起对家长族长的专制、女子教育问题、女子承袭财产的权利、有女不为有后的问题。

关于女权，梁启超认为首先要争得同等教育权，然后是独立技能和同等参政权。梁启超说："总之妇女运动，目的在参政，起点在教育。盼望女界同胞快快觉悟，不要依靠男子，自己知道学问饥荒到了极点，一方运动与男子受同等教育，一方还要运动女子齐来受教育，然后一步一步的做去，

① 胡适：《李超传》，载胡适著、季羡林主编：《胡适全集》第 1 卷，合肥：安徽教育出版社，2003 年版，第 730 页。他，宜作"她"，全文同此。
② 同①，第 732 页。
③ 同①，第 739 页。
④ 同①，第 740 页。

女权运动的前途，必可放一异彩。"①女权运动有一定的阶段性任务，要分出轻重缓急。他说："女权运动，无论为学运动，为竞业运动，为参政运动，我在原则上都赞成，不惟赞成，而且十分认为必要。若以程序论，我说学第一，业第二，政第三。"②

在胡适看来，古来相传的家庭制度，限制了女性多方面发展的空间，把许多家庭繁琐工作看作妇人的天职。"欧美提倡废家庭制度的的人，大多数是自食其力的美术家和文人。这一派人所以反对家庭，正因为家庭的负担有碍于他们才性的自由发展。还有那避妊的行为，也是为此。"③关于自由恋爱下的离散，胡适评论说："自由恋爱的离散未必全由于性欲的厌倦，也许是因为人格上有不能再同居的理由。他们既然是人格的结合——有主张的自由恋爱应该是人格的结合！——如今觉得继续同居有妨碍于彼此的人格，自然可以由两方自由解散了。"④

胡适认为，易卜生揭破了家庭的四大恶德："一是自私自利；二是倚赖性，奴隶性；三是假道德，装腔作戏；四是懦怯没有胆子。"⑤在家庭中要反抗倚赖性，就必须提倡自立，做自己的主人。对于家庭中的女性而言，这种自立尤其重要。

同是由易卜生戏剧《玩偶之家》出发，对于走出家庭的娜拉，鲁迅强

---

① 梁启超：《女权运动之步骤（续）》，载梁启超著，汤志钧、汤仁泽编：《梁启超全集》第15集，北京：中国人民大学出版社，2018年版，第456页。
② 梁启超：《人权与女权》，载梁启超著，汤志钧、汤仁泽编：《梁启超全集》第15集，北京：中国人民大学出版社，2018年版，第481页。
③ 胡适：《论贞操问题——答蓝志先》，载胡适著、季羡林主编：《胡适全集》第1卷，合肥：安徽教育出版社，2003年版，第647页。
④ 同③，第650页。
⑤ 胡适：《易卜生主义》，载胡适著、季羡林主编：《胡适全集》第1卷，合肥：安徽教育出版社，2003年版，第601页。

调的是"经济权",胡适更强调"自立"精神与良善社会的形成。鲁迅批评那"无爱情结婚",麻痹了人的良心,女性也成了"旧习惯的牺牲"。他说:"我们既然自觉着人类的道德,良心上不肯犯他们少的老的的罪,又不能责备异性,也只好陪着做一世牺牲,完结了四千的旧账。"① 但是去做一世的牺牲,却是万分可怕的事,我们需要大叫"完全解放了我们的孩子",以待"旧账勾消"。②

胡适把那种"超于良妻贤母的人生观"称为"自立"观念。他说:"'自立'的意义,只是要发展个人的才性,可以不倚赖别人,自己能独立生活,自己能替社会作事。"③ 这种"自立"精神,初看上去与极端的个人主义相似,其实却是造成良善社会不可缺少的条件。"有了这些'自立'的男女,自然产生良善的社会。良善的社会决不是如今这些互相倚赖,不能'自立'的男女所能造成的。所以我所说那种'自立'精神,初看去,似乎完全是极端的个人主义,其实是善良社会绝不可少的条件。"④

胡适批评假道德和"荒谬的贞操迷信",反对"全无心肝的贞操论""忍心害理的烈女论"。他说:"贞操问题之中,第一无道理的,便是这个替未婚夫守节和殉烈的风俗。"如果"劝人做烈女,罪等于故意杀人。"⑤ 贞操是夫妇之间相对待的一种伦理要求,它建立在夫妇之间的真正爱情、恩谊上,"夫妻之间若没有爱情恩意,即没有贞操可说。若不问夫妇之间有

---

① 鲁迅:《随感录四十》,载王世家、止庵编:《鲁迅著译编年全集》第 3 卷,北京:人民出版社,2009 年版,第 122 页。

② 同①,第 122 页。

③ 胡适:《美国的妇人——在北京女子师范学校讲演》,载胡适著、季羡林主编:《胡适全集》第 1 卷,合肥:安徽教育出版社,2003 年版,第 619 页。

④ 同③,第 632 页。

⑤ 胡适:《贞操问题》,载胡适著、季羡林主编:《胡适全集》第 1 卷,合肥:安徽教育出版社,2003 年版,第 635 页。

无可以永久不变的爱情,若不问做丈夫的配不配受他妻子的贞操,只晓得做妻子的总该替他丈夫守节,这是一偏的贞操论,这是不合人情公理的伦理。"① 烈妇殉夫、贞女烈女问题,实际上都不是贞操问题。"若不问个人的境遇体质,只晓得说'忠臣不事二君,烈女不更二夫';只晓得说'饿死事极小,失节事极大'(用程子语);这是忍心害理,男子专制的贞操论。"②

对于寡妇再嫁问题,完全是个人问题,其中"有个人恩情上、体质上、家计上种种不同的理由,不可偏于一方面主张不近情理的守节。"③ 从寡妇再嫁的具体情形看,"妇人若是对他已死的丈夫真有割不断的情义,他自己不忍再嫁;或是已有了孩子,不肯再嫁;或是年纪已大,不能再嫁;或是家道殷实,不愁衣食,不必再嫁——妇人处于这种境地,自然守节不嫁。还有一些妇人,对他丈夫,或有怨心,或无恩意,年纪又轻,不肯抛弃人生正当的家庭快乐;或是没有儿女,家又贫苦,不能度日——妇人处于这种境遇没有守节的理由,为个人计,为社会计,为人道计,都该劝他改嫁。"④ 要反对国家用法律规定褒扬守节不嫁的寡妇这种做法。因为"褒扬守节的寡妇,即是说寡妇再嫁为不道德,即是主张一偏的贞操论。法律既不能断定寡妇再嫁为不道德,即不该褒扬不嫁的寡妇。"⑤

(二)"易卜生主义"

法律、宗教、道德,作为易卜生笔下的社会的三种大势力,各有其弊。

---

① 胡适:《贞操问题》,载胡适著、季羡林主编:《胡适全集》第1卷,合肥:安徽教育出版社,2003年版,第606页。

② 同①,第639页。

③ 同①,第639页。

④ 同①,第638—639页。

⑤ 同①,第639页。

第一，法律。"法律是死板板的条文，不通人情世故"，也"全不管犯罪的人的知识不同，境遇不同，居心不同。"[①] 在胡适看来，贞操问题并非天经地义、不可研究，而是可以反复讨论的，它是男女相待的态度，是"双方交互的道德"。

胡适反对褒扬贞操的法律，还提出五条理由："（一）贞操既是个人男女双方对待的一种态度，诚意的贞操是完全自动的道德，不容有外部的干涉，不须有法律的提倡。（二）若用法律的褒扬为提倡贞操的方法，势必至造成许多沽名钓誉，不诚实，无意识的贞操举动。（三）在现代社会，许多贞操问题，如寡妇再嫁，处女守贞等等问题的是非得失，却都还有讨论余地，法律不当以武断的态度制定褒贬的规条。（四）法律既不奖励男子的贞操，又不惩男子的不贞操，便不该单独提倡女子的贞操。（五）以近世人道主义的眼光看来，褒扬烈妇烈女杀身殉夫，都是野蛮残忍的法律，这种法律，在今日没有存在的地位。"[②] 胡适与人讨论男女之爱时，分为"人格的爱"与"肉欲的爱"，以为"人格的爱，不是别的，就是这种正当的异性恋爱加上一种自觉心"，贞操就是这"异性恋爱的真挚专一"。[③] 从易卜生笔下的娜拉形象来看，郝尔茂对于娜拉不曾违背贞操道德，"娜拉弃家出门，并不是为了贞操问题，乃是为了人格问题。这就可见人格问题是超于贞操问题了。"[④]

第二，宗教。"易卜生眼里的宗教久已失了那种可以感化人的能力；久

---

① 胡适：《易卜生主义》，载胡适著、季羡林主编：《胡适全集》第1卷，合肥：安徽教育出版社，2003年版，第603页。

② 胡适：《贞操问题》，载胡适著、季羡林主编：《胡适全集》第1卷，合肥：安徽教育出版社，2003年版，第642页。

③ 胡适：《论贞操问题——答蓝志先》，载胡适著、季羡林主编：《胡适全集》第1卷，合肥：安徽教育出版社，2003年版，第644—645页。

④ 同②，第645页。

已变成毫无生气的仪节信条，只配口头念得烂熟，却不配使人奋发鼓舞了。"① 宗教已背离了它的本意，"处处与人类的天性相反，处处反乎人情"②，已经堕落成为可以利用的工具。

第三，道德。易卜生认为它已成为"陈腐的旧习惯"③。"这种不道德的道德，在社会上，造出一种诈伪不自然的伪君子。面子上都是仁义道德，骨子里都是男盗女娼。易卜生最恨这种人。"④ 从哲学研究角度讲，道德"本可以当作一种信仰，一种趣味，一种洁癖"。胡适说："中国的孔丘也曾两次说'吾未见好德如好色者也'。他又说'知之者不如好之者，好之者不如乐之者'。这种议论很有道理，远胜于康德那种'绝对命令'的道德论。道德教育的最高目的是要人人都能自然行善去恶，'如恶恶臭，如好好色'一般。西洋哲学史上也有许多人把道德观念当作一种美感的。要是人人都能把道德当作一种趣味，一种美感，岂不很好吗？"⑤

易卜生的人生观是写实主义的。"易卜生把家庭社会的实在情形都写了出来，叫人看了动心，叫人看了觉得我们的家庭社会原来是如此黑暗腐败，叫人看了晓得家庭社会真正不得不维新革命——这就是'易卜生主义'。表面上看去，像是破坏的，其实完全是建设的。"⑥ "人生的大病根在于不肯睁开眼睛看世间的真实现状"，易卜生不同，他肯说老实话，去揭破社会的腐败龌龊给大家看，"他并不是爱说社会的坏处，他只是不得

---

① 胡适：《易卜生主义》，载胡适著、季羡林主编：《胡适全集》第 1 卷，合肥：安徽教育出版社，2003 年版，第 604 页。

② 同 ①，第 605 页。

③ 同 ①，第 606 页。

④ 同 ①，第 606 页。

⑤ 胡适：《论贞操问题——答蓝志先》，载胡适著、季羡林主编：《胡适全集》第 1 卷，合肥：安徽教育出版社，2003 年版，第 646 页。

⑥ 同 ①，第 612 页。

不说"。①

## 二、"最后觉悟的觉悟"：伦理改造

从"开眼看世界"以来，无论是激进还是保守，中国知识人的先行者大都极力维护中国文化、中国治理的本体性地位。无论是张之洞的以"三纲四维"为"道"为"本"的"中体西用论"，还是康、梁、谭的维新变法，均依从、假借或托庇孔子、儒家仁学，都未能从根本上批评忠、孝、贞节等旧道德。到了五四新文化启蒙运动时期，陈独秀喊出伦理的觉悟是"最后觉悟的觉悟"② 以后，开始了对"孔家店"急风暴雨式的全面清算。此时，打倒旧道德，对社会进行伦理改造，已经成为一个核心议题与论争焦点。

### （一）个人、家庭与社会

五四新文化运动期间，胡适等人提倡的思想解放，很显出个人主义的色彩。他们引用杜威的话，将个人主义分为真假两种：假的个人主义即为我主义（egoism）；真的个人主义即个性主义（individuality），思想独立，是应该提倡的"健全的个人主义"，可以由易卜生（Ibsen）的思想为代表。胡适说："这种思想有两个中心见解：第一是充分发展个人的才能，就是易卜生说的：'你要想有益于社会，最好的法子莫如把你自己这块材料铸造成

---

① 胡适：《易卜生主义》，载胡适著、季羡林主编：《胡适全集》第 1 卷，合肥：安徽教育出版社，2003 年版，第 600 页。

② 陈独秀说："自西洋文明输入吾国，最初促吾人之觉悟者为学术，相形见拙，举国所知矣；其次为政治，年来政象所证明，已有不克守缺抱缺之势。继今以往，国人所怀疑莫决者，当为伦理问题。此而不能觉悟，则前之所谓觉悟者，非彻底之觉悟，盖犹在惝恍迷离之境。吾敢断言曰：伦理的觉悟，为吾人最后觉悟之最后觉悟。"陈独秀：《吾人最后之觉悟》，载《独秀文存》卷 1，上海：上海书店，1989 年版，第 55—56 页。

觉醒与突破：近代的国学自觉与文化新生研究

器。'第二是要造成自由独立的人格，像易卜生的《国民公敌》戏剧里的斯铎曼医生那样'贫贱不能移，富贵不能淫，威武不能屈'。这就是张熙若先生说的'养成忠诚勇敢的人格'。"①

易卜生笔下个人与社会的关系是紧张的，是"互相损害"的。"社会最爱专制，往往用强力摧折个人的个性，压制个人自由独立的精神；等到个人的个性都消灭了，等到自由独立的精神都完了，社会自身也没有生气了，也不会进步了。"②胡适从易卜生的戏剧中也读出了个人与社会的紧张与冲突。他认为，"社会的最大的罪恶莫过于摧折个人的个性，不使他自由发展"。他还说："发展个人的个性，须要有两个条件。第一，须使个人有自由意志。第二，须使个人担干系，负责任。"③

与个人相比，社会的力量很大，网罗很密。反对社会的少年，会遭受家庭的责备、朋友的怨恨甚至是"社会的侮辱驱逐"；而"奉承社会意旨的人"，往往升官发财、安富尊荣、获得了重赏。"当此境地，不是顶天立地的好汉，决不能坚持到底"，开始的维新志士们"不久也渐渐的受社会的同化，仍旧回到旧社会去做'社会的栋梁'了。"④胡适感叹说："社会如同一个大火炉，什么金银铜铁锡，进了炉子，都要熔化。"⑤

对于"那些不懂事不安本分的理想家"，因其处处和社会的风俗习惯反对，便会受到"舆论""公论"及作为"世间最通行的迷信"即"服从

---

① 胡适：《个人自由与社会进步——再谈五四运动》，载胡适著、季羡林主编：《胡适全集》第 22 卷，合肥：安徽教育出版社，2003 年版，第 284 页。

② 胡适：《易卜生主义》，载胡适著、季羡林主编：《胡适全集》第 1 卷，合肥：安徽教育出版社，2003 年版，第 606 页。

③ 同②，第 614 页。

④ 同②，第 607 页。

⑤ 同②，第 607 页。

224

多数的迷信"的重罚。易卜生在《国民公敌》第五幕中表示对这一迷信的抗议，他说"多数党总在错的一边，少数党总在不错的一边"。

易卜生起初完全是一个无政府主义者，他在信中说"个人绝无做国民的需要"，"国家总得毁去"，"国家观念不久就要消灭了"。[①] 当易卜生意识到个人觉醒的作用，他便主张个人充分发达自己的天才性。他希望能实现一种"真益纯粹的为我主义"，"最要紧的还是救出自己"。诚然，社会是由个人组成的，多一个救出自己的个人，便多一份社会改造的力量。胡适说："所以孟轲说'穷则独善其身'，这便是易卜生所说'救出自己'的意思。这种'为我主义'，其实是最有价值的利人主义。"[②]

康有为在《大同书》中已经开始构思个人从家庭解放出来的问题，直到 1916 年新文化运动才全面开启对"家族本位主义"的反思与批判，进而与批判专政政治的思潮合流。吴虞便从反对传统忠孝观念的视角出发，以为"孝之范围，无所不包，家族制度之与专制政治，遂胶固而不可以分析"；忠以孝为起点，"夫孝之义不立，则忠之说无附。家庭之专制既解，君主之压力亦散"[③]。

陈独秀说："现代生活，以经济为之命脉，而个人独立主义，乃为经济学生产之大则，其影响遂及于伦理学。故现代伦理学上之个人人格独立，与经济学上之个人财产独立，互相证明，其说遂至不可摇动；而社会风纪，物质文明，因此大进。中土儒者，以纲常立教。为人子为人妻者，既失个人独立之人格，复无个人独立之财产。父兄畜其子弟（父兄养成年之子弟，伤为父兄者之财产也小，伤为子弟者之独立人格及经济能力也大。儒教慈

---

　　① 胡适：《易卜生主义》，载胡适著、季羡林主编：《胡适全集》第 1 卷，合肥：安徽教育出版社，2003 年版，第 610—612 页。

　　② 同①，第 613 页。

　　③ 吴虞：《家族制度为专制主义之根据论》，原载《新青年》第 2 卷第 6 号。

孝悌并称，当然终身相养而不以为怪），子弟养其父兄（人类相爱互助之谊，何独忍情于父兄？况养亲报恩，乃情理之常。惟以伦理见解，不论父兄之善恶，子弟之贫富，一概强以孝养之义务不可也）。《坊记》曰：'父母在，不敢有其身，不敢私其财。'此甚非个人独立之道也。康先生与范书，引'鳏寡孤独有所养''我不欲人之加诸我也，吾亦欲无加诸人'等语，谓为个人独立之义，孔子早已有之。此言真如梦呓！夫不欲人我相加，虽为群己间平等自由之精义，然有孝悌之说以相消，则自由平等只用之社会，而不能行之于家庭。人格之个人独立既不完全，财产之个人独立更不相涉。鳏寡孤独有所养之说，适与个人独立之义相违。西洋个人独立主义，乃兼伦理经济二者而言，尤以经济上个人独立主义为之根本也。"①

　　传统忠孝观念，是以主张压制个性的集体主义为思想基础的。李大钊认为，儒家修身主张，未能使人完成他的个性，恰使人牺牲了个性，而牺牲个性的第一步便是"尽孝"，君臣关系的"忠"完全成为父子关系的"孝"的"放大体"，"君主专制制度完全是父权中心的大家族制度的发达体"。②

　　李大钊认为，社会上各种解放运动，都指向家族制度、父权专制，意在推翻孔子的孝父主义、顺夫主义、贱女主义。从前的中国，"可以说是没有国家，没有个人，只有家族的社会"③。而现在，由于经济上的压迫，大家族面临崩解之势，"随着新经济势力输入的自由主义、个性主义，又复冲入家庭的领土，他的崩颓破灭，也是不可逃避的运数"④。李大钊说：

---

　　①　陈独秀：《孔子之道与现代生活》，载《独秀文存》卷1，上海：上海书店，1989年版，第117—118页。

　　②　李大钊：《由经济上解释中国近代思想变动的原因》，载《新青年》第7卷第2号。

　　③　同②，第148页。

　　④　同②，第148页。

"中国的农业经济，既因受了重大的压迫而生动摇，那么首先崩颓粉碎的，就是大家族制度了。中国的一切风俗、礼教、政法、伦理，都以大家族制度为基础，而以孔子主义为其全结晶体。大家族制度既入了崩颓的运命，孔子主义也不能不跟着崩颓粉碎了。"[1] 所以，当日中国发生的种种思潮运动、解放运动，皆集矢于打破大家族制度，皆指向于打破孔子主义。

鲁迅也曾不同程度地展开了对父权的反思与批判。鲁迅想研究"怎样改革家庭"，反省一下中国"亲权重、父权更重""从来认为神圣不可侵犯的父子问题"。[2] 关于家庭问题，主要是解放子女的问题。父权、皇权制下的"旧学说"与"旧手段"，"实在从古以来，并无良效，无非使坏人增长些虚伪，好人无端的多受些人我都无利益的苦痛罢了"。[3] 如何将子女从旧家庭中解救出来呢？鲁迅说："没有法，便只能先从觉醒的人开手，各自解放了自己的孩子。自己背着因袭的重担，肩住了黑暗的闸门，放他们到宽阔光明的地方去；此后幸福的度日，合理的做人。"[4] "觉醒的人"应该更加地"扩张"和"醇化"那"天性的爱"，"用无我的爱，自己牺牲于后起新人"。[5] 具体而言，第一要"理解"，应该"以孩子为本位"；第二，要指导，"长者须是指导者协商者，却不该是命令者"[6]；第三，解放子女，教育子女，令其自立。总之，父子对于子女，应该"健全的产生""尽力的教育""完

---

① 李大钊：《由经济上解释中国近代思想变动的原因》，原载《新青年》第 7 卷第 2 号，1920 年 1 月 1 日，今载中国李大钊研究会编注：《李大钊全集》第 3 卷，第 147 页。

② 鲁迅：《我们现在怎样做父亲》，载王世家、止庵编：《鲁迅著译编年全集》第 3 卷，北京：人民出版社，2009 年版，第 204 页。

③ 同②，第 210—211 页。

④ 同②，第 205 页。

⑤ 同②，第 209 页。

⑥ 同②，第 210 页。

全的解放"。① 家庭的解放，关系到社会改良的大问题。鲁迅说："觉醒的父母，完全应该是义务的，利他的，牺牲的，很不易做；而在中国尤不易做。中国觉醒的人，为想随顺长者解放幼者，便须一面清结旧账，一面开辟新路。"②

钱玄同不仅称赞鲁迅的"求真""闇修"精神，还指出他创作的社会改造意义。钱玄同说："他读史与观世，有极犀利的眼光，能抉发中国社会的痼疾，如《狂人日记》《阿Q正传》《药》等小说及《新青年》中他的《随感录》所描写所论述的皆是。这种文章，如良医开脉案，作对症发药之根据，于改革社会是有极大的用处的。"③

无论是对于家庭，还是对于社会国家，要注意这两个条件："自治的社会，共和的国家，只是要个人自由选择之权，还要个人对于自己所行所为都负责任。若不如此，绝不能造出自己独立的人格。"④ 如果不能造出自由独立的人格，社会国家便绝没有改良进步的希望。

## （二）"因袭的重担"

鲁迅以为，中国社会处处有"因袭的重担"，"觉醒的人，愈觉有改造社会的任务"。⑤ 鲁迅对国人积习之害，有甚深刻的认识。鲁迅指出，"凡中国人说一句话，做一件事，倘与传来的积习有若干抵触，须一个斤斗便

---

① 鲁迅：《我们现在怎样做父亲》，载王世家、止庵编：《鲁迅著译编年全集》第3卷，北京：人民出版社，2009年版，第210页。

② 同①，第213页。

③ 钱玄同：《我对于周豫才君之追忆与略评》，载钱玄同著：《钱玄同文集》第2卷，北京：中国人民大学出版社，1999年版，第310页。

④ 胡适：《易卜生主义》，载胡适著、季羡林主编：《胡适全集》第1卷，合肥：安徽教育出版社，2003年版，第615页。

⑤ 同①，第211页。

告成功，才有立足的处所；而且被恭维得烙铁一般热。否则免不了标新立异的罪名，不许说话；或者竟成了大逆不道，为天地所不容。"① 他还说过："古国的灭亡，就因为大部分的组织被太多的古习惯教养得硬化了，不再能够转移，来适应新环境。"② 少数觉醒的人，孤绝地抗议着、反击着，然而无边的恶劣权势与屈伏于权门的奴才，形成铁屋子、铁桶阵，对他们进行压制，结局往往是如此："压下去就用旧习惯和旧道德，或者凭官力，所以孤独的精神的战士，虽然为民众战斗，却往往反为这'所为'而灭亡"③。

如果一味因袭，只做"时式的成功的经营"或"对于一切的冷笑"，国人便毫无创进可言，因为"社会上毫无改革，学术上没有发明，美术上也没有创作；至于多人继续的研究，前仆后继的探险，那更不必提了"。④ 有鉴于此，鲁迅呼唤"尼采式的超人"，希望中国青年都"只是向上走，不必理会这冷笑和暗箭"⑤。他还说："愿中国青年都摆脱冷气……能做事的做事，能发声的发声。有一分热，发一分光，就令萤火一般，也可以在黑暗里发一点光，不必等候炬火。"⑥ 即使以后没有炬火，我们也要自己觉醒，升起"我便是唯一的光"的自觉心，去照亮人类。

---

① 鲁迅:《随感录四十一》，载王世家、止庵编:《鲁迅著译编年全集》第 3 卷，北京：人民出版社，2009 年版，第 122 页。

② 鲁迅:《十四年的"读经"》，载王世家、止庵编:《鲁迅著译编年全集》第 6 卷，北京：人民出版社，2009 年版，第 436 页。

③ 鲁迅:《这个与那个（二）》，载王世家、止庵编:《鲁迅著译编年全集》第 6 卷，北京：人民出版社，2009 年版，第 525 页。

④ 鲁迅:《随感录四十一》，载王世家、止庵编:《鲁迅著译编年全集》第 3 卷，北京：人民出版社，2009 年版，第 123 页。

⑤ 同④，第 122 页。

⑥ 同④，第 122 页。

对于中国历来的邪思妄行，鲁迅有着深刻的警醒。他举例说："造谣说谎诬陷中伤也都是中国的大宗国粹，这一类事实，古来很多，鬼祟著作却都消灭了。不肖子孙没有悟，还是层出不穷的做。不知他们做了以后，自己可也觉得无价值么。如果觉得，实在劣得可怜。如果不觉，又实在昏得可怕。"①

社会上群众不觉醒，学校教育也不能"适如其分"地"发展各各的个性"。②社会痼疾如此，如果有人"要彻底地毁坏这种大势的，就容易变成'个人的无政府主义者'，如《工人绥惠略夫》里所描写的绥惠略夫就是。这一类人物的运命，在现在——也许虽在将来——是要救群众，而反被群众所迫害，终至于成了单身，忿激之余，一转而仇视一切，无论对谁都开枪，自己也归于毁灭"。③鲁迅还说："社会上千奇百怪，无所不有；在学校里，只有捧线装书和希望得到文凭者，虽然根柢上不离'利害'二字，但是还要算好的。中国大约太老了，社会上事无大小，都恶劣不堪，像一只黑色的染缸，无论加进什么新东西去，都变成漆黑。可是除了再想法子来改革之外，也再没有别的路。我看一切理想家，不是怀念'过去'，就是希望'将来'，而对于'现在'这一个题目，都交了白卷，因为谁也开不出药方。其中最好的药方，即所谓'希望将来'的就是。"④只有打破这"染缸"，中国才有救治的希望。而为打破染缸，必须积蓄力量。鲁迅说："这种漆黑的染缸不打破，中国即无希望，但正在准备毁坏者，目下也仿佛有

---

① 鲁迅：《寸铁》，载王世家、止庵编：《鲁迅著译编年全集》第3卷，北京：人民出版社，2009年版，第218页。

② 鲁迅：《致许广平》（1925年3月18日信），载王世家、止庵编：《鲁迅著译编年全集》第6卷，北京：人民出版社，2009年版，第135页。

③ 同②，第136页。

④ 同②，第136页。

人，只可惜数目太少。然而既然已有，即可望多起来，一多，就好玩了——但是这自然还在将来；现在呢，就是准备。"①

鲁迅以笔为"投枪"，同黑恶现实作战，正是按"希望将来"的药方下着药。他自言："我的作品，太黑暗了，因为我只觉得'黑暗与虚无'乃是'实有'，却偏要向这些作绝望的抗战，所以很多着偏激的声音。其实这或者是年龄和经历的关系，也许未必一定的确的，因为我终于不能证实：惟黑暗与虚无乃是实有。所以我想，在青年，须是有不平而不悲观，常抗战而亦自卫，倘荆棘非践不可，固然不得不践，但若无须必践，即不必随便去践，这就是我之所以主张'壕堑战'的原因，其实也无非想多留下几个战士，以得更多的战绩。"②鲁迅对于社会的战斗，并不挺身而出，也不劝别人牺牲什么，而主张"壕堑战"，因为"中国多暗箭，挺身而出的勇士容易丧命"③。虽然"改革自然常不免于流血"，但"血的应用，正如金钱一般，吝啬固然是不行的，浪费也大大的失算"，因此必须讲究战斗的艺术。实际上，鲁迅主张战术上采用"壕堑战"，"并非吝惜生命，乃是不肯虚掷生命，因为战士的生命是宝贵的"。④与其作无谓的牺牲，不与保存实力，作机智而又有效的战斗。

就家庭教育而论，中国相传的成法，谬误重重。第一种是"锢闭"，与社会隔离开来；第二种是教"恶本领"，以便在社会中生活；第三种是传

① 鲁迅：《致许广平》（1925年3月23日信），载王世家、止庵编：《鲁迅著译编年全集》第6卷，北京：人民出版社，2009年版，第140页。
② 鲁迅：《致许广平》（1925年3月18日信），载王世家、止庵编：《鲁迅著译编年全集》第6卷，北京：人民出版社，2009年版，第136页。
③ 鲁迅：《致许广平》（1925年3月11日信），载王世家、止庵编：《鲁迅著译编年全集》第6卷，北京：人民出版社，2009年版，第121页。
④ 鲁迅：《空谈》，参王世家、止庵编：《鲁迅著译编年全集》第7卷，北京：人民出版社，2009年版，第111页。

授"周旋方法"，学会顺应社会。[①] 偶尔顺应无妨，但决不是"正当办法"，那是"因为社会不良，恶现象便很多，势不能一一顺应；倘都顺应了，又违反了合理的生活，倒走了进化的路"，所以"根本的方法"是"只有改良社会"一个途径。[②] 鲁迅指出，"中国的孩子，只要生，不管他好不好，只要多，不管他才不才。生他的人，不负教他的责任"；只生不养，不过是"制造孩子的家伙"，不是"'人'的父亲""'人'的萌芽"。[③] 只有人觉醒了才能有真正自觉地去改造社会。

中国社会所"因袭的重担"，从文化渊源上看，多与盲目自大的"国粹"论相联系。

鲁迅曾主张不读或少读中国书，就是因为中国书"与实人生离开"。他说："中国书虽有劝人入世的话，也多是僵尸的乐观，外国书即使是颓唐和厌世的，但却是活人的颓唐和厌世。我以为要少——或者竟不——看中国书，多看外国书。""读外国书——但除了印度——时，往往就与人生接触，想做点事。"[④] 当前"青年最要紧"的是"行"而非"言"，"少看中国书，其结果不过不能作文"，但为了"行"的目的，不能作文是算不了什么大的事情的。[⑤]

鲁迅不愿轻易开出"童子所诵习"的书，就是觉得"中国古书，叶叶害人，而新出诸书亦多妄人所为，毫无是处"，"少年可读之书，中国绝少"，

① 鲁迅：《我们现在怎样做父亲》，载王世家、止庵编：《鲁迅著译编年全集》第3卷，北京：人民出版社，2009年版，第210页。

② 同①，第212页。

③ 鲁迅：《随感录二十五》，载王世家、止庵编：《鲁迅著译编年全集》第3卷，北京：人民出版社，2009年版，第72页。

④ 鲁迅：《青年必读书》，原载《京报副刊》1925年2月21日，现参王世家、止庵编《鲁迅著译编年全集》第6卷，北京：人民出版社，2009年版，第52页。

⑤ 同④。

所以，"为今之计，只能读其记天然物之文，而略其故事"，要"以养成适应时代之思想为第一谊"，"只须思想能自由"。①

鲁迅兄弟表彰谢承、虞预等乡贤，编辑乡邦文献。鲁迅借署二弟之名，以为"会稽古称沃衍，珍宝所聚，海岳精液，善生俊异，而远于京夏，厥美弗彰"②，"是故叙述名德，著其贤能，记注陵泉，传其典实，使后人穆然有思古之情，古作者之用心至矣！其所造述虽多散亡，而逸文尚可考见一二，存而录之，或差胜于泯绝云尔"③。而《会稽郡故书杂集》所载"贤俊之名，言行之迹，风土之美，多有方志所遗"，故是集可为乡邦"供其景行，不忘于故"。④

在西方心灵研究（Psychical Research 或称 Spiritualism）影响下，上海设立灵学会，研究灵魂、心灵沟通和特殊功能、死后世界等，创办会刊《灵学丛志》，设立乩坛，即设盛德坛，通过扶乩沟通人神。鲁迅说："上海盛德坛扶乩，由'孟圣'主坛；在北京便有城隍白知降坛，说他是'邪鬼'。盛德坛后来却又有什么真人下降，谕别人不得擅自扶乩。"⑤1918 年 1 月，时任浙江通志局提调的永嘉人徐定超死于普济轮船难，其子为其设奠招魂，又送魂返温，《灵学丛志》第 1 卷第 2 期还刊发了徐氏外甥陈纪方发来的徐氏的"灵魂摄影"照片。⑥同年 3 月 10 日，鲁迅致信许寿

---

① 鲁迅：《致许寿裳》，载王世家、止庵编：《鲁迅著译编年全集》第 3 卷，北京：人民出版社，2009 年版，第 124 页。

② 鲁迅：《〈会稽郡故书杂集〉序》，载王世家、止庵编：《鲁迅著译编年全集》第 2 卷，北京：人民出版社，2009 年版，第 280 页。

③ 同②，第 281 页。

④ 同②，第 281 页。

⑤ 鲁迅：《随感录五十三》，载王世家、止庵编：《鲁迅著译编年全集》第 3 卷，北京：人民出版社，2009 年版，第 148 页。

⑥ 参王宏超：《徐班侯灵魂照相事件》，《书城》，2015 年 7 月号。

裳说："沪上一班昏虫又大捣鬼，至于为徐班侯之灵魂照相，其状乃如鼻烟壶。人事不修，群趋鬼道，所谓国将亡听命于神者哉！"① 可见他对此事的不屑。

清末民初，徐枕亚、陈蝶仙、李定夷等以文言描写才子佳人的哀情，因常用鸳鸯蝴蝶比喻才子佳人，故称"鸳鸯蝴蝶体"。从文体上看，"鸳鸯蝴蝶体"正与白话相对。鸳鸯蝴蝶派小说被鲁迅戏纳入上海新"暴发"的"国学"。鲁迅说："现在暴发的'国学家'之所谓'国学'是什么？一是商人遗老们翻印了几十部旧书赚钱，二是洋场上的文豪又做了几篇鸳鸯蝴蝶体小说出版。"② 然而，他们将旧书当古董，他们的校勘，又是"错字叠出，破句连篇"；他们的小说，"洋场上的往古所谓文豪，'卿卿我我''蝴蝶鸳鸯'诚然做过一小堆，可是自有洋场以来，从没有人称这些文章（？）为国学，他们自己也并不以'国学家'自命的。现在不知何以，忽而奇想天开，也学了盐贩茶商，要凭空挨进'国学家'队里去了。"③

鲁迅说："上海租界上的'国学家'，以为做白话文的大抵是青年，总该没有看过古董书的，于是乎用了所谓'国学'来吓呼他们。"④《时报》上载署名"涵秋"的《文字感想》，说"新学家"批评"国学家"故作怪谈，"以震其艰深"，令人不忍卒读。鲁迅说："国学国学，新学家既'薄为不足道'，国学家又道而不能亨，你真要道尽途穷了！"⑤

① 鲁迅：《致许寿裳》，载王世家、止庵编：《鲁迅著译编年全集》第3卷，北京：人民出版社，2009年版，第14页。

② 鲁迅：《所谓"国学"》，载王世家、止庵编：《鲁迅著译编年全集》第4卷，北京：人民出版社，2009年版，第606页。

③ 同②，第607页。

④ 鲁迅：《"以震其艰深"》，载王世家、止庵编：《鲁迅著译编年全集》第4卷，北京：人民出版社，2009年版，第601页。

⑤ 同④，第601—602页。

鲁迅批评上海的国学家们不懂新的音译语，"自命为'国学家'的对于译音也加以嘲笑，确可以算得一种古今的奇闻；但不特显示他的昏愚，实在也足以看出他的悲惨"①。真正的国学研究，不回避旧的音译，遵循可行的译例。印了将近十年的《流沙坠简》，可以算是一种"研究国学的书"，王国维作了长序，"要谈国学，他才可以算一个研究国学的人物"②。鲁迅说："当假的国学家正在打牌喝酒，真的国学家正在稳坐高斋读古书的时候，沙士比亚的同乡斯坦因博士却已经在甘肃新疆这些地方的沙碛里，将汉晋简牍掘去了；不但掘去，而且做出书了。所以真要研究国学，便不能不翻回来。"③已有研究成果，绝不能无视，绝不容故意回避。真要研究国学，"清清楚楚的讲国学"，便必须"嵌外国字"，必须"用新式的标点"；断不能像"洋场上的自命为国学家"的人们那样，"单用些'鸳鸯''蝴蝶'这些字样，实在是不够敷衍的"。④

鲁迅《又是"古已有之"》开头便讲道："太炎先生忽然在教育改进社年会的讲坛上'劝治史学'以'保存国性'，真是慨乎言之。但他漏举了一条益处，就是一治史学，就可以知道许多'古已有之'的事。"⑤但"古已有之"的，或有记载而失真，或干脆已佚。以眼睛形状而论，"宋的《析骨分经》，相传也据目验，《说郛》中有之，我曾看过它，多是胡说，大约是假的"。⑥一些所谓的国粹学家，不辨真假，他们所迷信的中医中，不乏

---

① 鲁迅：《不懂的音译（二）》，载王世家、止庵编：《鲁迅著译编年全集》第4卷，北京：人民出版社，2009年版，第627页。

② 同①，第628页。

③ 同①，第628页。

④ 同①，第628页。

⑤ 鲁迅：《又是"古已有之"》，载王世家、止庵编：《鲁迅著译编年全集》第5卷，北京：人民出版社，2009年版，第286页。

⑥ 鲁迅：《论照相之类》，载王世家、止庵编：《鲁迅著译编年全集》第5卷，北京：人民出版社，2009年版，第378页。

荒谬之处。其中便有鲁迅所指出的"月经精液可以延年，毛发爪甲可以补血，大小便可以医许多病，臂膊上的肉可以养亲"。① 然而"自从西医割掉了梁启超的一个腰子以后，责难之声就风起云涌了，连对于腰子不很有研究的文学家也都'仗义执言'。同时，'中医了不得论'也就应运而起。"② 一时间，人们有病，首先想到的便是吃中药。鲁迅说："中医，虽然有人说是玄妙无穷，内科尤为独步，我可总是不相信。"③

　　1918 年 4 月，鲁迅发表《狂人日记》，抨击礼教的吃人，如"他们会吃人，就未必不会吃我"，"我看出他话中全是毒，笑中全是刀。他们的牙齿，全是白厉厉的排着，这就是吃人的家伙"，"我翻开历史一查，这历史没有年代，歪歪斜斜的每叶上都写着'仁义道德'几个字。我横竖睡不着，仔细看了半夜，才从字缝里看出字来，满本都写着两个字是'吃人'！"④ 他痛斥："合伙吃我的人，便是我的哥哥"⑤，"我认识他们是一伙，都是吃人的人"⑥；他反省："四千年来时时吃人的地方，今天才明白，我也在其中混了多年"⑦；他诅咒："我诅咒吃人的人，先从他起头；要劝转吃人的人，也先从他下手。"⑧ 他大声疾呼道："你们可以改了，从真心做起！要晓得将来

---

　　① 鲁迅：《论照相之类》，载王世家、止庵编：《鲁迅著译编年全集》第 5 卷，北京：人民出版社，2009 年版，第 378 页。

　　② 鲁迅：《马上日记》（1926 年 6 月 25 日），参王世家、止庵编：《鲁迅著译编年全集》第 7 卷，北京：人民出版社，2009 年版，第 180 页。

　　③ 同②。

　　④ 鲁迅：《狂人日记》，原载《新青年》月刊 1918 年 5 月 15 日，现参王世家、止庵编《鲁迅著译编年全集》第 6 卷，第 21 页。

　　⑤ 同④，第 22 页。

　　⑥ 同④，第 26 页。

　　⑦ 同④，第 27 页。

　　⑧ 同④，第 24 页。

容不得吃人的人，活在世上"①，"你们立刻改了，从真心改起！"②"救救孩子！"③

　　鲁迅之后，吴虞进一步将"吃人"与"礼教"结合起来谈。1917年，他在《新青年》第5、6号刊发《致陈独秀书》和《家族制度与专制主义之根据论》，后来又陆续发表了《吃人与礼教》《说孝》等，表达自己的理论反思心得，影响巨大，被胡适称为"中国思想界的一个清道夫"④。胡适称陈独秀和吴虞为当年"攻击孔教最有力的两位健将"⑤，吴虞还是"'四川省只手打孔家店'的老英雄"⑥。

　　吴虞以为，鲁迅的《狂人日记》"不觉得发了许多感想"。他说："我们中国人，最妙是一面会吃人，一面又能够讲礼教。吃人与礼教，本来是极相矛盾的事，然而他们在当时历史上，却认为并行不悖的，这真正是奇怪了……我觉得他这日记，把吃人的内容和仁义道德的表面看得清清楚楚。那些戴着礼教假面具吃人的滑头伎俩，都被他把黑幕揭破了。"他还说："孔二先生的礼教讲到极点，就非杀人吃人不成功，真是惨酷极了。一部历史里面，讲道德说仁义的人，时机一到，他就直接间接的都会吃起人肉来了。就是现在的人，或者也没有做过吃人的事，但他们想吃人，想咬你几口出气的心，总未必打扫得干干净净。"⑦所以，必须自我"觉悟"，

---

　　①　鲁迅：《狂人日记》，原载《新青年》月刊1918年5月15日，现参王世家、止庵编《鲁迅著译编年全集》第6卷，第26页。

　　②　同①，第27页。

　　③　同①，第28页。

　　④　胡适：《〈吴虞文录〉序》，载胡适著、季羡林主编：《胡适全集》第1卷，合肥：安徽教育出版社，2003年版，第760页。

　　⑤　同④，第761页。

　　⑥　同④，第763页。

　　⑦　吴虞：《吃人与礼教》，原载《新青年》第6卷第6号，1919年11月1日。

我们"不是为君主而生""不是为圣贤而生""也不是为纲常礼教而生"，那些所谓的"文节公""忠烈公"不过都是些"吃人的人设的圈套"。要识破他们诳骗人的把戏，要明白"吃人的就是讲礼教的"，而"讲礼教的就是吃人的"。

后来，胡适还说他"廿年来日与恶社会宣战"，根本不怕社会的报复。[①] 吴虞的女儿辟疆放弃求学，重新回到家庭，努力作主妇，虽为令人失望之事，却正合于他和胡适儿女自由自动的主张。胡适劝道："自由不是容易得来的。自由有时可以发生流弊，但我们决不因为自由有流弊便不主张自由。'因噎废食'一句套语，此时真用得着了。自由的流弊有时或发现于我们自己的家里，但我们不可因此便失望，不可因此便对于自由起怀疑的心。我们还要因此更希望人类能从这种流弊里学得自由的真意义，从此得着更纯粹的自由。"[②]

# 第二节　国民运动

在当初还无意"批评时政"时，陈独秀就曾说，"国人思想，倘未有根本之觉悟，直无非难执政之理由"。其隐含的意思是：国人若有了根本觉悟，便可以批评政府了。

实际上，国人的觉悟，端赖于"国民运动"的开展。李大钊说："在这种浅薄无知的社会里，发言论事，简直的是万难，东也不是，西也不是，我们惟有一面认定我们的主义，用他作材料、作工具，以为实际的运动；

---

① 胡适：《寄吴又陵先生书》，载胡适著、季羡林主编：《胡适全集》第1卷，合肥：安徽教育出版社，2003年版，第755页。

② 同①，第756页。

一面宣传我们的主义，使社会上多数人都能用他作材料、作工具，以解决具体的社会问题。"① 尽管现实社会中发言论事不易，知识人仍要坚信自己的主义，并加大宣传力度，赢获更大程度的理解、支持，争取形成有觉解、有组织的群众运动。

## 一、开民智：新道德与新思想

近代知识人在社会层面推动的国民运动，实际上是意在由社会影响政治，大致是一种自下而上的改良主义取向。梁启超指出，学术与社会、政治相互影响，"学术思想之在一国，犹人之有精神也；而政事、法律、风俗及历史上种种之现象，则其形质也"②，"凡一国之进步，必以学术思想为之母，而风俗、政治皆其子孙也"③，从一国学术思想概况可以探知一国的文野、强弱程度。

### （一）新道德追求

本节首先从当时知识人的新道德追求方面切入，探讨近代中国的文明进步，民智进化。

近代知识人大都已经清醒地认识到，传统宗法道德观念已经不能适应于现代生活，新旧之间"绝无调和两存之余地"。陈独秀就说："忠、孝、

①　李大钊：《再论问题与主义》，载中国李大钊研究会编注：《李大钊全集》第 3 卷，第 6 页。

②　梁启超：《论中国学术思想变迁之大势》，载梁启超著，汤志钧、汤仁泽编：《梁启超全集》第 3 集，北京：中国人民大学出版社，2018 年版，第 15 页。

③　梁启超：《新民说》，载梁启超著，汤志钧、汤仁泽编：《梁启超全集》第 2 集，北京：中国人民大学出版社，2018 年版，第 579 页。

贞操三样，却是中国固有的旧道德，中国的礼教（祭祀教孝、男女防闲是礼教的大精神）、纲常、风俗、政治、法律，都是从这三样道德演绎出来的，中国人的虚伪（丧礼最甚）、利己、缺乏公共心、平等观，就是这三样旧道德助长成功的。中国分裂的生活（男女最甚）偏枯的现象（君对于臣的绝对权、政府官吏对于人民的绝对权、父母对于子女的绝对权、夫对于妻男对于女的绝对权、主人对于奴婢的绝对权）一方无理压制，一方盲目服从的社会，也都是这三样道德教训出来的，中国历史上现实社会上种种悲惨不安的状态，也都是这三样道德在那里作怪。"①

梁启超重自尊之德，以为"自尊"是"人道最不可缺之德"，自尊自爱是有所承担、有责任心的表现。然在当日之中国，"伪自尊"现象流行，"自尊"二字却"几成诟病之名词"。梁启超说："谚曰：济人利物非吾事，自有周公、孔圣人。夫周公何人也？孔圣人何人也？颅同此员，趾同此方，官同此五，支同此四，而必曰此也者，彼之责任，非我之责任也，天下之不自爱，孰有过是也！"②

在梁启超看来，孔教虽良，但若"必强一国人之思想使出于一途，其害于进化也莫大"③，思想独尊，百家罢黜之后，"束缚驰骤，日甚一日，虎皮羊质，霸者假之以为护符；社鼠城狐，贱儒缘之以谋口腹。变本加厉，而全国之思想界销沉极矣"④。对于孔教，应该以正确态度进行对待。梁启超说："吾不敢怨孔教，而不得不深恶痛绝夫缘饰孔教、利用孔教、诬罔孔

---

① 陈独秀：《调和论之旧道德》，载《独秀文存·随感录》，北京：首都经济贸易大学出版社，2018年，第123页。

② 梁启超：《新民说》，载梁启超著，汤志钧、汤仁泽编：《梁启超全集》第2集，北京：中国人民大学出版社，2018年版，第594页。

③ 同②，第579页。

④ 同②，第580页。

教者之自贼而贼国民也。"①

近代知识人希望通过办报办学来开启民智，进一步引发新道德建设、引领新思想生成。

首先，就办学而言，近代知识人所设立的学校可以作为传播民族精神的主阵地。

1906 年 2 月，为抗议日本文部省颁布的《取缔清国留学生规则》，一部分爱国学生愤而回国，创办了中国公学。胡适在中国公学两年，深受王云五、姚康侯两位先生的影响，注重文法分析，产生了中英文文法比较的兴趣。1910 年 2 月，王云五推荐胡适到上海租界工部局华童公学任国文老师。为了帮助胡适抓住官费留美的机会，王云五还特意为他补习了三个月的代数和解析几何。胡适如愿出国，归国后曾一度任中国公学的校长。

1922 年，陈独秀在平民女学校成立之际，呼唤真正的平民教育。他说："教育虽然没有万能的作用，但是总算是改造社会底重要工具之一，而且为改造社会最后的唯一工具，这是我们应该承认的。"②他还说："我对于教育的意见，第一是希望有教育，无论贵族的、平民的都好，因为人不受教育，好像是原料不是制品；第二是希望教育是平民的而非贵族的，因为资本社会里贵族教育制造出来的人才，虽非原料，却是商品。"③

钱玄同则是提醒青年们警惕求学目的上的两种谬见：一是"专是为自己吃饭之用"的职业主义教育，而以讲人生进化为高调；二是"专为发挥狭隘的爱国心之用"，而最崇拜日、德血腥气的爱国主义。因此，这类人

① 梁启超：《新民说》，载梁启超著，汤志钧、汤仁泽编：《梁启超全集》第 2 集，北京：中国人民大学出版社，2018 年版，第 580 页。

② 陈独秀：《平民教育》，载《独秀文存》卷 1，上海：上海书店，1989 年版，第 657 页。

③ 同②。

"妄夸己国，厚诬他国"。① 他还说："中国人本来就是患夸大狂病很深的民族，现在国货上面再加上这种劣等的洋货（这真是我们应该绝对排斥的'劣货'！），于是凶兽吃人的面孔更显露了。这是所谓'国家主义的教育'。"② 这两种教育是"把中国人驱出进化轨道以外的教育"，青年们若受此毒害，实在是"中国前途的大不幸"。③

其次，办报亦可以作为宣传主义的阵地，以此推动社会进步。

1910 年，光复会在东京创办《教育今语杂志》，陶成章主办，章炳麟主稿。钱玄同亲撰《缘起》，以为"环球诸邦，兴灭无常，其能屹立数千载而永存者，必有特异之学术，足以发扬其种性，拥护其民德者在焉"，中国礼教昌明，文艺发达，不想"十稔以还，外祸日亟，八比告替，兼欧学东渐，济济多士，悉舍国故而新是趋，一时风尚所及，至欲斥弃国文，芟夷国史，恨轩辕厉山为黄人，令己不得变于夷语有之"，所以同人忧之，创办本杂志，陈义由浅入深，以"明正道，辟邪辞"，志在"保存国故，振兴学艺，提倡平民普及教育"。④ 杂志以宣传国学为主要内容，设社说、中国文字学、群经学、诸子学、历史学、教育学、算学、英文等栏目。

1919 年初，《越铎日报》创刊，鲁迅在发刊词中表达了"天下兴亡，庶人有责""同力合作，为华土谋"的愿望，自觉承担国民应尽的义务。他说："爱立斯报，就商同胞，举文宣意，希冀治化。纾自由之言议，尽个人之天权，促共和之进行，尺政治之得失，发社会之蒙覆，振勇毅之精神。

---

① 钱玄同：《我所希望于孔德学校者》，载钱玄同著：《钱玄同文集》第 2 卷，北京：中国人民大学出版社，1999 年版，第 174—175 页。

② 同①，第 175 页。

③ 同①，第 175 页。

④ 钱玄同：《刊行〈教育今语杂志〉之缘起》，载钱玄同著：《钱玄同文集》第 2 卷，北京：中国人民大学出版社，1999 年版，第 312 页。

灌输真知，扬表方物，凡有知是，贡其颛愚，力小愿宏，企于改进。"①

除了宣扬救国主张外，报刊还宣扬现代的救世观念。比如，1920年上海的《新人》杂志出版《淫业问题专号》，研究社会特殊群体，发起废娼大同盟；北京的《新中国》杂志则专门调查研究了人力车夫生活状况，力图解决人力车夫的相关问题。

早在1917年，有读者指出《新青年》表现出了从重学说向重时事转移的趋势，陈独秀一面重申不批评时政的"主旨"，却又表示，遇到"有关国命存亡之大政，安忍默不一言"。②到1918年夏天，他虽仍坚持"国家现象，往往随学说为转移"，但终于正式谈起政治来。陈独秀以为，行政问题可以不谈，至于那些关系到"国家民族根本的存亡"的政治根本问题，则人人应谈，不能"装聋推哑"。他说："我现在所谈的政治，不是普通政治问题，更不是行政问题，乃是关系国家民族根本存亡的政治根本问题。此种根本问题，国人倘无彻底的觉悟，急谋改革，则其他政治问题，必至永远纷扰、国亡种灭而后已！"③这时他转而强调国人"彻底的觉悟"，必须落实到对政治根本问题"急谋改革"，才能避免国亡种灭的局面。

大概因为《新青年》同人中很多仍不主张谈政治，陈独秀在1918年底创办《每周评论》，以谈政治为主。次年五四学生运动发生后，许多学生被捕。陈独秀在《每周评论》上撰文，主张青年要有"出了研究室就入监狱，出了监狱就入研究室"的志向。几天后，他自己因散发传单被捕，

---

① 鲁迅：《〈越铎〉出世辞》，载王世家、止庵编：《鲁迅著译编年全集》第2卷，北京：人民出版社，2009年版，第32页。

② 《顾克刚致陈独秀》《陈独秀复顾克刚》，《新青年》第3卷第5号，1917年7月，第5—6页。

③ 陈独秀：《今日中国之政治问题》，载《独秀文存》卷1，上海：上海书店，1989年版，第221—222页。

关押近百日。在各种内外因素推动下，陈独秀彻底告别不谈政治的主张，转而直接诉诸政治行动了。

1916 年伊始，陈独秀在《青年杂志》上发表的《一九一六年》，类似于新年献词。陈独秀建议青年"从事国民运动，勿囿于党派运动"①。他坚信社会进化论，"世界之变动即进化，月异而岁不同。人类光明之历史，愈演愈疾。十八世纪之文明，十七世纪之人以为狂易也；十九世纪之文明，十八世纪之人以为梦想也。而现代二十世纪之文明，其进境如何，今方萌动，不可得而言焉。然生斯世者，必昂头自负为二十世纪之人，创造二十世纪之新文明，不可因袭十九世纪以上之文明为止境。人类文明之进化，新陈代谢，如水之逝，如矢之行，时时相续，时时变易。二十世纪之第十六年之人，又当万事一新，不可因袭二十世纪之第十五年以上之文明为满足。盖人类生活之特色，乃在创造文明耳。"②他向青年呼吁："当此除旧布新之际，理应从头忏悔，改过自新。一九一五年与一九一六年间，在历史上画一鸿沟之界：自开辟以迄一九一五年，皆以古代史目之，从前种种事，至一九一六年死；以后种种事，自一九一六年生。吾人首当一新其心血，以新人格；以新国家；以新社会；以新家庭；以新民族；必迨民族更新，吾人之愿始偿，吾人始有与晳族周旋之价值，吾人始有食息此大地一隅之资格。青年必怀此希望，始克称其为青年而非老年；青年而欲达此希望，必扑杀诸老年而自重其青年，且必自杀其一九一五年之青年而自重其一九一六年之青年。"③他提出"自居征服（To conquer）地位，勿自居被征服（Be conquered）地位""尊重个人独立自主之人格，勿为他人之附属品"

---

① 陈独秀：《一九一六年》，载《独秀文存》卷 1，上海：上海书店，1989 年版，第 45 页。
② 同①，第 41 页。
③ 同①，第 43 页。

与"从事国民运动,勿囿于党派运动"三项主张。他以为"吾国年来政象,惟有党派运动,而无国民运动也"[1],并希望青年"各自勉为强有力之国民,使吾国党派运动进而为国民运动"[2]。

陈独秀认识到一党一派的运动不能带来根本的进步,只有从党派运动转进为国民运动,才能有国民的根本进步。他说:"凡一党一派人之所主张,而不出于多数国民之运动,其事每不易成就,即成就矣,而亦无与于国民根本之进步。吾国之维新也,复古也,共和也,帝政也,皆政府党与在野党之所主张抗斗,而国民若观对岸之火,熟视而无所容心;其结果也,不过党派之胜负,于国民根本之进步,必无与焉。"[3]他还说:"今之所谓共和,所谓立宪者,乃少数政党之主张,多数国民不见有若何切身利害之感而有所取舍也。盖多数人之觉悟,少数人可为先导,而不可为代庖。共和立宪之大业,少数人可主张,而未可实现。"[4]共和、立宪的最后结果,必将建立在"吾人最后之觉悟"的基础之上。

据梁启超观察,中国政治不进、国华日替的原因,在于知有私德,而不知有公德。他指出,"我国民所最缺者,公德其一端也。公德者何?人群之所以为群,国家之所以为国,赖此德焉以成立者也。"[5]所谓私德,即人人独善其身的道德;所谓公德,即人人相善其群的道德,二者都为人生所需。因为,"无私德则不能立,合无量数卑污、虚伪、残忍、愚懦之人,无以为国也;无公德则不能团,虽有无量数束身自好、廉谨良愿之人,仍

---

① 陈独秀:《一九一六年》,载《独秀文存》卷1,上海:上海书店,1989年版,第46页。

② 同①,第47页。

③ 同①,第46—47页。

④ 陈独秀:《吾人最后之觉悟》,载《独秀文存》卷1,上海:上海书店,1989年版,第52页。

⑤ 梁启超:《新民说》,载梁启超著,汤志钧、汤仁泽编《梁启超全集》第2集,北京:中国人民大学出版社,2018年版,第539页。

无以为国也"①。中国道德发达，成立较早，却有"偏于私德，而公德阙如"②
的缺憾。他还说："我国民中无一人视国事如己事者，皆公德之大义未有发
明故也。"③因"道德之立，所以利群也"④，新民须具公德，而"公德之大目
的既在利群，而万千条理，即由是生焉"⑤。

梁启超曾谈到公观念与私观念问题，以为国人缺乏公共观念。他说：
"凡人之所以不得不群者，以一身之所需求所欲望，非独力所能给也；以一
身之所苦痛所急难，非独力所能捍也。于是乎必相引相倚，然后可以自存。
若此者谓之公共观念。公共观念者，不学而知，不虑而能者也，而天演界
之优劣，即视此观念之强弱以为差。"⑥国人缺乏公共心，还会导致公事不
立，国家不振。梁启超说："我国人所以至今不振者，一言蔽之，曰公共心
缺乏而已。私家之事，成绩可观者往往而有，一涉公字，其事立败。"⑦对
此国民所抱持的"先私后公"的恶习，不得不急图补救。首要举措在于政
府得人，发挥模范的作用，"而欲逐渐养成此种公共心，则莫如以地方自
治为其练习场。"⑧

## （二）"促进思想上的刷新"

鲁迅着眼于改造国民性，期于提升民智。他希望通过提倡文艺，来唤

---

① 梁启超：《新民说》，载梁启超著，汤志钧、汤仁泽编：《梁启超全集》第 2 集，北京：
中国人民大学出版社，2018 年版，第 539 页。

② 同①，第 539 页。

③ 同①，第 541 页。

④ 同①，第 541 页。

⑤ 同①，第 542 页。

⑥ 同①，第 596 页。

⑦ 梁启超：《国民浅训》，载梁启超著，汤志钧、汤仁泽编：《梁启超全集》第 9 集，北
京：中国人民大学出版社，2018 年版，第 483 页。

⑧ 同⑦，第 483 页。

醒国民。

鲁迅因"渐渐悟得中医不过是一种有意的或无意的骗子",便想学习西医,治病救人。他说:"我的梦很美满,预备卒业回来,救治像我父亲似的被误的病人的疾苦,战争时候便去当军医,一面又促进了国人对于维新的信仰。"① 在日本仙台看到国人麻木,便又觉得"医学并非一件紧要事,凡是愚弱的国民,即使体格如何健全,如何茁壮,也只能做毫无意义的示众的材料和看客,病死多少是不必以为不幸的。所以我们的第一要著,是在改变他们的精神,而善于改变精神的是,我那时以为当然要推文艺,于是想提倡文艺运动了。"② 为推动文艺,他还约集同志,商定创办《新生》杂志。

当鲁迅看到"许多事物挤在一起"的现状时,他说:"中国社会上的状态,简直是将几十世纪缩在一时:自油松片以至电灯,自独轮车以至飞机,自镖枪以至机关炮,自不许'妄谈法理'以至护法,自'食肉寝皮'的吃人思想以至人道主义,自迎尸拜蛇以至美育代宗教,都摩肩挨背的存在。"③ 在"二重制"盛行、"二重思想"作祟之际,还有"既许信仰自由,却又特别尊孔;既自命'胜朝遗老',却又在民国拿钱;既说是应该革新,却主张复古",可知"四面八方几乎都是二三重以至多重的事物,每重又各各自相矛盾。一切人便都在这矛盾中间,互相抱怨着过活,谁也没有好处"。④ 所以,"要想进步,要想太平,总得连根拔去了'二重思想'。因为世界虽

---

① 鲁迅:《〈呐喊〉自序》,载王世家、止庵编:《鲁迅著译编年全集》第4卷,北京:人民出版社,2009年版,第650页。

② 同①,第650页。

③ 鲁迅:《随感录五十四》,载王世家、止庵编:《鲁迅著译编年全集》第3卷,北京:人民出版社,2009年版,第150页。

④ 同③,第151页。

然不小，但彷徨的人种，最终竟寻不出位置的"。①

胡适等人主张多读书，多读好书，开启自我启蒙之途。

用胡适的话说，那就是："大家少说点空话，多读点好书！"② 胡适说："读一书而已则不足以知一书。多读书，然后可以专读一书。"③ 胡适说："为什么要读书？有三点可以讲：第一，因为书是过去已经知道的智识学问和经验的一种记录，我们读书便是要接受这人类的遗产；第二，为要读书而读书，读了书便可以多读书；第三，读书可以帮助我们解决困难，应付环境，并可获得思想材料的来源。"④

胡适说："那些国学有成绩的人大都是下死工夫笨干出来的。"⑤多读书，才能把握历史。"历史是一面照妖镜，可以看出各种文化的原形；历史又是一座摩镜台，可以照出各种文化的过去各种经过。"⑥多读书，才能实现思想的升华。"只有这种具体的人生切要问题的讨论才可以发生我们所希望的效果——才可以促进思想上的刷新。"⑦"学术的大仇敌是孤陋寡闻；孤陋

---

① 鲁迅：《随感录五十四》，载王世家、止庵编：《鲁迅著译编年全集》第 3 卷，北京：人民出版社，2009 年版，第 151 页。

② 胡适：《发起〈读书杂志〉的缘起》，载胡适著、季羡林主编：《胡适全集》第 2 卷，合肥：安徽教育出版社，2003 年版，第 18 页。

③ 胡适：《读书》，载胡适著、季羡林主编：《胡适全集》第 3 卷，合肥：安徽教育出版社，2003 年版，第 163 页。

④ 胡适：《为什么读书》，载胡适著、季羡林主编：《胡适全集》第 20 卷，合肥：安徽教育出版社，2003 年版，第 153 页。

⑤ 胡适：《一个最低限度的国学书目》，载胡适著、季羡林主编：《胡适全集》第 2 卷，合肥：安徽教育出版社，2003 年版，第 113 页。

⑥ 胡适：《读梁漱溟先生的〈东西文化及其哲学〉》，载胡适著、季羡林主编：《胡适全集》第 2 卷，合肥：安徽教育出版社，2003 年版，第 253—254 页。

⑦ 胡适：《〈科学与人生观〉序》，载胡适著、季羡林主编：《胡适全集》第 2 卷，合肥：安徽教育出版社，2003 年版，第 209 页。

寡闻的唯一良药是博采参考比较的材料。"①

他们通过八股文批判，揭露科举坏人心术，呼唤新文化的出现。

梁启超说："宋明以来，士大夫放言高论，空疏无真，拘墟执拗，叫嚣乖张，酿成国家社会种种弊害，大半由八股策论制造出来，久已人人公认了。现在依然是换汤不换药。"② 在梁启超看来，八股文奖励剿说、奖励空疏及剽滑、奖励轻率、奖励刻薄及不负责任、奖励偏见、奖励虚伪，养成了不健全的性格，最终败坏了国家和社会。

20世纪初，文言与白话的矛盾已由现实中的纠结时时处处地表现出来。新文化的真正新生，期待一场从文言主导走向白话主导的语言革命。

这里，先从白话文运动的一个侧面谈起。

章太炎把文学分为"有韵的诗"和"无韵的文"，骈、散乃是文体之别。诗必须有韵，因"诗歌本来脱口而出，自有天然的风韵"，"凡称之为诗，都要有韵，有韵方能传达情感。现在白话诗不用韵，即使也有美感，只应归入散文，不必算诗。"③

在章太炎看来，从《尚书》的诏诰，到汉代的手诏，到佛家及宋明儒者的语录，都是古人用白话的成例，都能记其细节。对于当时的白话文，"只是使人易解，能曲传真相却也未必"，"所以说白话文能尽传口语的真相，亦未必是确实的。"④《尚书》虽有"佶屈聱牙"之文，但其书所载不过是当时的白话、土话、方言，所以难懂。章太炎说："《汉书·艺文志》说

---

① 胡适：《〈国学季刊〉发刊宣言》，载胡适著、季羡林主编：《胡适全集》第2卷，合肥：安徽教育出版社，2003年版，第17页。

② 梁启超：《为什么要注重叙事文字》，载梁启超著，汤志钧、汤仁泽编：《梁启超全集》第14集，北京：中国人民大学出版社，2018年版，第303页。

③ 章太炎：《国学十讲》，载上海人民出版社编、章念驰编订：《章太炎全集·演讲集》，上海：上海人民出版社，2015年版，第318页。

④ 同③，第318页。

'《尚书》直言也。'直言就是白话，古书原都用当时的白话。"① "《汉书·艺文志》又说：'读《尚书》应用《尔雅》'，这是因《尔雅》是诠释当时土话的书，所以《尚书》中于难解的地方，看了《尔雅》就可明白。"②

胡适刚回国编写《中国哲学大纲》（卷上）最初讲义稿时，即面临如此窘况。他说："中国文言不便说理，故禅宗讲学多用俗语。宋儒因之，遂成'语录体'。今编讲义，尤苦文言之不便。盖教授者以文言编讲义，及入教室，必须以国语译述之。学者以国语受之，又必以文言笔记之。一篇讲义经此四番周折，其于原意，能存几何？鄙人素倡白话文学之故，论今编讲义，即以国语为之。其引用书句，则多用原文。其原文有不易了解者，则以国语译之。此为初次实地试验，定多疵病，尚望读者时有以匡正之。"③

白话文运动、国语运动是五四新文化运动最富成效的成果。1912年，教育部召集了一个读音统一会，议定用39个注音字母，"以代反切之用"。1916年成立国语研究会，成员多半和教育部有关系。1918年，教育部正式公布了这套读音统一方案。次年，颁布吴敬恒修订版，还出版了《国音字典》。"这个时候，国语的运动也快成熟了，国语教育的需要已是公认的了；所以当日'代反切之用'的注音字母，到这时候就不知不觉的变成国语运动的一部分了，就变成由'中华民国'的国语字母了。"④

据估计，1919年一年间共有《星期评论》《建设》《解放与改造》《少年中国》等四百种白话报创办。其中，7月正式创立的《少年中国》，在创

---

① 章太炎：《国学十讲》，载上海人民出版社编、章念驰编订：《章太炎全集·演讲集》，上海：上海人民出版社，2015年版，第310页。
② 同①，第311页。
③ 胡适：《〈中国哲学史大纲卷上〉（讲义稿）》，载胡适著、季羡林主编：《胡适全集》第5卷，合肥：安徽教育出版社，2003年版，第548页。
④ 胡适：《五十年来中国之文学》，载胡适著、季羡林主编：《胡适全集》第2卷，合肥：安徽教育出版社，2003年版，第340页。

刊号后附"本学会宗旨"中指出,其意在"本科学的精神,为社会的活动,以创造'少年中国'"。① 该刊第 1 期讨论的论题之一,是人生观与社会伦理问题,其中便刊发了一篇名为《中国家庭对于子女教育的根本错误》的文章。文中以为教育的成功,必须借助于学校、家庭与社会的合力作用。就家庭教育而论,要警惕并防止父母心理、抹煞子女人格及歧视子女等三方面的根本错误。"一年以后,日报也渐渐的改了样子了。从前日报的附张往往记载戏子妓女的新闻,现在多改登白话的论文、译著、小说、新诗了。北京的《晨报》副刊、上海《民国日报》的《觉悟》、《时事新报》的《学灯》,在这三年之中,可算是三个最重要的白话文的机关。时势所趋,就使那些政客军人办的报也不能不寻几个学生来包办一个白话的附张了。民国九年以后,国内几个持重的大杂志,如《东方杂志》《小说月报》……也都渐渐的白话化了。"② 五四学生运动以后,国民觉悟提高,明白了"思想革新"的重要性,他们对新潮流采用或欢迎、或宽容、或研究的态度,使得文学革命得以自由发展。"因此,民国八年以后,白话文的传播真有'一日千里'之势。白话诗的作者也渐渐的多起来了。民国九年,教育部颁布了一个部令,要国民学校一二年的国文,从九年秋季起,一律改用国语。"③ 白话文取得了官方的认可与支持。

　　白话运动中,不乏反对的声音。1922 年,南京创办《学衡》,几个留学生刊文其上,反对与白话运动相关联的文学革命。例如,梅光迪认为,从骈体到白文再到白话,不过是"文学体裁之增加,实非完全变迁,尤非革命"④。鲁迅以为,"夫所谓《学衡》者,据我看来,实不过聚在'聚宝

① 少年中国学会编:《少年中国》月刊第 1 卷第 1 期,上海:亚东图书馆,1919 年 7 月。
② 胡适:《五十年来中国之文学》,载胡适著、季羡林主编:《胡适全集》第 2 卷,合肥:安徽教育出版社,2003 年版,第 339 页。
③ 同①,第 339 页。
④ 转引自同①,第 341 页。

之门'左近的几个假古董所放的假毫光；虽然自称为'衡'，而本身的称星尚且未曾钉好，更何论于他所衡的轻重的是非"；再看《学衡》诸公，"虽然张皇国学，笔下却未免欠亨，不能自了，何以'衡'人"？[①] 在他看来，《学衡》所载之文，"汗漫""有病之呻""费解""床上安床""颇有语病"，甚至还有"连题目都不通"之病。鲁迅说："因此诸公的说理，便没有指正的必要，文且未亨，理将安托，穷乡僻壤的中学生的成绩，恐怕也不至于此的了。"[②] 虽然诸公"掊击新文化而张皇旧学问"，好像一种主张，但却自相矛盾，"于旧学并无门径"，实在"不配"作为一种主张。由此可知，"倘使字句未通的人也算是国粹的知己，则国粹更要惭惶煞人！'衡'了一顿，仅仅'衡'出了自己的铢两来，于新文化无伤，于国粹也差得远"。最后，鲁迅不无嘲讽地说，他所佩服诸位作者的只有一点，那就是他们写了如此水平的东西，居然还有"勇气"拿来发表。[③]

五四运动以后，以章士钊为代表的《甲寅》派同以吴宓、梅光迪为代表的《学衡》派一样，很长一段时间被认为是当时中国社会思潮中出现的一种短暂的复古逆流。[④] 胡适已看出"《学衡》的议论，大概是反对文学革命的尾声了。我可以大胆地说，文学革命已过了讨论的时期，反对党已破产了。从此以后，完全是新文学的创造时期。"[⑤] 五年以来，白话文学的成绩主要有：白话诗走上了成功之路，短篇小说渐渐成立，白话散文取得

---

① 鲁迅：《估〈学衡〉》，载王世家、止庵编：《鲁迅著译编年全集》第4卷，北京：人民出版社，2009年版，第363页。

② 同①，第365页。

③ 同①，第365页。

④ 参赵建永：《学衡派与新文化派共生关系新证——从汤用彤清华遗文〈论成周学礼〉看文化启蒙》，《哲学动态》2012年第4期。

⑤ 胡适：《五十年来中国之文学》，载胡适著、季羡林主编：《胡适全集》第2卷，合肥：安徽教育出版社，2003年版，第342页。

很大进步，戏剧和长篇小说成绩最坏。[①]

从文言到白话的变革，不只是语言形式、文学形式的革新，不仅是表达方式的变革，它还带来了整个社会文化观念的深刻变化。从总的思想倾向上看，"五四作家是把语言跟思维联系在一起来考虑的，这使得他们有可能超越一般的语言文字改革专家，而直接影响整个民族精神的发展"[②]。

## 二、新民：制度关切与社会运动

国民如果文明程度高，即使偶有暴君污吏，民力自能进行补救与整顿。1902 年 2 月，梁启超即提出"新民为今日中国第一急务"[③]。新民，不是"新者"一人，"新之者"又一人，不是靠他人、靠圣君贤相、草野英雄来新，而是"吾民之各自新"。[④] 他说："新民云者，非欲吾民尽弃其旧以从人也。新之义有二：一曰，淬厉其所本有而新之；二曰，采补其所本无而新之。二者缺一，时乃无功。"[⑤] 成就伟大国民的新民之法，在于擅长调和"保守"与"进取"两者。他说："吾所谓新民者，必非如心醉西风者流，蔑弃吾数千年之道德、学术、风俗，以求伍于他人；亦非如墨守故纸者流，谓仅抱此数千年之道德、学术、风俗，遂足以立于大地也。"[⑥]

---

① 胡适：《五十年来中国之文学》，载胡适著、季羡林主编：《胡适全集》第 2 卷，合肥：安徽教育出版社，2003 年版，第 342—343 页。

② 陈平原、钱理群、黄子平：《艺术思维》，《读书》1986 年第 2 期。

③ 梁启超：《新民说》，载梁启超著，汤志钧、汤仁泽编：《梁启超全集》第 2 集，北京：中国人民大学出版社，2018 年版，第 529 页。

④ 同②，第 530 页。

⑤ 同②，第 533 页。

⑥ 同②，第 534 页。

新民之功，要靠全体国民的民德、民智、民力的共同促成。"国于天地，必有与立，历览古今中外之历史，其所以能维系国家于不败之地者，何一非由人民自尊而来，何一非由人民中之尤秀拔者以自尊之大义倡率一世而来哉！"①自尊者必自治、必自立、自牧、自任。

治与乱相反，天下事乱，必有治理应对之方。若"己不能治，则必有他力焉起而代治之者"，"不自治则治于人，势所不可逃也"。②所谓"自治"，就是要"不待劝勉，不待逼迫，而能自置于规矩绳墨之间"。③当务之急，一要"求一身之自治"，"制之有节，行之有恒，实为人生品格第一大事"；二要"求一群之自治"，"国有宪法，国民之自治也；州、郡、乡、市有议会，地方之自治也。凡善良之政体，未有不从自治来也"。④当时逐渐有人谈民权、自由、平等、立宪、议会、分治，而"吾民将来能享民权、自由、平等之福与否，能行立宪、议会、分治之制与否，一视其自治力之大小、强弱、定不定以差"⑤。

另外，还要效法世界优胜民族的战胜之法。梁启超说："观彼族之所以衰所以弱，此族之所以兴所以强，而一自省焉：吾国民之性质，其与彼召衰召弱者异同若何，与此致兴致强者异同若何，其大体之缺陷在何处，其细故之薄弱在何处，一一勘之，一一鉴之，一一改之，一一补之，于是乎新国民可以成。"⑥有了"新民"，也就不用担心没有"新制度""新政府""新国家"了。

---

① 梁启超：《新民说》，载梁启超著，汤志钧、汤仁泽编：《梁启超全集》第 2 集，北京：中国人民大学出版社，2018 年版，第 590 页。
② 同①，第 572 页。
③ 同①，第 573 页。
④ 同①，第 574 页。
⑤ 同①，第 575 页。
⑥ 同①，第 538 页。

（一）制度改良

在胡适看来，制度改良为政治革新、造就公民社会的重要步骤。胡适说："我们不能使人人向善，但制度的改善却能使人不敢轻易作恶。（中国古代法家的基本主张在此。）"[①] 还说："固然'徒法不能以自行'，然而好的、完密的法制实在是好人澄清恶政治的重要武器。固然奸人弄法，也可以在法律的范围之内运用玄虚；然而好制度加上好人的监督与执行，终久可以使奸人无所施其技俩。"[②]

社会与政府互相影响，政府是社会的产物，在政府工作的人不过是社会一分子，"腐败之社会，决不能有健全之政府；健全之社会，亦决不容有腐败之政府"[③]。中国致亡的原因，不全在政府，应该从社会改造上寻求救亡之途。梁启超看到，今之君子"不希望社会而希望政府，不希望社会分子中之自己，而希望社会分子中之他人"，才导致"失望相踵""既失望于政府，失望于社会之他人，遂乃嗒然自丧，颓然自放，举自己而加入罪业社会中，以汩其泥而扬其波，餔其糟而醿其醨"，或者逃遁于社会之外为隐逸，或自甘为废人，都是自暴自弃。只有"希望（于）自己"，才能"永无失望"[④]。

从西洋各国民治制度推行的经验来年，"凡经过长期民治制度的训练的国家，公民的知识和道德总比别国要高的多"[⑤]。良好公民社会的形成，

---

① 胡适：《〈政治概论〉序》，载胡适著、季羡林主编：《胡适全集》第2卷，合肥：安徽教育出版社，2003年版，第416页。

② 同①，第417页。

③ 梁启超：《国家运命论》，载梁启超著，汤志钧、汤仁泽编：《梁启超全集》第7集，北京：中国人民大学出版社，2018年版，第212页。

④ 同③，第213页。

⑤ 同①，第419页。

离不开公民知识的积累与公民道德的养成。胡适说："公民知识是公民道德的要素；公民知识的普及是公民道德养成的重要条件。公民的知识不充分，所以容易受少数舞法奸人的愚弄。且不要说什么了解国民天职的好话头，单说大家都明白了政治制度的作用，都'戳穿了西洋镜'，都晓得利在何处、弊在何处了，那时候，作弊自然不容易了，监督的方法自然更完密了。防弊之法加密，作弊之机会减少：公民道德的进步其实不过如此。什么'人心丕变''民德归厚'，都不过是门面话。"① 而要获得公民道德的进步，"造成良好的公民"，只有两条路可走，即"第一要给他一个实习做公民的机会，就是实行民治的制度；第二要减少他为恶的机会，使他不敢轻易犯法"。②

胡适说："人性是不容易改变的，公德也不是一朝一夕造成的。故救济之道不在乎妄想人心大变，道德日高，乃在乎制定种种防弊的制度。中国有句古话说：'先小人而后君子。'先要承认人性的脆弱，方才可以期望大家做君子。故人公平的考试制度，则用人可以无私；有精密的簿记与审计，则账目可以无弊。制度的训练可以养成无私无弊的新习惯。新习惯养成之后，保管的责任心便成了当然的事了。"③

美国使馆的商务参赞安诺德提出当时中国在交通、教育、道德领域的三大问题。胡适以为，要解决这三大问题，首先要进行"心理的建设"，而"所谓心理的建设，并不仅仅是孙中山先生所谓'知难行易'的学说，只是一种新觉悟，一种新心理。"④ 这种新觉悟的心理就是"自己要认错"，

---

① 胡适：《〈政治概论〉序》，载胡适著、季羡林主编：《胡适全集》第 2 卷，合肥：安徽教育出版社，2003 年版，第 419 页。

② 同①，第 420 页。

③ 胡适：《请大家来照照镜子》，载胡适著、季羡林主编：《胡适全集》第 3 卷，合肥：安徽教育出版社，2003 年版，第 31 页。

④ 同③，第 31 页。

"我们必须承认我们自己百事不如人，不但物质上不如人，不但机械上不如人，并且政治社会道德都不如人。"①

这种心理实际上就要对目前的窘境进行反省，找出"跌倒便爬不起来"的原因。胡适说："因为我们从不曾悔祸，从不曾彻底痛责自己，从不曾彻底认错。二三十年前，居然有点悔悟了，所以有许多谴责小说出来，暴扬我们自己官场的黑暗，社会的卑污，家庭的冷酷。十余年来，也还有一些人肯攻击中国的旧文学、旧思想、旧道德宗教——肯承认西洋的精神文明远胜于我们自己。但现在这一点点悔悟的风气都消灭了。现在中国全部弥漫着一股夸大狂的风气，义和团都成了应该崇拜的英雄志士，而西洋文明只须'帝国主义'四个字便可轻轻抹煞！政府下令提倡旧礼教，而新少年高呼'打倒文化侵略！'"②

如果不能认错，便会"事事责人，而不肯责己"，盲目乐观，计无所出。胡适说："我们到今日还迷信口号标语可以打倒帝国主义。我们到今日还迷信不学无术可以统治国家。我们到今日还不肯低头去学人家治人富国的组织与方法。"③承认不足，急起直追，意求超胜，这才是正确的态度。"用铁路与汽车来做到统一，用教育与机械来提高生产，用防弊制度来打倒贪污，这才是革命，这才是建设。"④

19世纪中期，马克思已断言资本主义开辟了"世界历史"的新进程。1892至1893年间，梁启超亦提出修筑铁路在开拓国人眼界方面的积极作用。他说："铁路既兴之后，耳目一新，故见廓清，人人有海若望洋之思，

---

① 同③，第31—32页。

② 胡适：《请大家来照照镜子》，载胡适著、季羡林主编：《胡适全集》第3卷，合肥：安徽教育出版社，2003年版，第32页。

③ 同①，第32页。

④ 同①，第31页。

恍然知经国之道之所在，则不待大声疾呼，自能变易，则必无诋排，必无阻扰；然后余事可以徐举，而大局可以有为。"①（原注：铁路以开风气，又以通利源。风气开，则可以为之势也；利源通，则可为之资也。）

向西方学习，第一步是能认清差距，第二步是"死心塌地的去学人家"②。胡适说："一个现代国家不是一堆昏庸老朽的头脑造得成的，也不是口号、标语喊得出来的。我们必须学人家怎样用铁轨、汽车、电线、飞机、无线电，把血脉贯通，把肢体变活，把国家统一起来。我们必须学人家怎样用教育来打倒愚昧，用实业来打倒贫穷，用机械来征服自然，抬高人的能力与幸福国。我们必须学人家怎样用种种防弊的制度来经营商业，办理工业，整理国家政治。"③学习，就不要怕模仿，就要虚心，学习才能全面、才能深入。

当年徐志摩等人问胡适：苏俄的制度是否有普遍性？胡适的回答是："什么制度都有普遍性，都没有普遍性。这不是笑话，是正经话。我们如果肯'干'，如果能'干'，什么制度都可以行。如其换汤不换药，如其不肯认真做去，议会制度只足以养猪仔，总统制只足以拥戴冯国璋、曹锟，学校只可以造饭桶，政党只可以卖身。你看，那一件好东西到了咱们手里不变了样子了？"④他也不同意徐志摩等对"赤化"的看法，以为"赞成中国行共产制"就是"赤化"。他说："我以为今日的真正赤化有两种：一是迷信'狄克推多'制，一是把中国的一切罪状归咎于外国人。这是道地的

---

① 梁启超：《致汪康年书》，载梁启超著，汤志钧、汤仁泽编：《梁启超全集》第19集，北京：中国人民大学出版社，2018年版，第415页。

② 胡适：《请大家来照照镜子》，载胡适著、季羡林主编：《胡适全集》第3卷，合肥：安徽教育出版社，2003年版，第32页。

③ 同①，第33页。

④ 胡适：《欧游道中寄书》，载胡适著、季羡林主编：《胡适全集》第3卷，合肥：安徽教育出版社，2003年版，第59页。

赤化了……这两个是今日的真问题，共产制实在不成什么真问题！"[1]

胡适本人既不信"狄克推多"制，也不肯把一切罪状都堆在洋鬼子头上。他以为，"我们要救国，应该从思想学问下手；无论如何迂缓，总是逃不了的"[2]，"我要救国，应该自己反省，应该向自己家里做点彻底改革的工夫"[3]。胡适说："第一，不妄想天生狄克推多来救国，不梦想捷径而决心走远路，打百年计划；第二，'躬自厚而薄责于人'——这是'反赤化'。"[4]对于苏俄教育问题，胡适以为：（一）他们并不是轻视纯粹科学与文学的；（二）他们不仅有"主义教育"的一面，也有"生活教育"的方面，完全采用了欧美最新的教育学说；（三）从统计上来年，工人和小学教员的待遇尚不看好。[5]

（二）新民学会、新村运动

1918 年 4 月，毛泽东、蔡和森、肖子升、何叔衡、肖三、张昆弟、陈书农、邹鼎丞、罗章龙等人在湖南长沙组织了新民学会，以"革新学术，砥砺品行，改良人心风俗"为学会宗旨。[6]学会会员必须遵守五大律则，即不虚伪、不懒惰、不浪费、不赌博、不嫖妓。同年 6 月，学会讨论"会友向外发展"的问题，组织会员赴法勤工俭学。1920 年 7 月 6 日，赴法会员在蒙达尔尼开会。大会的方针是"改造中国与世界"，却出现两种根

---

[1] 同③，第 59 页。

[2] 胡适：《欧游道中寄书》，载胡适著、季羡林主编：《胡适全集》第 3 卷，合肥：安徽教育出版社，2003 年版，第 59 页。

[3] 同①，第 60 页。

[4] 同①，第 60 页。

[5] 同①，第 60 页。

[6] 《新民学会会务报告》第 1 号，《新民学会资料》，北京：人民出版社，1980 年版，第 3 页。

本对立的主张。其一是蔡和森等人，"主张组织共产党，使无产阶级专政，其主旨与方法多倾向于现在之俄"。另外是萧子升，"主张温和的革命——以教育为工具的革命，为人民谋全体福利的革命——以工会合作社为实行改革之方法，其意颇不认俄式——马克思式——革命为正当，而倾向于无政府——无强权——蒲鲁东式之新式革命，比较和而缓，虽缓然和"①。蔡和森等人的主张得到毛泽东的"深切的赞同"。

1921 年 1 月，新民学会长沙新年大会就学会目的、方法展开讨论，多数会员赞成以"改造中国与世界"为学会目的，以无产阶级专政为方法，提出了"组党"建议及组织社会主义青年团的决定。值得注意的是，毛泽东在讨论时的分析："社会政策，是补苴罅漏的政策，不成办法。社会民主主义，借议会为改造工具，但事实上议会的立法总是保护有产阶级的。无政府主义否认权力，这种主义，恐怕永世都做不到。温和方法的共产主义，如罗素所主张极端的自由，放任资本家，亦是永世做不到的。激烈方法的共产主义，即所谓劳农主义，用阶级专政的方法，是可以预计效果的。故最宜采用。"②

早年毛泽东曾将问题的解决归之于理论的剖判，将变法革新的本源解决诉之于哲学研究。1917 年 8 月，他在《与黎邵西书》中便批评当时议会、宪法、总统、内阁、军事、实业、教育等方面的变法，"一切皆枝节也"。只有回到"宇宙真理"这个大本大源上来，才会有根本的解决。因此，"非普及哲学不可""必先研究哲学伦理学"，如果"从哲学伦理学入手，改造哲学，改造伦理学，根本上变换全国之思想"，那就会取得"沛乎不可御"的效果。

---

① 《新民学会会员通信集》第 3 集，《新民学会资料》，北京：人民出版社，1980 年版，第 137 页。

② 《新民学会会务报告》第 2 号，《新民学会资料》，北京：人民出版社，1980 年版，第 23 页。

毛泽东在延安接受斯诺采访时已经说得十分明白，他说："我从前在师范学校的伦理学教师当时是国立北京大学的教授。我请他帮我找工作，他把我介绍给北大图书馆的主任。这个人就是李大钊，他后来成为中国共产党的一位创始人。"① "我在李大钊手下担任国立北京大学图书馆助理员的时候，曾经迅速地朝着马克思主义的方向发展。"② 1949 年 3 月，即将成为新中国人民政权领袖的毛泽东回到阔别 30 年的北平，他感慨道："30 年了，30 年前我为寻求救国救民的真理而奔波，吃了不少苦头，在北平遇到了一个大好人，就是李大钊同志，在他的帮助下我才成为了一个马列主义者，他是我真正的老师，没有他的指点和教导，我今天还不知道在哪儿呢。" "当时我的思想还是混乱的，用我们的话说，我正在寻找出路。我读了一些关于无政府主义的小册子，很受影响。我常常和来看我的、名叫朱谦之的学生讨论无政府主义和它在中国的前景。当时，我赞同无政府主义的很多主张。"③

1918 年 6 月 30 日，蔡和森在致毛泽东的信中说："兄事已与杨师详切言之，师颇希望兄入北京大学。"因北大校长蔡元培"正谋网罗海内人才"，"吾三人有进大学之必要，进后有兼事之必要，可大可久之基，或者在此"。8 月 15 日，为新民学会赴法勤工俭学的事，毛泽东平生第一次走出湖南，由长沙乘火车到北京。10 月，经恩师杨昌济介绍，他到北京大学图书馆当上了助理员。次年 3 月，因母亲病重离职归湘。1937 年，毛泽东在与斯诺的一次谈话中回忆说："我的职位是如此之低，以致人们都不屑和我来往。

---

① ［美］埃斯加·斯诺录、翟象俟译：《毛泽东口述传》，上海：复旦大学出版社，2003年版，第 77 页。

② 毛泽东：《回忆党的"一大"》，载李忠杰，段东升主编：《中国共产党第一次全国代表大会档案文献选编》，北京：中央党史出版社，2015 年，第 126—127 页。

③ 龙正才、毛泽东：《问苍茫大地，谁主浮沉》，《新湘江评论》，2015 年第 1 期。

我的工作之一就是登记来馆读报的人名，不过这般人大半不把我放在眼里。在这许多名人中，我认得有几个是新文化运动著名的领袖，是我十分敬仰的人。我很想和他们讨论关于政治和文化的事情，不过他们都是极忙的人，没有时间来倾听一个南边口音的图书管理员所讲的话。"① 比毛泽东大两岁的胡适，当年已是北大的名教授。胡适当年的日记中，有"毛泽东来谈湖南事""作自修大学计划"的简短记录，毛泽东所说的"新文化运动著名的领袖"应该也包括胡适在内。

许怡荪，名棣常，胡适的好友。他在其"政治思想第三个时代"时，完全承认政治的改良必须从"社会事业"下手，和五年前主张自上而发的一国改良主张完全不同了。据胡适记载，许棣常在 1918 年 7 月的一封信中说："最近以来，头脑稍清晰的人，皆知政治本身已无解决方法，须求社会事业进步，政治亦自然可上轨道。"② 许棣常死前一个月，写信给胡适，主张办杂志要放开眼界，着眼于二三十年后的国民的思想需要，讨论社会问题，"转移多数国民的思想"③。胡适把这一时期的许棣常称为"社会革命家"。

1930 年 10 月 17 日，胡适在日记中写道："我觉得对社会国家的责任也更重，因为人对我的期望更大了。我如何能负这许多人的期望呢？"12月 6 日，中央研究院史语所为他开欢迎会，他的学生傅斯年发表了热情而真诚的欢迎词，动容之余，胡适答谢言志说："生平抱三个志愿。一，提倡新文学；二，提倡思想改革；三，提倡整理国故。此三事皆可以'提倡有心，实行无力'八个字作为我的定论。"

---

① 毛泽东：《毛泽东自传》，［美］埃德加·斯诺录，汪衡译，青岛：青岛出版社，2003年，第 52 页。

② 胡适：《许怡荪传》，载胡适著、季羡林主编：《胡适全集》第 1 卷，合肥：安徽教育出版社，2003 年版，第 726 页。

③ 同②，第 727 页。

四天后，北京大学为胡适举行欢迎会，北大代理校长陈大纪、哲学系主任张真如等参加。胡适致答谢词曰："我们当前的问题是社会、国家、人生、思想，我们应该注意活的问题，不该专研究过去历史上死的问题。古代的成功或失败，仅是我们的指导和教训。我们应该领导社会思想，研究中国当前的社会问题。"

1945 年 4 月，联合国制宪会议期间，董必武曾受毛泽东委托，希望胡适在战后民主建国过程中支持中共。7 月，毛再次通过傅斯年向远在美国的胡适转达问候，争取他对共产党的支持。对此，胡适也作出了积极的回应，并向重庆发了电报，托人面呈毛泽东。他在电报中规劝毛泽东和共产党向英国工党学习，放弃武力，走议会政治之路。9 月，胡适被国民政府任命为北京大学校长。

下面，来说一下工读主义。

五四时期，工读主义教育思潮盛行。1919 年 2 月，北京高等师范学校的学生发起成立了"工学会"。同年，"少年中国学会"的王光祈倡导创办了"工读互助团"。该组织的《旨趣书》提出："打破劳心劳力的界限，使社会上劳力的工人都去求学，要求高深学问的人、求学的人都去做劳力的工。"还说，"我们天天在文字上鼓吹改造改革社会，从未有改革社会的实际运动，这种互助组织便是我们实际运动的起点"。[①] 它的《简章》提出"本互助的精神，实行半工半读"的原则，所得归公、各尽所能的条规，北京工读互助团第一组甚至还推行了和家庭脱离关系、废除婚约等主张。该组织的理想社会是："日出而作、日入而息、凿井而饮、耕田而食，帝力——政府——于我何有哉！"带有回归儒家大同社会理想的性质。但是，由于

---

① 转引自李泽厚：《中国现代思想史论》，天津：天津社会科学院出版社，2003 年版，第 16—17 页。

其"共产"步伐迈得太猛，结果矛盾重重，很快就难以维系。1921年初，该组织发表解散宣言。①

自从北京发起工读互助团以来，天津、上海等地相继而起，全国几乎形成一股工读主义的"热"潮。胡适对北京工读互助团的试验进行观察，做了一些"冷"思考，并于1920年4月撰文谈论他对工读主义的观察与思考。他看到，在他们的工读计划中，工作的时间长而"没有做学问的机会"，工作简单机械而只有"苦趣"没有工读"乐趣"，所以建议其他地方的工读计划"不要抄袭北京"。因为北京互助团实验偏离了"工读"，眼光只射在"新生活"和"新组织"上，他们"只做了'工'的计划不曾做'读'的计划。开办以后也只做到了'工'的一小方面，不能顾全'读'的方面。"②他主张要注意设计半工半读计划的方法，"新生活和新组织也许都是很该提倡的东西，但是我很诚恳的希望我的朋友们不要借'工读主义'来提倡新生活新组织。工读主义只不过是靠自己的工作去换一点教育经费，是一件极平常的事——美国至少有几万人做这事——算不得什么'了不得'的新生活。提倡工读主义的人和实行工读主义的人，都只该研究怎样才可以做到'靠自己的工作去换一点教育经费'的方法，不必去理会别的问题和别的主义。"③胡适不是不谈"主义"，但他谈如"工读主义"时，注重的是方法，针对的还是"问题"的解决。

新时代的读书人应该过怎么样的读书生活？工读主义给出的答案是半工半读。毛泽东的更从健全人格的培养上来看待、来回答。1920年11月26日，毛泽东在给罗荣熙的信中说自己很想做工，"我现在颇感觉专门用

---

① 官守熙：《工读互助团的兴起与失败》，《人民日报》1984年2月10日。

② 胡适：《工读主义试行的观察》，载胡适著、季羡林主编：《胡适全集》第1卷，合肥：安徽教育出版社，2003年版，第702页。

③ 同①，第703页。

口用脑的生活是苦极了的生活，我想我总要有一个时期专用体力去做工就好"。同一天，他在给罗家瓒的信中也表达了同样的看法，要矫正读书人身体弱的弊病，"个人方面须养成工读并行的习惯，至少也要养成读书和游戏并行的习惯"①。毛泽东将读书与体育、游戏、做工结合起来的想法，一方面正与当时盛行的工读主义思潮相呼应，另一方面也同他三年前表达的"动"的哲学也有相承继的关系。青年毛泽东说："欲文明其精神，先自野蛮其体魄，苟野蛮其体魄矣，则文明之精神随之……体全则而知识之事以全。"②他在《伦理学原理批语》中也说："人类之目的在实现自我而已。实现自我者，充分发达自己身体及精神之能力至于最高之谓。"在锻炼坚强体魄的同时，也磨炼了顽强的意志，为打造现代整全康健的人格奠定了较好的根基。拥有健全人格的人，绝对不会选择自杀。在毛泽东看来，自杀不符合"自己的体魄及精神及其努力发展到至高地位而没有一毫歉疚"，在现实中，"与其自杀而死，宁奋斗被杀而亡。奋斗之目的，不存在'欲人杀我'，而存在'庶几有人格的得生'"。③

最后，讲一下新村运动。

19世纪末在欧美曾盛行过"新村"试验，其影响波及了20世纪初的中国社会。

1917年下半年，胡适的好友许怡荪写信给朋友，说天下的事"当大处着眼，小处下手"④。胡适也认为，在改造社会中做一点一滴的工作，不影

---

① 以上两信内容转引自李泽厚：《青年毛泽东》，载氏著《中国现代思想史论》，天津：天津社会科学院出版社，2003年版，第122页。

② 毛泽东：《体育之研究》，《新青年》第2卷第4号，1917年4月。

③ 毛泽东：《非自杀》，载长沙《大公报》，1919年11月23日。

④ 胡适：《许怡荪传》，载胡适著、季羡林主编：《胡适全集》第1卷，合肥：安徽教育出版社，2003年版，第726页。

响进行大胆的理论探索。他说："因为要做一点一滴的改造，故有志做改造事业的人必须要时时刻刻存研究的态度，做切实的调查，下精细的考虑，提出大胆的假设，寻出实验的证明。"① 胡适主张"非个人主义"的新生活，以为这种新生活就是"研究的生活"，要不怕事实，要爱问题，并"随时随地地解决具体问题"。"具体的问题多解决了一个，便是社会的改造进了那么多一步。"②

1918 年春，毛泽东曾打算设立工读同志会，以便从事半工半读的实验。1919 年 3 月，周作人在《新青年》刊文介绍日本的"新村"实验。胡适将十九世纪法国、美国的理想农村、现代日本日向的新村等"近代的新村生活"，作为他所认为的四种"独善的个人主义"之四。他认为，"从根本性质上看来，新村的运动都是对于现社会不满意的表示。"③ "这种新村的运动，因为恰合现在青年不满意于现社会的心理，故近来中国也有许多人欢迎，赞叹，崇拜。"④ 具体而论，日向的新村，自然缘自对日本政治制度不满的批评，从武者小路实笃、周作人的研究来看，他们既极不满于现实社会，却又不赞成用"暴力"推行改革，而是主张用和平的方法"离开现社会，去做一种模范的生活"。⑤ 周作人在《新青年》第 7 卷第 2 号上的文章撰文说，新村的理想"只要万人真希望这种的世界，这世界便能实现"。胡适说："这句话不但是独善主义的精义，简直全是净土宗的口气了！所以我把新村来比山林隐逸，不算冤枉他；就是把他来比求净土天

---

① 胡适：《非个人主义的新生活》，载胡适著、季羡林主编：《胡适全集》第 1 卷，合肥：安徽教育出版社，2003 年版，第 715 页。

② 同①，第 715 页。

③ 同①，第 710 页。

④ 同①，第 711 页。

⑤ 同①，第 710 页。

国的宗教运动，也不算玷辱他。不过他们的'净土'是在日向，不在西天罢了。"①

胡适是不赞成这种"独善的个人主义"的，因为新村的人主张完全发展自己个性，是一种"跳出现社会的新村生活"。胡适具体提出四条反对意见：第一，新村生活是避世的，是避开现社会的，实际上是一种"让步"而不是"奋斗"；第二，在现代社会，这种独善主义已失去存在的理由，"人人都是一个无冠的帝王，人人都可以做一些改良社会的事"②，改良不必借助传统得君行道的进路；第三，新村的生活让人人都尽"制造衣食住的资料"的义务，根本上否认分工进化的道理，增加生活的奋斗，这种"泛劳动主义"是很不经济的；第四，这种独善主义以周作人"改造社会，还要从改造个人做起"为根本观念，其错误在于把"改造个人"与"改造社会"分作两截，把个人看作一个可以提到社会外去改造的东西。

胡适认为，个人不过是社会上种种势力综合作用的结果，改造社会须从改造这些造成个人的种种势力入手，改造社会和改造个人是同一过程。他还说："古代的社会哲学和政治哲学只为要妄想凭空改造个人，故主张正心、诚意、独善其身的办法。这种办法其实是没有办法，因为没有下手的地方。近代的人生哲学渐渐变了，渐渐打破了这种迷梦，渐渐觉悟：改造社会的下手方法在于改良那些造成社会的种种势力——制度、习惯、思想、教育等等。那些势力改良了，人也改良了。所以我觉得'改造社会要从改造个人做起'还是脱不了旧思想的影响。"③既然改造个人绝不意味着独善其身，绝对不能放弃现社会，而是要从"一点一滴的改造那些

---

① 同①，第 710 页。
② 胡适:《非个人主义的新生活》，载胡适著、季羡林主编:《胡适全集》第 1 卷，合肥:安徽教育出版社，2003 年版，第 712 页。
③ 同①，第 713—714 页。

造成个人的种种社会势力"做起，那么要建构一种"社会的新生活"，就必须"站在这个现社会里奋斗的生活，是霸占住这个社会来改造这个社会的新生活"，就必须用"得寸进寸，得尺进尺"的工夫，进行"零碎的改造"。①

对于这些平和的实验主义性质的新村运动和工读主义的弊端，当时反省者已不少，也有由此再加自觉地寻找并认定新途。陈独秀就以为，"在全社会底一种经济组织、生产制度未推翻以前，一个人或一团体决没有单独改造底余地。试问福利耶以来的新村运动，像北京工读互助团及恽君的《未来的梦》等类，是否真是痴人说梦？"②这里的"福利耶"，即后来为大家所熟知的19世纪初批判的空想社会主义者傅立叶。傅立叶设计的理想社会，是一种叫"法朗吉"的工农结合的小型基层社会。在其"和谐制度"的设计中，人人劳动、男女平等，没有城乡和脑、体力劳动的差别，实行免费教育。陈独秀批评新村运动，一定程度上也是在批判空想社会主义，代表了当时相当一批知识人意图实现社会主义学说从空想到科学的飞跃的理想。

## 本章小结

1915年9月，陈独秀创办《青年杂志》时，曾宣称："改造青年的思想，辅导青年之修养，为本志之天职，批评时政，非其旨也。"③新文化运动的

---

① 胡适：《非个人主义的新生活》，载胡适著、季羡林主编：《胡适全集》第1卷，合肥：安徽教育出版社，2003年版，第714页。
② 陈独秀：《关于社会主义的讨论》，《新青年》第8卷第4号。
③ 《青年》第1卷第1号《通信》。

许多主角人物的身份不过是"纯粹的近代知识分子"，并不像康有为、梁启超、孙中山、黄兴等人那样，他们"或终其生或一开头并非重要政治人物"。① 也就是说，"新文化运动的自我意识并非政治，而是文化"，其目的在于改造国民性，摧毁旧传统，进行民主启蒙工作，但是它努力的一开始便"明确包含着或暗中埋着政治的因素和要素"。②

李泽厚先生曾将现代中国救亡与启蒙的双重主题形象地描述为"历史讽刺剧"。他说："封建主义加上危亡局势不可能给自由主义以平和渐进的稳步发展，解决社会问题，需要'根本解决'的革命战争。革命战争却又挤压了启蒙运动和自由理想，而使封建主义乘机复活，这使许多根本问题并未解决，却笼盖在'根本解决'的帷幕下被视而不见。"③

钱玄同以为，"讲到现在的中国人，工艺与政治固然很坏，固然应该革命，而道德与思想则更糟糕到了极点，尤其非革命不可"④。钱玄同与同时代的大多学人一样，他们以泛化的革命论为依据，分析当时的社会革命，以为对"革命"这一名词"恶之如蛇蝎，畏之如虎狼"是不必要的，也是可笑的。在钱玄同看来，革命是"寻常而又寻常，当然而又当然的一件事"，因此"用不着这样瞎起恐慌"。实际上，"革命本是'夫妇之愚可以与知'的，但是竟弄到'圣人亦有所不知'，岂非大奇！"就像生活中打扫卫生、养生中要吃药以助泻泄一样，都有革命之效，"推而至于一个民族的生活样法，彼此或是明约，或是默契，定了许多条目，如所谓道德、彝伦、礼

---

① 李泽厚：《启蒙与救亡的双重变奏》，载氏著《中国现代思想史论》，天津：天津社会科学院出版社，2003年版，第5页。
② 同①，第5页。
③ 同①，第36页。
④ 钱玄同：《回语堂的信》，载钱玄同著：《钱玄同文集》第2卷，北京：中国人民大学出版社，1999年版，第153页。

乐、刑政等等，拿来共同遵守；过了些时候，因为生活的改善和知识的进步，觉得这些条目有毛病了，不适用了，或更有独夫民贼和桀黠之徒把持它，利用它，来欺侮大众，那便须用嘴、笔、枪、炮，把那些坑人的条目撕破、践踏、摧烧，这也是革命。这种革命就不免弄到'圣人亦有所不知'了。"①

---

① 钱玄同：《回语堂的信》，载钱玄同著：《钱玄同文集》第 2 卷，北京：中国人民大学出版社，1999 年版，第 152 页。

# 结　语

一百多年来，五四新文化运动中蕴成的近代文化论争与社会转型的论域，吸引了一代又一代学人研讨。我们希望能以"国学自觉"为问题主线，尝试发现晚清以降先进的知识人面对空前未有之"大变局"下的文化思考。

本书通过重读部分最基本的原著，力图探讨近代以来中国现代性话语生成的论域，重新聚焦"国学自觉"议题，明确国学意识的几个重要面向，对中国文化现代转型过程中的某些事件关联提出一些推断。

我们希望本书能在以下三个方面有所思考：（一）明晰中国文化现代新生的内在逻辑，研讨近代中国文化遭遇的困境及中国知识人力图突破困境而进行的三重努力，抉发"觉醒"意义；（二）时代不同，许多名词、概念虽然一样，但其内涵却有了阶段性的改变。故重新释读"国学"概念，澄清某些边界，引申相关问题，为当今"新国学"建设提供一种借鉴；（三）中国和平崛起，中国人文社会科学研究也正大规模地朝着本土化转向，重新定位"国学"，扬弃原来儒教、国教等提法，把好传统文化复兴之脉。

综上可知，"觉醒年代"知识人的文化焦虑也体现了学术关怀、政治批评、社会改造等方面的重要内涵。近代知识人以民族文化复兴为旗帜，以昌明国学为旨趣，取得了值得一再回味的思想成果。钱玄同曾说："总而言之，中国现在没有一件事情可以不改革。政治革命，晓得的人较多，并且招牌上也居然写了'共和'两个字了。伦理革命，先生已经大加提倡，对于尊卑纲常的旧伦理痛加排抵，主张完全改用西洋新伦理。至于文学革命，先生和适之先生虽也竭力提倡新文学，但是对于元明以来的中国文学，似乎有和西洋现代文学看得平等的意思。我以为元明以来的词曲小说，在'中国文学史'里面，必须要详细讲明，并且不可轻视，要认做当时极有价值的文学才是。"[①] 我们今天大致可以从那些大师级知识人的思想紧张中读出他们围绕国粹、国故、国学等各种文化进行的努力：他们或继承清学，或拥抱西学，或反归六经，或创报刊，或立学会，或著述、或演说等等，努力将文化的光芒"照亮"每一个角落，引领当时人们的思考、行动，也将不断激发后世学人的回眸与昂进。

从中国文化现代转型的思想事实中汲取经验、教训，可以更好地为重建中国古典学，恢复文化传统的"历史记忆"提供有益借鉴。

当前，国家领导人在不同场合都谈到"红色基因""不忘初心"。我虽然未能详知当今政治精英谈此主题的具体语境，但我更愿意"借他人酒杯"，对此话语进行牵引、上溯，即从 20 世纪 30 年代前后的"红色"意象初步生成、1950 年代前文化"红色基因"的正式确立，上溯到晚清以降知识人（自觉或不自觉地）转向"国学"的文化现象。我的感觉是，这一时期国学意识集中勃发的原因，可能就是它所突出的"民族性""国民性"等，这是解读传统知识人在转型期之所以能蕴成如此独特的知识、思想和行动的文化密码。掌握了这一密码，就可以更好地理解后来的"红色"政

---

① 钱玄同：《〈新青年〉改用左行横式的提议》，载《钱玄同文集》第 1 卷，北京：中国人民大学出版社，1999 年版，第 39 页。

治隐喻，深解社会转型的文化意涵。

　　中华文化乃是中华民族自立于世界民族之林的自信之本。现在提倡"四大自信"，而以"文化自信"为"更基础、更广泛、更深厚"，因而也最根本的自信力。文化命脉的发扬光大，是国脉、民族命脉畅达宣茂的根本保证。

# 参考文献

注：仅列主要文献，古籍按著者年代、拼音升序排序，
其余按著者拼音升序排列

## 专　著

（汉）班固撰，（唐）颜师古注：《汉书》，北京：中华书局，1962 年版。

（汉）郑玄注，（唐）贾公彦疏，彭林整理：《周礼注疏》，上海：上海古籍出版社，2010 年版。

（汉）郑玄注，（唐）孔颖达正义，吕友仁整理：《礼记正义》，上海：上海古籍出版社，2008 年版。

（南朝宋）范晔撰，（唐）李贤等注：《后汉书》，北京：中华书局，1965 年版。

（南朝梁）刘勰著，黄叔琳注，李详补注，杨明照校注拾遗：《增订文心雕龙校注》，北京：中华书局，2012 年版。

（唐）房玄龄等撰：《晋书》，北京：中华书局，1974 年版。

（唐）刘知幾著，（清）浦起龙通释，王煦华整理：《史通通释》，上海：上海古籍出版社，2009 年版。

（清）方东树纂，漆永祥点校：《汉学商兑》，南京：凤凰出版社，2016 年版。

（清）龚自珍著，刘麒子整理：《龚自珍全集》，杭州：浙江古籍出版社，2014 年版。

（清）纪昀总纂：《四库全书总目》，石家庄：河北人民出版社，2000 年版。

（清）俞樾著，赵一生主编：《俞樾全集》，杭州：浙江古籍出版社，2016 年版。

（清）曾国藩撰：《曾国藩全集》，长沙：岳麓书社，2011 年版。

（清）张廷玉等撰：《明史》，北京：中华书局，1974 年版。


曹伯韩：《国学常识》，上海：文光书店，1947 年版，北京：生活·读书·新知三联书店，2002 年修订再版。

陈独秀：《独秀文存》（《民国丛书》第一编），上海：上海书店，1989 年版。

陈寅恪：《陈寅恪合集·史集·金明馆丛稿初编》，南京：译林出版社，2020 年版。

陈寅恪：《陈寅恪集·金明馆丛稿二编》，北京：生活·读书·新知三联书店，2015 年版。

陈寅恪：《陈寅恪集·柳如是别传（上、中、下）》，北京：生活·读书·新知三联书店，2001 年版。

陈铮编：《黄遵宪全集》，北京：中华书局，2005 年版。

范皕海著：《二千五百年来之国学》，世界学会，1927 年版。

冯天瑜：《新语探源：中西日文化互动与近代汉字术语形成》，北京：中华书局，2004 年版。

顾颉刚著：《顾颉刚全集》，北京：中华书局，2010 年版。

顾廷龙、戴逸主编：《李鸿章全集》，合肥：安徽教育出版社、安徽出版集团，2008 年版。

郭齐勇：《中国文化精神的特质》，北京：生活·读书·新知三联书店，2018 年版。

郭世佑：《晚清政治革命新论》，北京：中国人民大学出版社，2010 年修订版。

胡道静主编：《国学大师论国学》，上海：东方出版中心，1998 年版。

胡适著，季羡林主编：《胡适全集》，合肥：安徽教育出版社，2003 年版。

康有为撰，姜义华、张荣华编校：《康有为全集》，北京：中国人民大学出版社，2007 年版。

李泽厚著：《中国现代思想史论》，天津：天津社会科学院出版社，2003 年版。

梁漱溟：《东西文化及其哲学》，北京：商务印书馆，2010 年版。

梁涛、顾家宁编著：《国学问题争鸣集》（1990—2010），桂林：广西师范大学出版社，2010 年版。

刘梦溪：《大师与传统：中国文化与传统 40 小讲》，北京：中国青年出版社，2007 年版。

刘梦溪：《中国现代学术要略》，北京：生活·读书·新知三联书店，2008 年版。

刘毓庆：《国学概论》（第 2 版），北京：北京师范大学出版社，2015 年版。

刘兆祐、江弘毅等著：《国学导读》，北京：中国人民大学出版社，2011 年版。

柳诒徵：《国史要义》，北京：商务印书馆，2011 年版。

柳诒徵：《中国文化史》，上海：上海古籍出版社，2001 年版。

罗志田：《国家与学术　清季民初关于"国学"的思想论争》，北京：生活·读书·新知三联书店，2003年版。

毛泽东著：《毛泽东选集》，北京：人民出版社，1991年版（2008年重印）。

钱宾四先生全集编委会整理：《钱宾四先生全集》，台北：联经出版事业公司，1998年版。

钱基博：《国学必读》，南昌：江西教育出版社，2018年版。

钱穆著：《钱宾四先生全集》，台北：联经出版事业公司，1998年版。

钱玄同著：《钱玄同文集》，北京：中国人民大学出版社，1999年版。

清华大学国学研究院主编，马强才选编：《罗根泽文存》（清华国学书系），南京：江苏人民出版社，2012年版。

屈万里著：《屈万里先生全集》第12卷《古籍导读》，台北：联经出版事业公司，1985年版。

桑兵著：《国学与汉学　近代中外学界交往录》，杭州：浙江人民出版社，1999年版。

上海人民出版社编，马勇整理：《章太炎全集·书信集》，上海：上海人民出版社，2017年版。

上海人民出版社编，马勇整理：《章太炎全集·太炎文录补编》，上海：上海人民出版社，2017年版。

上海人民出版社编，王培军、马勇整理：《章太炎全集·国故论衡先校本、校定本》，上海：上海人民出版社，2017年版。

上海人民出版社编，章念驰编订：《章太炎全集·演讲集》，上海：上海人民出版社，2015年版。

佘斯大主编：《国学典籍精读》，武汉：华中师范大学出版社，2002年版。

宋洪兵编：《国学与近代诸子学的兴起》，桂林：广西师范大学出版社，2010年版。

孙楷第：《沧州后集》，北京：中华书局，2009年版。

谭正璧编著：《国学常识》，上海：大东书局，1937年版。

谭正璧编著：《国学常识问题》，上海：北新书局，1949年再版。

谭正璧编著：《国学概论讲话》，上海：大东书局，1933年版。

谭正璧编著：《国学概论新编》，上海：大东书局，1936年版。

汤志钧、汤仁泽编：《梁启超全集》，北京：中国人民大学出版社，2018年版。

王明德等著：《近代中国的学术传承》，成都：巴蜀书社，2010年版。

王世家、止庵编：《鲁迅著译编年全集》（1-20卷），北京：人民出版社，2009年版。

王学典：《顾颉刚和他的弟子们》，济南：山东画报出版社，2000年版。

魏源全集编辑委员会编校：《魏源全集》，长沙：岳麓书社，2004年版。

萧萐父：《吹沙集》，成都：巴蜀书社，2007年重印版。

谢维扬、房鑫亮主编：《王国维全集》，杭州：浙江教育出版社，2009年版。

徐敬修编著：《国学常识》（民国丛书），扬州：广陵书社，2008年12月版。

许地山编：《国粹与国学》，上海：上海古籍出版社，2013年版。

许啸天编辑：《国故学讨论集》，上海：上海书店，1991年影印版。

杨昌济著，王兴国编注：《杨昌济集》，长沙：湖南教育出版社，2008年版。

杨忠主编：《梁书》，《二十四史全译》本，上海：汉语大词典出版社，2004年版。

尤墨君编：《国学述要》，杭州：浙江杭州省立杭州师范学校发行，1933年版。

余英时著，沈志佳编：《儒家伦理与商人精神》（《余英时文集》第3卷），桂林：广西师范大学出版社，2014年版。

张岱年：《中国国学传统》，北京：北京大学出版社，2016年版。

张岱年等著：《国学今论》，沈阳：辽宁教育出版社，1991年版。

［美］张灏著，崔志海、葛夫平译：《梁启超与中国思想的过渡（1890—1907）》，南京：江苏人民出版社，2005年版。

张文治编著：《国学治要》，北京：中国书店，2012年再版。

章太炎著，杨佩昌整理：《章太炎：国学的精要》，北京：中国画报出版社，2010年版。

郑大华等：《20世纪中国十大学问家》，青岛：青岛出版社，1992年版。

郑师渠：《晚清国粹派——文化思想研究》，北京：北京师范大学出版社，1993年版。

中国李大钊研究会编注：《李大钊全集》，北京：人民出版社，2006年版。

中央电视台《开心辞典》栏目组、国学网编：《开心学国学：不可不知的1000个国学知识点》，北京：国家图书馆出版社，2009年版。

# 论　文

陈来：《近代"国学"的发生与演变——以老清华国学研究院的典范意义为视角》，《清华大学学报（哲学社会科学版）》，2011年03期。

郭齐勇：《慎言"创新"，提倡"比慢"》，《武汉大学学报》，2005年第 6 期。

郭齐勇：《国学的核心价值与人格养成》，《中国德育》，2012 年第 21 期。

郭齐勇：《重视国学教育加强文化认同》，《光明日报》，2015 年 3 月 11 日。

韩庆祥：《红色基因代代相传》，《人民日报（海外版）》，2016 年 07 月 1 日。

韩星：《对于〈关于倡导国学几个问题的质疑〉的质疑》，《中国社会科学报》，2010 年 1 月 21 日。

黄岭峻：《清朝末季：民族自信的丧失与实用理性的延续——中华民族精神的现代转型研究之一》，《华中科技大学学报》，2004 年第 3 期。

刘梦溪：《论国学之内涵及其施教——马一浮国学论的立教义旨》，《文史哲》，2017 年第 2 期。

楼宇烈：《国学百年争论的实质》，《光明日报》，2007 年 1 月 11 日。

罗志田：《走向国学与史学的"赛先生"》，《近代史研究》，2000 年第 3 期。

桑兵：《近代中国学术的地缘与流派》，《历史研究》，1999 年第 3 期。

桑兵：《晚清民国时期的国学研究与西学》，《历史研究》，1996 年第 5 期。

陶斯咏：《多元文化时代的"国学"与"汉学"》，《中国文化报》，2007 年 4 月 26 日。

吴根友、张三夕、钱建强：《国学为现代化提供深厚的思想资源》，《光明日报》，2007 年 1 月 25 日。

朱喆：《中国化马克思主义的科学涵义及其产生的历史必然性》，《光明日报》，2005 年 5 月 17 日。

# 后　记

这部书稿，是在认真"吃"书的过程中"挤"出来的。

说"吃书"，是因为我看书颇慢，默看实际上是在默读，而所读之书大都是大部头的"全集"类著作，读书过程很像蚕在吃桑丝。

说"挤"出文稿来，是因为我在读章太炎、鲁迅、胡适、梁启超、钱玄同等人著述时，一一披览，细细考校，边读边"抄"，引证疏释，经历了很长的时间，后又反复回头，整合理路，彰显章节，其状甚苦、甚慢，有类于牛奶与牙膏之"挤"。

在写作过程中，我用的是最笨的功夫，即延续了注译《孔子家语》《列子》《潜书》《子不语》①的习惯。因为经典导读、注译工作需要义理、考据、词章兼重，也需要符合古代文言向现代白话翻译的信、达、雅要求，需要严肃而冷静的斟酌参比，绝对地耗时、费力。

无疑，注译与专论都是严肃的学术研究工作。其共同点在于：细读文献，揣摩条论，进行"资料类编"，不断寻求论域调适、议题提炼。那需

---

① 今年暑假开始做学术生涯的第一个横向课题，即《民藏》编纂工程"中国经典民论"部分的"《管子》民论思想研究"。研究拟分两步，第一步注译《管子》，第二步辑选《管子》民论思想部分。现在，白天校勘诵读《管子》，晚上改其他书稿、文稿。

要一种冷静中的热烈，隐逸中的奋发，厚积后的喷薄。

我期待能探寻近代知识人在"觉醒"过程的国学观念演生历程。此前，已经借课题立项，于上半年在花木兰文化事业有限公司出版了本书的姊妹篇《变局与自觉：国学意识的近代勃兴研究》。因所欲探寻的议题太过"强大"，读书"心得"又颇不少，只得分从两个层面来处理。十多年前做博士后研究时也是这样，出站报告分为两个部分：一部分作为校学术文库、省社科基金项目成果，一部分也是交给花木兰公益出版了。两个姊妹篇，都是这一模式，前者依托基金项目或单位资助付梓，后者交由文化公益机构无偿出版。今年上半年，我已经按计划完成了 2019 年立项的国社科项目，而那部书稿"体量"更大，也许可以作为第三个"姊妹篇"来出版。

书籍已贵，很多人已经不再"啃"书，出版又多是"灾及枣梨"。忽然觉得，李白《将进酒》中"古来圣贤皆寂寞，唯有饮者留其名"的句子，可改为"时下著述皆寂寞，唯有读书留其痕"。读书是书生当行，读书笔记"整形"以后所成之书，作为个人读书的心路历程之记载，如"后记"之略叙，似值得观览。

现在写书难，出书也不易。"挤"出来，"拼"成书的样子的东西，总觉得还是出版出来为好，不管有没有人看。

感谢学院专家、校外专家的选荐，感谢学院、评价中心提供的出版经费。本书可以作为作者所在马院、湖北省大学生思想政治教育评价中心的年度成果了。

感谢国图出版社诸贤，尤其是刘静怡老师。感谢好友李华伟兄、廖生训兄。感谢我的家人、师友。

感谢学院"借"给我这间被我赋予了书斋雅号的办公室。

王瑶曾郑重告诫学生钱理群说："不要到处打听消息，少做无谓的分析，不要瞻前顾后，不受风吹草动的影响，沉下来，做自己的学问！"

郭齐勇师主张，要"慎言'创新'，提倡'比慢'"。

国学、古典学研究者正当以此自勉。

太老师萧萐父先生非常强调"引古筹今"的情怀，"漫汗通观"的视野与"从容涵化"的心态。虽不能至，心向往之。

是为记。

桐柏黄敦兵（高中以前曾用名黄道强）

2022 年 8 月 8 日改定于汉上容瓠斋

今日得知书稿过审流程都最终完成了，这本书大概在我出版的十来本专著中用时是最长的。回想从 2022 年上半年开始至今，两三年过去了，无论是国家还是个人都经历了颇多，一时竟有沧桑之感。

个人的感时伤生，我已写在明年出版的《〈管子〉民论》中。这两本书，都可作为院里支持设立的"中国古典学与文明互鉴研究中心"的第一批重要成果。

感谢国家图书馆出版社诸贤尤其是刘静怡老师，两三年来，对书稿不离不弃，精校精审。

黄敦兵再记

2024 年 12 月 26 日于容瓠斋